高等职业教育系列教材
——房地产类专业系列教材

社区管理与服务
（含实训）

主　编　黄　文
参　编　田洪斌　欧求忠　佟丽萍
　　　　黄　盛　倪维栋　庞　鑫
主　审　袁永胜

机械工业出版社

本书借鉴全国社区建设和管理先进示范单位——武汉百步亭社区的模式和经验，系统阐述了社区管理与服务的基本原理与实践，内容包括社区管理与服务概述、社区管理与服务的内容、社区管理与服务的运行机制、社区治安防范、城市社区文化管理与服务、和谐社区的环境建设、城市社区健身环境管理、社区管理与物业管理。

本书内容体系包括学习目标、引导案例、正文内容、本章小结、思考题和实训题，并配有课外实训方案、模拟试题及教学课件，内容新、案例新、教学资源丰富，适用于高职高专房地产类物业管理专业、公共事业大类社区管理专业及相关专业的学生使用，也可用于物业管理从业人员、社区管理从业人员的岗位培训。

图书在版编目（CIP）数据

社区管理与服务：含实训/黄文主编. —北京：机械工业出版社，2013.12（2022.8 重印）

高等职业教育系列教材. 房地产类专业系列教材

ISBN 978-7-111-45162-4

Ⅰ.①社… Ⅱ.①黄… Ⅲ.①社区管理–中国–高等职业教育–教材②社区服务–中国–高等职业教育–教材 Ⅳ.①D669.3

中国版本图书馆 CIP 数据核字（2013）第 303012 号

机械工业出版社（北京市百万庄大街 22 号　邮政编码 100037）
策划编辑：马　宏　责任编辑：马　宏　何　洋
版式设计：霍永明　责任校对：胡艳萍
封面设计：张　静　责任印制：李　昂
北京捷迅佳彩印刷有限公司印刷
2022 年 8 月第 1 版·第 8 次印刷
184mm×230mm·13.25 印张·293 千字
标准书号：ISBN 978-7-111-45162-4
定价：29.00 元

电话服务　　　　　　　　　　　网络服务
客服电话：010-88361066　　　机　工　官　网：www.cmpbook.com
　　　　　010-88379833　　　机　工　官　博：weibo.com/cmp1952
　　　　　010-68326294　　　金　书　网：www.golden-book.com
封底无防伪标均为盗版　　　　　机工教育服务网：www.cmpedu.com

前言

《社区管理与服务（含实训）》作为高等职业教育系列教材，主要供高职、高专房地产类物业管理专业及公共事业大类社区管理专业及相关专业的学生一学期课程教学之用。

社区发展在西方国家已有100多年的历史，特别是在英国、美国等国家，社区发展达到了相当高的水平，社区管理已成为城市管理工作中的重要部分。本教材借鉴全国社区建设和管理先进示范单位——武汉百步亭社区的模式和经验，系统阐述了社区建设与社区管理的基本原理与实践经验。武汉百步亭社区吸引了中央部委领导、社会各界、港澳台同胞以及20多个国家的友好人士等100多万人次前往视察、参观和考察。中央宣传部、中央文明办、建设部、文化部四部委联合发文向全国推广百步亭社区经验。

本教材共分8章，从不同角度和层面对社区管理与服务进行了阐述，包括社区管理与服务概述、社区管理与服务的内容、社区管理与服务的运行机制、社区治安防范、城市社区文化管理与服务、和谐社区的环境建设、城市社区健身环境管理、社区管理与物业管理。

本教材充分体现了高职高专教育"理论必需、够用"的原则，根据教学对象和专业特点，对所选材料进行增补或删减；注意理论与实践的结合，避免过于专业化而造成的枯燥乏味；注意结构的合理性，使用规范语言，做到深入浅出。

此外，本教材还具有以下特色：

（1）内容新。本教材大多取材于围绕社区环境建设与管理所发生的事件，引用的大多是第一手案例，其中90%是最近几年发生的，能够体现当前社区建设与管理所面临的问题和机遇。

（2）产学合作。本教材是与社区及企业共同开发的，从构思到大纲论证、体例编排，到审定成书，始终与社区及企业保持密切联系与合作。

（3）结构新。由于社区管理和物业管理关系密切，本教材首次尝试把社区管理和物业管理作为一个独立的章节来详细描述。另外，本教材还增加了城市社区健身环境章节。社区健身活动活跃了城市居民文化生活，对建立安定团结、健康文明生活方式和社会环境，促进社会主义精神文明建设起到了积极作用。

（4）教学资源丰富。本教材的章节体系包括学习目标、引导案例、正文内容、本章小结、思考题和实训题，并配有课外实训方案及课件。

参加本教材编写的人员有：武汉商业服务学院黄文、欧求忠、黄盛，辽宁公安司法管理干部学院佟丽萍，南京化工职业技术学院倪维栋，安徽水利水电职业技术学院庞鑫，武汉百步亭花园物业管理有限公司田洪斌，其中黄文担任主编并统稿。武汉百步亭社区管委会办公室主任袁永胜担任主审。

本书在编写过程中，得到了武汉理工大学建筑与土木工程学院博士生导师管昌生、武汉百步亭花园物业管理有限公司总经理田洪斌及机械工业出版社的大力支持，在此表示衷心的感谢！

由于编者经验和水平所限，书中不妥之处在所难免，恳请读者批评指正。

编　者

目录

前言
第1章　社区管理与服务概述 … 1
学习目标 … 1
引导案例 … 1
1.1　有关社区的基本概念 … 2
1.2　社区管理的含义、内容及作用 … 10
1.3　社区管理的机构组织 … 15
1.4　社区管理模式与研究方法 … 16
小结 … 20
思考题 … 21
实训题 … 21

第2章　社区管理与服务的内容 … 23
学习目标 … 23
引导案例 … 23
2.1　社区组织 … 24
2.2　社区工作者队伍 … 29
2.3　社区服务 … 34
2.4　社区环境与卫生服务 … 39
2.5　社区文化教育 … 46
2.6　社区治安与保障 … 55
小结 … 67
思考题 … 68
实训题 … 68

第3章　社区管理与服务的运行机制 … 70
学习目标 … 70
引导案例 … 70
3.1　社区参与 … 71
3.2　社区自治 … 77
3.3　行政推动 … 82
小结 … 84
思考题 … 85
实训题 … 85

第4章　社区治安防范 … 86
学习目标 … 86
引导案例 … 86
4.1　社区治安综合治理概述 … 87
4.2　社区警务 … 93
4.3　社区突发事件处置 … 97
小结 … 103
思考题 … 103
实训题 … 104

第5章　城市社区文化管理与服务 … 106
学习目标 … 106
引导案例 … 106
5.1　社区文化的内容和社会功能 … 107
5.2　社区文化管理 … 115
5.3　社区文化建设 … 121
小结 … 128
思考题 … 128
实训题 … 128

第6章　和谐社区的环境建设 … 131
学习目标 … 131
引导案例 … 131
6.1　社区环境管理的原则和任务 … 132
6.2　和谐社区的污染治理 … 135
6.3　和谐绿色社区的建设 … 137
6.4　主张绿色消费 … 142
6.5　营造绿色家庭 … 144

  6.6 开展和谐社区环境教育 …… 147
 小结 …………………………………… 149
 思考题 ………………………………… 150
 实训题 ………………………………… 150
第7章 城市社区健身环境管理 ……… 151
 学习目标 ……………………………… 151
 引导案例 ……………………………… 151
  7.1 社区健身环境的内涵及
    特点 ………………………… 152
  7.2 社区健身的现状 …………… 153
  7.3 社区健身环境的设计 ……… 155
  7.4 社区健身环境的可持续
    发展 ………………………… 156
 小结 …………………………………… 158
 思考题 ………………………………… 159
 实训题 ………………………………… 159
第8章 社区管理与物业管理 ………… 161
 学习目标 ……………………………… 161
 引导案例 ……………………………… 161
  8.1 社区管理与物业管理的
    联系 ………………………… 162
  8.2 社区管理与物业管理的
    区别 ………………………… 164
  8.3 社区建设的功能与物业管理
    良性运行的关系 …………… 165

  8.4 物业企业构建和谐社区的
    管理机制 …………………… 169
 小结 …………………………………… 174
 思考题 ………………………………… 174
 实训题 ………………………………… 174
课外实训方案 …………………………… 176
 方案一：社区文化活动 ……………… 176
 方案二：社区参与活动 ……………… 177
 方案三：社区建设与管理社会
    调查 ………………………… 178
模拟试题一 ……………………………… 179
 参考答案 ……………………………… 181
模拟试题二 ……………………………… 184
 参考答案 ……………………………… 186
附录 ……………………………………… 190
 附录A 中共中央办公厅、国务院办
    公厅印发《关于加强和改进
    城市社区居民委员会建设工
    作的意见》 ………… 190
 附录B 以人为本 以德为魂 以文为美
    以和为贵 创建具有中国特色的
    和谐社区——记武汉市江岸区
    百步亭社区 ………… 195
参考文献 ………………………………… 203

第 1 章 社区管理与服务概述

学习目标

本章内容是社区管理与服务的基本知识与基本理论。学生应通过本章的学习，了解有关社区的基本概念；理解社区管理的含义、内容及作用；掌握社区管理的机构组织；了解社区的历史演变、社区管理的模式与研究方法。

引导案例

2010年7月底，安徽省铜陵市铜官山区在全国率先启动社区综合体制改革，撤销原有街道办事处，整合成18个大社区，原有街道干部工作人员一律下派各社区任职（图1-1）。经过一年多实践，2011年9月，铜陵市将这一模式向全市推广，撤销该市所有街道办事处。

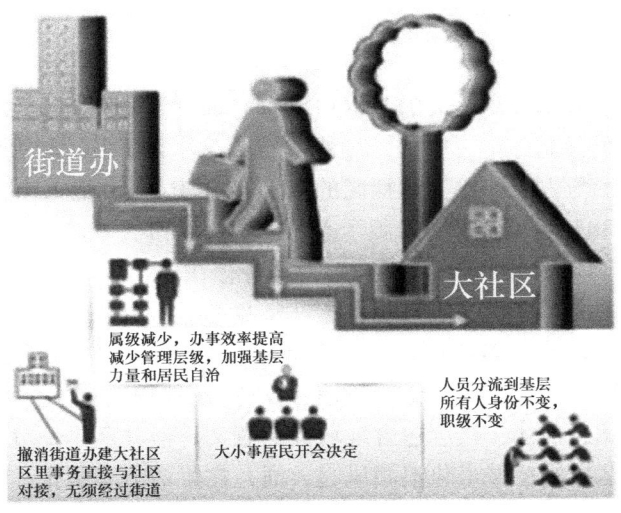

图1-1 社区改革模式——"铜陵模式"

《街道办事处条例》已于2009年由全国人大宣布废止，撤销原有街道办事处的试点城市有：安徽铜陵、贵州贵阳、湖北黄石。

从铜陵的改革模式来看，撤销街道办事处，成立大社区，减少管理层级，加强基层力量和居民自治，是主要的方向。从目前的实践来看，整合后的新社区，设置社区党工委、社区服务中心、社区居委会。社区党工委主要承担社区范围内总揽全局、协调各方的职责；社区服务中心负责对居民的事项实行"一厅式"审批和"一站式"集中办理；居委会则还原自治功能，组织居民开展各类活动。这样的职责分工比较合理，将社区和居委会的相关职责和功能定位划分比较清晰，是一个良好的开端。

我国正处于转型期，百姓诉求多样化，因此，有必要使得社区功能得到强化，发挥社区综合效用，确保对居民诉求作出及时反馈和解决。

目前，美国是典型的社区自治模式，政府在社区不派出组织或机构，社区居民自发组成的社会团体行使社区管理职能；新加坡是政府主导模式的代表，政府直接对社区进行管理；日本是混合模式的代表，社区管理在政府的指导监督下进行，体现为民服务的意识，同时呈现民主化自治的趋势。

（资料来源：社区青年汇）

阅读以上材料，请回答：
1. 如何理解街道办事处与社区居民委员会的关系？
2. 你对社区改革"铜陵模式"引发的争议怎么看？

1.1　有关社区的基本概念

1.1.1　社区的概念

社区是社会的细胞，是人类生活的基本单元，它通常是指一定地域范围内的社会群体。人们对社区的研究已经有上百年历史了，对社区的界定种类繁多，其重要原因是人们研究问题的角度和使用的理论与方法的差异。社区的概念最早于19世纪末由德国社会学家滕尼斯（F. Tonnies）提出。1887年，滕尼斯出版了著作 *Gemeinscharft Und Gesellschaft*（《社区和社会》），书中"社区"（Gemeinscharft）一词是指那些存在于前工业社会的、由具有共同价值取向的同质人口组成的关系密切、出入相友、守望相助、富有人情味的社会关系和社会利益共同体。它是基于血缘亲情、邻里联结之上，依靠礼俗约束的一种社会关系，往往与"乡村社会"紧密联系。它的提出是基于乡土邻里这一特殊地域内的关系联结，所侧重的是对社会人际关系的理性状态描述，概念包含地域性的意义，但并不是十分明显。在此之后，西方发达国家工业化迅猛发展，城市化浪潮风起云涌，在生活节奏紧张、人与人关系冷漠的物欲社会，人们日趋渴望回归"社区"，开始将社区发展的理念运用到现实的城市居住区建设和基层民主社会的培育上。"社区"逐渐从原有的理想状态和想象意义上超脱开来，走向具体化和实用化，成为承载以前抽象内涵的空间地域实体。

第一次世界大战后，社区研究在美国兴起。美国学者查尔斯罗·密斯把滕尼斯的社区（Gemeinscharft）译成英文 Community，意思是共同的东西和亲密的伙伴关系，这与滕尼斯"社区"一词的原意已有很大的区别。以滕尼斯的"社区"概念为基础，美国芝加哥学派的帕克等人在对芝加哥城市社区进行研究时，又发展了社区的概念。帕克指出："社区的基本特点可以概括如下：它有一群按地域组织起来的人群；这些人口程度不同地扎根在他们所生息的那块土地上；社区中的每一个人都生活在一种相互依赖的关系中。"后来，各种社会学文献中出现了近百种关于社区的定义。1955年，美国社会学家希勒里收集了有关社区的94个定义，并对此进行了统计分析后作出结论：除了社区由人群组成这一共同点之外，有关社区性质并没有完全相同的解释。其中，有69个定义承认社区含有社会互动、地理区域和共同关系这三个特征。而美纳森的研究表明，大部分社区研究者都同意社区含有如下几个因素：人口集团、地域、相互依赖体系、文化和社会活动、归属感、自我维持与发展。在1968年出版的《国际社会科学百科全书》第三卷中谈到社区时，伯纳德等将社区的定义概括为三种：①社区是居住于特定地区范围内的人口；②社区是以地域为导向，具有整合功能的社区系统；③社区是具有地方性的自治自决的行动单位。1974年出版的《社会学百科全书》认为，"社区"一词在社会学上的主要用法是指空间或地域的社会组织，其次是指在心理凝聚力或共同情感下结合于此组织中者。1979年出版的《新社会学辞典》指出："'社区'一词是指人们的集体，这些人占有一个地理区域，共同从事经济活动和政治活动，基本上形成一个具有某些共同价值标准和相互从属的、感情的、自治的社会单位，城市、集镇、乡村或教区就是例子。"根据第10版《韦氏学院字典》，社区是"不同类型的人在一般场合中形成的相互影响的人群"，或者是"在较大的社会范围内生活在一起并有共同的特点或爱好的人群"。另外，它还可以是一群人居住的地区，并可以用生活方式来识别，诸如农场、渔村、产钢的小镇或者大学城等。一个社区应该有其众所周知的特征，如有创新性、设计精巧、确定性或者有传统价值和观念，同时还意味着一定程度的互相依赖和自给自足。在《城市灯光——城市研究介绍》一书中，芭芭拉·菲利普斯和理查德·莱盖特认为社区没有公认的定义，通常是指：拥有自然地域的群体；拥有共同性的群体；聚集在一起，有共同特征和文化，并以很高程度的社会内聚性为特征的群体。

20世纪30年代初，我国社会学家吴文藻等将 Community 译为"社区"，从而正式将社区概念引入我国。英文 Community 原意是指公社、团体、社会、公众、共同体等，中文译为社区，意在强调这种社会共同体是存在于一定的地域之中。我国著名社会学家费孝通（1984）认为"社区是若干社会群体或社会组织聚集在某一地域里形成的一个在生活上相互关联的大集体"。费孝通（2000）还进一步解释："社区的含义简单地说是以地区为范围，人们在地缘基础上结成的互助合作的群体，用以区别于在血缘基础上形成的互助合作的亲属群体。血缘群体最基本的是家庭，逐步推广为姓氏以至民族。地缘群体最基本的是邻里，邻里是指比邻而居的互助合作的人群。邻里在农业区发展为村和乡，在城市里则发展成胡同、弄堂等。"王康（1988）认为"社区是一定地域内按一定社会制度和一定社会关系组织起来的、具有共同人口特征的地域生活共同体"。方明（1991）指出"社区是指聚集在一定地域范围内的社会群体和社会组织，根据一套规范和制度结合而成的社会实体，是一个地域性社会生活共同体"。吴铎（1998）认为"社区是一个地域内的主要社会活动或者生活方式基本上属于同一类型的相对独立的地区性社会"。而《辞海》对"社区"一词的解释是"以一定地域为基础的社会群体"，这个解释虽然简单，但抓住了社区的两个基本特征。

　　社区的定义众说纷纭，但归纳起来不外乎两大类：一类是功能主义观点，认为社区是由有共同目标和共同利害关系的人组成的社会团体，即功能社区；另一类是地域主义观点，认为社区是在一个地区内共同生活的有组织的人群，即地域性社区。功能社区是由有特殊目的的人所组成的群体，社区成员的目的和手段不是特别明确，组织化的程度也不是很高，但是它强调为了共同的利益而参与群体的活动。我国大部分社会学者则采取地域主义观点给社区下定义，认为社区是指由居住在某一地方的人们所组成的多种社会关系和社会群体，从事多种社会活动所构成的区域生活共同体。当社区被界定为一个相对独立的地域性社会之后，与滕尼斯提出的Gemeinschaft所具有的丰富内涵相比，社区的概念已经发生了一定的偏离。

　　把社区界定为"地域社会"，实际上已经和滕尼斯所提出的"社区"概念相去甚远。因为滕尼斯在提出"社区"这一概念时，并没有明确提出社区的地域特征，他认为人与人之间所具有的共同的文化心理和归属感是社区的精髓和实质。如果说在地域性意义上使用"社区"这一概念是对滕尼斯社区概念的偏离，那么，虚拟社区的出现无疑是对滕尼斯所描述的理想的社区生活的一种回归。

　　由于互联网实现了跨时空的人际互动，人们在互联网上通过交流形成了具有共同价值观、共同归属感的群体，因此，强调具有"精神共同体"属性的"虚拟社区"（Virtual Community）便逐渐凸显出来。虚拟社区是与传统的实在社区（Real Community）相对应的，它也具有实在社区的基本要素：有一定的活动区域，如各网站开设的聊天室、网上论坛、网上沙龙等；有一定数量固定的人群（网民），人与人之间有着频繁的互动，如聊天、交流讨论、咨询与求助等；有共同的意识与文化，在虚拟社区的发展过程中形成了独特的社区文化并建立了成员间的价值认同和心理认同；有满足居民各种需要的服务设施，如有专门从事技术支持的人员和机构。

　　虚拟社区是信息技术发展之后形成的崭新的人类生存空间，从某种意义上说，它更接近滕尼斯所谓的共同体的那种"天然的状态"。虚拟社区与现实社区最大的差异是在对地域空间的界定上。现实社区通常强调地域环境的影响，其社区形态都存在于一定的地理空间中，社区实际上是居住在同一地域内的人们形成的地域性的共同体。虚拟社区则没有物理意义上的地域边界，其非空间组织形态以及成员的身体缺场，使其成员可能散布于各地，即一个个体可以超越空间的障碍而生活在好几个虚拟社区里。由此看来，虚拟社区无疑更强调作为"共同体"的功能或精神方面的因素而不关注其地域属性。

　　虚拟社区的出现对传统社区概念的界定提出了理论挑战，使人们不得不重新审视社区概念。虚拟社区使网络空间内的人际交往超越了地理界限的限制,可以说它是一个无物理边界的社区。在虚拟社区里,具有共同兴趣和爱好的人们经过频繁的互动形成了共同的文化心理意识以及对社区的归属感和凝聚力,所以,虚拟社区可以界定为跨地域的人们形成的精神共同体,即社区是一种观念形态,是一种人际关系模式。从这个意义上来说,它是滕尼斯社区概念的继承和超越。虚拟社区不再具有传统社会中那种封闭的、狭隘的、基于血缘或地缘的亲密关系,而是具有开放性、平等性和文化共享性的特质。在虚拟社区中,相隔万里的人们建立了亲密的感情。虚拟社区的出现解构了人们对社区是关于地域性生活共同体的统一认识,它为人们重新认识社区的概念拓展了视野,关于社区概念的界定由此出现了两种不同的取向:地域性社区和精神共同体。

通过以上对社区概念发展脉络的梳理可以看到,尽管人们对于社区的概念并没有形成完全统一的认识,但是社区概念的界定正日趋合理化和科学化。社区概念和社区实体与人们的生活实践有着极为密切的互动关系:一方面,社区概念的界定影响着人们的观念和实践,有助于社区工作和社区建设,乃至地域社会的蓬勃发展;另一方面,人们改造客观世界的生活实践又不断拓宽人们认识社区的视野,使人们根据不同的需要,从不同的角度去界定社区这个客体。目前关于社区概念的界定出现了两种不同的发展取向便是最好的例证。

1.1.2 社区发展

社区发展(Community Development)是指社区有方向性的变迁,这种变迁是具有积极性的,是人为加以控制的。社区发展源于 20 世纪初在英国、美国、法国等国开展的"睦邻运动",目的是培养居民的自治和互助精神。美国社会学家 P. 法林顿于 1915 年在《社区发展:将小城镇建成更加适宜生活和经营的地方》一书中首次提出了社区发展的概念。1960年,联合国发表《社区与有关服务》一文,认为《社区发展》已经成为一个国际间通用的名称,专指人民自己与政府机关协同改善社区的经济、社会及文化情况,把社区与整个国家的生活合为一体,使它们能够对国家的进步有充分贡献的一种程序。

第二次世界大战后,人们开始由片面追求经济发展逐渐转向对社会、人文层面的关注,注意到以社区为单元的基层社会的力量,掀起世界范围内的社区发展运动。对于战后需要恢复和重建的地区以及一些新兴的发展中国家,仅靠政府力量或市场调节很难有效解决问题。因此,组织民间力量、运用民间资源成为一个重要的问题,并逐渐发展成为各种有计划的活动,对社会变迁有重要意义。1952 年,联合国成立社区组织与发展小组,1954 年更名为社会部社区发展局,其主要职能便是指导和推进发展中国家的社区规划和管理工作。20 世纪50 年代以后,不少国家通过制订计划来推动地方社会的发展,并使"社区发展"计划迅速发展。例如:20 世纪 50 年代初,世界上只有 7 个国家推行"社区发展"计划;到了 20 世纪 50 年代末,全世界已有 30 多个国家推行"社区发展"计划,而且都是全国性的;20 世纪 60 年代后,全世界至少有 60 个国家在推行"社区发展"计划。社区发展理念已经由欧美国家扩展到亚非拉各国,并在很大程度上成为一种职业化的事业。从各个国家和地区的社区发展实践来看,社区发展体系主要包括:社区的主体——社区成员的发展;社区共同意识的培育——有关社区互动的社区道德规范及控制的力量;社区组织管理机制的完善——维系社区内各类组织与成员关系的权利结构和管理机制;物质环境与设施的改善——社区的自然资源、公共服务设施、道路交通、住宅建筑等硬件环境。社区发展的目的是:提倡互助合作精神,鼓励社区居民自力更生解决社区的问题;培养社区居民的民主意识,在社区发展过程中促进居民积极参与本社区的公共事务;加强社区整合,促进社区变迁,加速社会进步的进程。根据这些目的,联合国和许多国家的政府又将社区发展目标分为直接目标和终极目标两种。直接目标包括:协助社区认识其成员的共同需要;协助社区运用各种援助;协助社区开发和利用社区的资源;协助社区改善物质、文化生活条件。终极目标包括:经济发展——提高社区的经济发展水平和居民收入水平;社会发展——建立良好的社区内部人际关系和合理的社区结构;政治发展——发展社区居民的民间团体和组织,培养居民的民主意识和自治、互助能力;文化发展——提倡有利于社会进步的伦理、道德,发展科学、教育、文化事业。

1.1.3 社区的构成要素

1. 一定数量的人口

人口是社区活动的主体,也是社区存在的一个首要条件。任何社区都是由建立在一定社会关系基础上的一定数量的人口所构成的,人口数量的多少是衡量社区规模的一个重要标志;而人口结构(包括年龄结构、性别结构、职业结构、文化结构、阶级阶层结构等)则常常反映一个社区的性质和特征。同时,社区的发展更会受到人口状况的制约和影响。

2. 一定的地域范围

地域是人们进行各种社会活动和社会生活的场所,为人们提供基本的生存空间。任何社区都是一定地域内的社会共同体,都有一定的地域范围。

3. 合理的区位结构

区位结构主要是指社区居民及其活动的空间分布。了解社区的区位结构,是认证社区的一种重要方式。

4. 共同的生活方式

社区作为一种社会生活共同体,其成员由于生活在同一地域空间,进行某些共同的社会活动,受相同的文化熏陶,往往会形成共同的、具有自己特色的社区生活方式。

5. 独特的社区文化

社区文化是社区居民在长期的共同生活中积淀而成的、为广大社区居民所共享的价值观念、民风民俗、行为规范和准则。不同的社区由于文化传统不同,居民的文化素质不同,文化教育设施的发达程度不同,居民受教育的机会不同,往往会形成自己独具特色的社区文化。

6. 相同的社区意识

社区意识(也称社会心理)是社区居民在情感和心理上对自己所属社区产生的一种归

属感和认同感。同一社区的居民由于长期共同生活在一起，受相同的社区文化、生活方式的影响，常会对自己所属的社区产生一种情感归属和心理认同。一方面，这种社区意识有助于增强社区的凝聚力，社区居民在共同的社会生活中会因为得到满足而对社区产生好感和依恋感，在心理上愿意成为本社区的一员，并以此为荣，因而也就会对社区产生一种责任感；另一方面，这种社区意识还是应对城市现代化过程中所出现的人际关系冷漠的一剂良药，它使社区居民在心灵上相通，从而成为一个相互依赖的整体。

1.1.4 社区理论

1. 类型学理论

尽管马克斯·韦伯是理想类型方法论的先驱，但滕尼斯所运用的对立的、相反的理想类型成为美国社会学中最普遍、最有用的分析工具。人们将会发现，这个概念反映在美国许多最重要的理论方面的努力。早期的类型学，如库利的初级/次级群体、马克佛斯的公共/协会关系、欧德姆的民间/国家之分、索罗金的家庭的/合约的关系以及雷德费尔德的民间/城市连续体，都是美国社会学最主要的理论上的努力，而这些对社会变迁的解释都可以追溯到滕尼斯所创的观点。更多近年来的同样重要的努力，如霍华德·贝克的宗教的/世俗的连续体、塔尔科特·帕森斯的模式变量，也都与公社/社会的类型学有关。

2. 芝加哥学派

在很大程度上，社会学是通过芝加哥大学的罗伯特·帕克和他的同事们的努力，而成为被美国学术界所接受的一部分。帕克周围聚集了厄尼司特·伯吉斯、路易斯·沃斯、罗德里克·麦克肯兹、弗里德里克·斯兰舍尔、尼尔斯·安德森、保罗·克莱西、克里夫·肖和沃尔特·里克力斯，他们在芝加哥城市化过程的新古典研究中居权威地位。他们研究的理论基础借鉴了已经建立并被接受的生物科学。生态学的概念（如竞争、同化和进化）是用来解释植物和动物王国的互相关系，他们用这些概念来说明生物学发展的科学方法可以成功地解释美国城市的结构和变化，结果是他们也能将社会学建成学术的、科学的合法学科。这样，社会学战胜了那些正在为被学术界接受而努力的其他学科。

社区在芝加哥学派的生态学分析中起重要作用。第一本介绍社会学的教科书在芝加哥大学产生，它讲解社区所用的篇幅比别的题目都多。在那时，社区——无论是耶稣·吉特，一个上流社会的居住区，还是完全的芝加哥市——都是社会学研究的最重要的课题。

滕尼斯最早提出社区和社会关系的概念，始终贯穿于芝加哥学派对人类生态学的研究。最著名的一个例子是路易斯·沃斯的《城市主义作为一种生活方式》（1938）。在这篇文章中，沃斯解释了三个生态学变量——人口规模、密度和异质性——如何构成并产生更为类社会的生活方式。沃斯不是唯一的研究向类社会关系运动的芝加哥社会学家。20世纪20年代，快速城市化的芝加哥被削弱的社会整合与伴随的社会解组所困扰，此间可发现一些广为人知的作品，如安德森的《流浪者》（1923）、斯兰舍尔的《帮派》（1927）、左布夫的《黄金海岸和贫民区》（1929）、沃斯的《贫民区》（1928）、肖的《一个越轨少年的自述》

（1930）以及克莱西的《出租汽车舞厅》。

3. 整体研究

社区社会学中生态学的观点在芝加哥兴盛的时候，罗伯特和海伦·林德夫妇开创性地进行了另一种形式的社区研究：描述社区的不同部分的整体研究，并解释它们之间的相互关系。最初，林德夫妇并没有打算研究整个社区，相反，他们的目标是只研究美国中等规模城市印地安纳州曼西市的宗教信仰和实践。然而，他们很快就发现，宗教并不能脱离其他当地机构而独立存在。为了理解宗教，他们发现揭示当地的宗教信仰实践与其他社会现象之间的关系显得尤为必要。这样，林德夫妇的著作《中镇》（印地安纳州曼西市）描述并解释了中镇生活不仅包括"从事宗教信仰和实践"的章节，而且包括冠以"谋生""组建家庭""利用闲暇"等题目的章节。

《中镇》出版于1929年，它描述的既是一种社会学现象，又是一种文学作品。这本书拥有很多普通读者（对社会学著作而言，这是罕见的事情）。对社会学家来说，《中镇》是一部经典的社区研究著作。柯林贝尔与霍华德·纽百把《中镇》准确地描述为"一步伟大的、富于想象的跨越""为社会学的发展提供了一种模式"。一句话，它是已有出版物中著名的、被广为引用的、最有影响力的社区研究著作之一。

《中镇》的重要意义与它被普遍接受的主要原因在于对小镇（大约35000名居民）生活充分而相对客观地描述。所描述的曼西与人类学家描写的工业社会前农村的活动极为相像。研究方法无疑是折中主义的，包括参与观察法、历史记录的内容分析、封闭式和开放式问卷。《中镇》用丰富的细节描绘了曼西居民的不同活动和信仰（如不同人群早上起床的时间、用于家庭活动的时间、性角色、父母对子女的期望、政治和宗教价值观）；但是，同等重要的是，林德夫妇也试图解释曼西这种生活方式存在的原因。例如，他们解释了宗教和政治观如何支持商业兴趣，以及为何他们自己的研究发现阶级差别极为普遍，以致极大地影响着日常生活，而那里的居民却声称曼西没有阶级差别。

《中镇》的出版开始了一系列的整体社区研究，《变迁中的中镇》（1937）是林德夫妇研究的续篇。在对曼西的回顾中，林德夫妇分析了国家经济萧条对当地的影响。林德夫妇对当地权力不均匀的分布和影响的描述，在某种程度上开辟了另一种类型的社区研究——纯粹用数量等级定义的、与社会学中任何一部分研究努力同等重要的社区权力研究。

4. 社区权力

严肃的、延展的社区权力研究开始于弗洛伊德·亨特1953年出版的《社区权力结构》一书。亨特最先参与了亚特兰大的社区计划与发展。随后，他试图了解亚特兰大的权力是怎样分配的，并找到"真正的"领导人。他推断，如果这些领导人可以辨别，那么，这些领导人之间适当的交流或压力或许会产生很大的变化。

运用种种不同的方法，亨特发现了一个社区有由40位有影响力的人所组成的群体。其中大多数是商人，在当地政府没有一官半职（该群体中只有4人是政府人员），然而他们互相会面，却能够决定亚特兰大的前途。简言之，亨特的结论是：民主并不像它应该的那样运行，所选的社区官员在重要的、一般公众的决定中相对只有很小的影响力。

自然，亨特的发现引起了争论。尤其是政治科学家，不仅对他的发现，而且也对他的研究方法表示怀疑。罗伯特·达尔的《谁统治》（1961）一书，研究康涅狄格州纽黑文市的决策制定，随后作出了争论的姿态。达尔避免运用亨特的询问权力人物的姓名的访问方式，相反，他把注意力集中于社区已作出的真正决定上，以辨别矛盾冲突的位置及其支持者，并决定谁的观点更流行。虽然研究方法不同，结果却同样明显，《谁统治》研究的许多方面正是《社区权力结构》的对立面。道尔发现在纽黑文所选举官员中存在着大量的民主，市长在大多数主要社区的决定中起着核心作用。

1.1.5 社区公共需要

从某种意义上说，社区公共事业是社区公共需要不断增长的产物。因此，要了解社区公共事业，首先必须了解社区公共需要的特点。

人类的需要多种多样，生理、安全、自尊、爱、归属、求知、理想、自我实现等需要构成了一个复杂的、多层面的系统。但从最终需要来看，无非是两大类：个人需要和社会公共需要。无论人类社会以何种方式构成，个人需要永远是人类进行经济活动和社会活动的基本动因，也是人们需要的基础；而公共需要则是人类进行正常经济活动和社会活动必不可少的条件，也是个人需要得以满足的重要条件。

两类需要相互联系、相互影响，但不可相互替代。两者不仅表现形式和具体内容不同，而且还各有自己的特点。个人需要的特点体现在微观经济主体的人人有份的个别需要或个别需要的数字加总，是依托个人意愿、通过市场交换的行为加以实现。公共需要具有如下特点：

1. 公共需要是社会成员在工作、生活和发展过程中的共同需要

作为个人需要的对立物，公共需要对人类社会有着不可替代的作用。它是社会和个人赖以生存和发展的不可或缺的条件之一，没有公共需要的满足，个人需要的满足也无法得到保证。但以个人需要为基础的公共需要不是直接意义上的个人需要，也不是普通意义上的人人有份的个人需要和集团需要的数字加总，而是就整个社会而言，为了维持一定的文化生活和公共秩序，促进社会发展，必须由政府集中执行和组织社会职能的需要。

2. 公共需要是主观性与客观性的统一

一定社会的公共需要总是以具体的内容和形式表现出来：一方面，这种内容和形式深受社会物质文明程度和状况的制约，也就是说，公共需要内容来源于人自身的活动，反映着人们的生存条件与活动水平，因此公共需要满足的程度和状况也取决于社会发展水平。人们只能提出其所处时代所能提出的愿望和需求，也只能以其所处时代所能提出的手段和方式来满足这些愿望和要求。另一方面，公共需要的内容和形式也受到人们的认识能力、认识水平和思想观念的影响。这是因为公共需要是人们对自己所属的社会客观需要的一种主观认识，而人的主观认识除了受客观事物本身的影响以外，还深受人的认识能力、认识水平和思想观念的影响。因此，在不同的社会条件下，公共需要的内容和满足程度也不相同。

3. 社区公共需要是发展变化的

公共需要作为整个社会需要的一个有机组成部分，是人类社会文明发展的必然产物，是维持社会自身生存和发展的客观需要，自然也随着社会的发展变化而变化。

在原始社会，社会物质生产水平低下，只能满足个人的最基本的生活需要，公共需要就难以产生。随着人类社会生产力的逐步提高，生产方式、生活方式和生产关系发生了变化，公共需要也应运而生。随着社会不断地由低级到高级、由简单到复杂、由不发达到发达演进，人们的活动领域和范围不断扩大，认识能力和认识水平不断提高，公共需要也与日俱增，日益丰富多样，层次和水平不断提高。

4. 公共需要具有复杂性和多样性

公共需要的复杂性和多样性是指公共需要在不同的社会条件下，具有不同的性质和不同的表现形式。社会公共需要之所以呈现出复杂性和多样性是因为：首先，社会是丰富多彩的。不同的社会生存条件、社会生产方式和思想观念，不断变化的社会物质和文化生活，必然造成公共需要的多样性，尤其是在信息化、市场化和全球化的当今社会，公共需要更是有增无减。其次，阶级的存在使得公共需要往往刻有阶级的烙印。在阶级社会里，作为社会的代表，统治阶级为了维持社会的存在和发展，为了维护本阶级的统治地位和利益，往往会根据本阶级的利益和需要来改变社会公共需要的内容和表现形式。最后，公共需要本身具有层次性。公共需要既是抽象的，也是具体的，其本身有物质层面的，也有精神层面的，还有轻重缓急之别。认识社会公共需要的复杂性和多样性，有助于分析和识别各种各样的社会公共需要，充分考虑社会各方面的公共需求，根据财力和物力状况适当地发展公共事业。

1.2　社区管理的含义、内容及作用

社区管理与传统的行政管理不同，在管理主体、管理目标、管理对象、管理方式、管理内容上都有很大的差别。其管理的内涵主要是地域性、社会性、群众性、公益性的事物，涉及科、教、文、卫、体等方面，包括社区服务、文化、教育、环境、人口、治安、党建等具体内容。随着社区建设的深入发展，加强社区的管理是社区建设健康、持续发展的重要保证。

1.2.1　社区管理的含义

我国社区管理是以街道党（工）委和街道办事处为主导，社区职能部门、社区所有单位和全体居民共同参与的区域性、全方位的自我教育、自我服务、自我管理、自我监督的行为。

1.2.2　社区管理的内容

社区管理所涉及层面之多，包括区域性、社会性、群众性和公益性等诸多方面；其管理

范围之广，囊括科、教、文、卫、体、经济等领域的诸多事务。如果从社区建设的功能角度考察社区管理，主要有社区党建管理、社区精神文明建设管理、社区文化管理、社区服务管理、社区经济管理、社区治安管理和社区保障管理七个方面。

1. 社区党建管理

依据党的章程，街道以及街道以下的居民区党组织，都属于党的基层组织。相应的，以这些基层组织为主体展开的党的建设，属于党的建设中基层党建的一个重要的组成部分。街道党（工）委作为上级党委的派出机关，是街道各种组织工作和各项工作的领导核心，在街道和社区的两个文明建设中发挥领导核心作用，在社区建设和社区管理的各项工作负全面责任。因此，党的建设及其管理，是关系到整个社区建设和管理的核心问题。党建管理与党组织的职责紧密联系在一起，具体内容包括：

（1）宣传和贯彻党的路线、方针、政策和国家的法律、法规，执行上级党组织的决议、决定，团结、组织党员和群众，保证党和政府的各项工作在辖区内顺利完成。

（2）研究决定社区城市管理、社区服务、社会治安等方面的重大问题。

（3）支持和保证行政组织、群众自治组织依照法律和各自章程充分行使职权，协调好辖区内各方面的关系。

（4）坚持党管干部原则，按照干部管理权限，做好本街道干部的教育、培养、考核、选拔和监督管理工作。

（5）加强党组织自身建设，充分发挥街道党委的领导核心作用、党支部的战斗堡垒作用和党员的先锋模范作用。

（6）领导街道的思想工作和精神文明建设。

社区党建管理除了要发挥其工作职责中所必须承担的某些管理职能外，主要还有对党组织和党员的管理。由于社区党建工作具有明显的区域性特征，每个区域都有自己的党建背景和资源，从而形成了不同的管理模式，如目前已经形成的"动力牵引""模块拼装"等比较成熟的管理模式。这样，就要求社区党建管理必须因地制宜，寻求适合本社区的管理模式。

2. 社区精神文明建设管理

社区精神文明建设作为社区的软件，在整个社区的建设中起着重要的指导作用。精神文明建设作为社区文明建设的重要组成部分，其核心任务是培育有理想、有道德、有文化、有纪律的社会主义新人，社会主义精神文明建设就是社会主义条件下的"人的建设"。精神文明建设的内容包括思想道德建设、科学文化建设和民主法制建设。精神文明建设所要达到的目标是提高社区居民的文明素质，树立良好的道德风尚，形成文明的社区环境和文明的行为规范。因此，精神文明建设管理是指建设中的管理，即对思想道德建设的管理、科学文化建设和民主法制建设的管理。而其中每个层面的建设都有具体的管理操作内容，如思想道德建设中就涉及教育管理、宣传管理、公益活动管理、志愿者管理、环境管理等。

3. 社区文化管理

社区文化管理是社区管理的核心内容之一，它以满足居民文化生活需求，塑造、陶冶人

的品格和情操为目的。社区居民对社区的认同感主要表现为对社区文化的认同，这种认同往往是在居民积极参与社区文化活动的过程中形成的，如公益活动、文化活动、娱乐活动等。因此，只有对与社区文化的相关要素进行有效的管理，才能使社区文化真正起到应有的作用。与这些要素相关的管理内容包括：娱乐文化设施的规划和建设；组织健全各类文体组织，帮助和指导这些组织开展社区文化娱乐活动、全民健身等活动；组织和发动社区居民广泛参加内容不同、形式各异的教育活动等。

4. 社区服务管理

社区服务及其管理是社区建设中的重中之重。社区服务业的开展和管理，可以提高社区居民的生活水平和生活质量，还可以为社会创造大量的就业机会，充分利用社会闲置的劳动力资源。社区服务具有公益性、群众性、互动性和区域性四大特点。其服务的主要内容有：

（1）提供便民利民的服务。

（2）社区服务组织和社区单位、团体组织的双向服务，实现服务资源共享，进而推动社区服务的社会化进程。

（3）社会福利服务，其服务对象主要是社区中的弱势群体，为他们提供无偿或低偿还的社会服务。

根据《全国社区服务示范城区标准》的要求，区、街道分别建立政府领导、民政主管各部门及辖区内企事业单位代表参与的社区服务领导或协调机构，在民政部门建立办事机构，形成各相关部门齐抓共管、各负其责的管理体制。在这个体制下，社区管理职能主要有三个：

（1）了解并根据社区居民的需求，设立、健全社区服务网络，完善社区服务体系，广泛地开展社区服务。

（2）建立、健全社区服务管理组织或社区服务指导中心，加强对社区服务业的行政管理。

（3）保证服务渠道畅通无阻，从而最大限度地提高居民对社区的满意度，提高居民的生活质量。

5. 社区经济管理

自20世纪90年代逐渐兴起的社区经济，在解决社区生活必需、改善社区的生活环境、提高本社区的生活质量等方面起着重要的作用。社区经济的主体是各种非营利性组织和公益组织，其经济目标服从于社区组织的基本职能和社区管理的总体目标。社区经济管理主要涉及社区资源配置，以及与社区经济相关的财税体制、产权制度和管理体制等内容。

6. 社会治安管理

加强社会治安综合治理，维护社区治安秩序，增强居民安全感，建立发案少、秩序好、群众满意的社区环境。一是社区居委会要积极配合政法部门，搞好严打斗争和各类专项治理，降低治安、刑事案件发案率；二是抓好治安联防，健全群防群治网络，成立警民联防队伍，落实治安设施及防范措施，加大居民楼院的看管力度，以楼院为单位组成居民治安小组，形成公寓式、封闭式、联防式的防范网络；三是加强调解、帮教，组织开展经常性、群众性的法律教育和法律咨询、民事调解工作，加强对刑满释放、解除劳教人员的安置帮教工作，利用多种途径处理好民事纠纷，调解、化解矛盾。

7. 社区保障管理

社区保障管理体系是在社会主义市场经济体制下，针对城市出现的新问题、新情况，从改革城市管理体制入手，建立以城市社区建设为内容的新的基层社会管理体制和运行机制。社区保障是社会保障的有机组成部分，是在政府的倡导、规划和组织下，发动社区成员，依靠社区力量，依靠法律确立保障体系，对社区成员的基本生活给予保障的制度。城市社区保障的对象是社区内全体成员，重点是老年人、残疾人、贫困者、灾民、失业者、军烈属、复退军人等特殊保障对象。社区基本生活保障项目主要由社区保险、社区救济、社区福利和社区优抚四部分组成。社区保障有以下两大功能：一是促进社会再生产的功能；二是稳定社会的功能。

1.2.3 社区管理的作用

社区管理是为适应城市现代化的发展、社会管理重心下移的发展趋势而产生的。它能准确针对社区发展的全局和具体问题，组织社区内部的各方面，通过互助互利、共同参与的方式解决社区建设的矛盾，满足社区内各单位和广大居民利益的需求，达到自我管理、自我教育的目的。

1. 组织作用

社区的管理要面对各种团体、企事业单位及群众，真正做好管理工作，必须发挥社区管理的组织作用。社区的管理部门要充分发挥自己的职能，为适应社区建设发展的需要，从管理方面作出计划和决策。无论是管理决策还是计划的制订及具体实施，都必须从本社区的实际情况出发，组织发动社区的单位和居民积极参与。同时，还要根据实际的发展需求，及时研究和制定相应的配套政策，以解决社区管理过程中遇到的各种实际问题。组织社区的各种力量共同参与和搞好社区管理，如社区党组织及有关部门，对离退休人员、解除劳动关系的职工、无工作单位的社区居民以及外来务工人员的党员等实行属地化管理，及时让他们参与社区管理和各种活动，使他们感到组织的温暖，充分发挥党员的模范带头作用和党组织的战斗堡垒作用。

总之，社区管理通过组织的作用，利用约束性要素来建立和理顺社区成员之间的关系，统一大家的认识，培养社区意识，达成"社区事务是为了大家、大家必须参与"的共识，共同遵守规章制度和行为准则，在此基础上开展各项自我组织、自我服务、自我管理的活动。

2. 协调作用

社区管理面对各种复杂的关系，这些关系处理得是否恰当，直接关系到社区管理的成败。社区管理不能仅仅局限于社区这个小区域，而且还要注重社区与整个外部大环境的协调。因此，必须通过社区管理调动各方面力量，协调好社区与外部的社会联系，以及社区内部单位之间、群体之间、个人与集体之间的关系。这些关系既包括人与人的感情关系，也包括人与物的关系。

社区虽然有地域性特征，但是都不是封闭的，社区和外界之间有着千丝万缕的联系。就城市整体而言，社区只是其中的一个局部，社区的发展必须符合城市的整体规划，服从整体的要求，而不能自行其是，搞封闭式管理。社区的事务和外部有着必然的联系，居民的所有需求仅靠社区不可能全部解决。社区的主导管理机构街道党（工）委和街道办事处有与社区外的上级政府之间上下级的行政隶属关系，各职能部门也有区域外的上级主管单位，居民与社区外的交流更加频繁。因此，封闭管理对于社区发展是没有出路的，也是根本行不通的。社区管理必须和外在的大环境相协调，与整个城市和国家的发展规划协调一致。

社区内组织与功能的协调对社区管理的效率和效果至关重要。如果社区内组织机构的设置和功能的定位不协调，就会造成有些机构不去做自己的事情，而有些机构却做了不该做和做不好的事。

社区管理还要密切社区成员之间的关系，通过社区管理部门组织和实施服务活动、各种文体娱乐活动以及各种互动活动或"工程"来缩小和拉近社区成员之间的距离，通过激发社区成员积极参与的热情，来加强相互之间的联系，从而建立良好的人际关系。只有不断加强社区管理的协调能力和协调作用，才能够调动大家齐心协力关心和参与社区管理，不断创建社区管理的达标项目和优化项目，使社区管理向新水平、新台阶、新层次发展。

3. 凝聚作用

随着社区职能的拓展，越来越需要依靠社区居民、社区资源和社区机构的自我组织、自我服务来保证职能的发展，需要依靠社区成员对社区事务积极参与的热情和主动性，这就必须加强社区凝聚力。这样，社区管理不仅要对社区进行宏观调控，更重要的是对社区各个单位、各种组织和居民进行引导和发动。通过社区管理拉进居民与居民之间、居民与组织之间、单位与单位之间的距离，密切他们之间的关系。因为这些成员之间的交往没有很强的约束性，包括对社区居委会的要求和倡议的响应度也缺少强制因素，要建立和密切社区成员的关系，增强社区凝聚力，必须通过社区管理组织各类社区活动，来促进社区管理之间的接触、沟通、交流和互惠互利。

总之，社区管理就是通过各种方式和途径来满足社区成员的多样化的需求，提高其对社区的认同感、归属感和满足度，为社区做自己力所能及的工作，形成一种社区居民互助式自我服务的互动良性循环，使他们之间的关系更加紧密，从而加强社区的凝聚力。

4. 稳定作用

社区稳定是现代化建设事业和改革开放顺利进行的必要条件，社区是社会的基层单位，是保持整个社会稳定的基础。只有这个基层单位稳定了，城市才能平安，国家才能长治久安。由于社区内各成员间异质性强，情况比较复杂，存在着许多不利于稳定的因素，必须有效地控制和解决。通过社区管理，组织和发动居民积极参与，把这些问题及时解决在萌芽状态，解决在基层，解决在当地，避免成为影响全局的问题。可以广泛地开展治安联防工作、对弱势人群的福利保障工作、对下岗人员的再就业培训和职业介绍服务等，总之，社区管理可利用多种手段，进行多方控制，化解不稳定因素，不仅帮助社区居民、单位解决实际问题，而且能让他们安居乐业、心情舒畅，充分发挥社区维护社区秩序的稳定器的作用，强化社区作为维护社会稳定"第一道防线"的作用。只要社区稳定，整个国家的稳定就有了扎实的社会基础。

1.3 社区管理的机构组织

在不同的时代条件和历史环境，社区管理的主体是不一样的，但从总的发展轨迹和发展趋势看，社区管理主体是由最初的单一性不断走向现在的多重性。就我国的情况而言，也是由计划经济体制下国家直接治理社区这个单一的主体，向与社会主义市场经济和社会主义民主相适应的社会管理的多重主体转变，这是一种必然的历史趋势。

目前，我国城市社区工作模式大体表述为：政府推动，街道支持，居委操作，各方参与，社区共建。可见，政府、街道办事处和居委会构成城市社区管理的三大主体，而物业公司、业主委员会以及其他居民自治性组织也发挥着不可替代的作用。

1.3.1 政府

政府作为城市社区管理的主体是毋庸置疑的。在计划经济体制下，政府作为全社会利益的唯一合法代表，自然可以对全社会实施单一行政化的全能主义管理。在市场经济条件下，随着"单位人"向"社会人"的转变，逐渐出现了一些具有不同利益需求的个人主体以及组织化的新的利益主体，政府通过"单位"全面干预社会生活的地位和职能有所弱化。但是，培养和催生各类社会要素与非政府的社会组织，推进现代社区的建设，都需要政府的主导、介入和推动。政府作为社区管理主体，其权威的合法性源于其所代表的跨社区、跨部门的公共利益，源于其所代表的社会秩序。

1.3.2 街道办事处

街道办事处是市或市辖区人民政府的派出机构，在社区工作中是主持者，集行政、社会和经济职能于一身，在社区工作中发挥着重要的作用。街道办事处在政府的领导下，行使基层政府的部分权力，办理本社区的各种政府行政事务，履行行政职能。我国的社区管理委员会是直接在街道的支持下成立的，街道的主要干部也是社区管理委员会的主要成员。另外，在社区条块关系的协调、社区工作者队伍的组织管理等方面，街道都担负了主要责任。街道办事处主持社区工作的规划与操作，包括项目规划、设施建设、活动安排等具体工作，履行社会职能。街道办事处主持社区工作的资源开发，履行经济职能。目前，我国社区服务的设施投入、社区活动经费乃至社会工作者的报酬一部分要依赖于街道的积累与创收。街道兴办了街道经济，发展了第三产业，街道自筹资金在社区工作投入中占一定地位。

街道办事处作为城市基层人民政府派驻在街道的办事机关，具有行政执行性、派出代表性和区域综合性特征，承担着沟通职能、管理职能、服务职能、协调职能及指导职能。

1.3.3 居民委员会

城市居民委员会是我国特有的城市社会基层组织。根据《宪法》和《城市居民委员会组织法》，居民委员会是居民自我管理、自我教育、自我服务的基层群众自治性组织。在实际运作中，居委会接受街道办事处的领导，成为政府与居民之间的桥梁，承接了大量的社区工作实物，是社区工作的实际操作者。

居委会具有以下的职能：维护社会治安、实施公共服务、调解民事纠纷、整合区位资源和传递民众意愿等。

1.3.4 其他居民自治性组织

近年来，国家推行住宅小区社会化、专业化的管理模式，社区的一些工作被业主委员会和物业公司所取代，业主委员会和物业公司也成为社区管理主体。业主委员会是在物业管理区域内代表全体业主实施自治管理的组织，由业主代表组成，代表业主利益，向社会各方面反映业主意愿和要求并监督物业公司管理行为的一个民间性组织。业主委员会是由业主大会或业主代表大会从全体业主中选举产生，经政府批准成立的代表全体业主合法权益的社会团体，其合法权益受到国家法律的保护。物业公司是指物业服务企业受物业所有人的委托，依据物业管理委托合同，对物业的房屋建筑及其设备、市政公用设施、绿化、卫生、交通、治安和环境容貌等管理项目进行维护、修缮和整治，并向物业所有人和使用人提供综合性的有偿服务。

由于社区管理和文明创建具有多方面、多层次的特点，因此社区建设和社区管理的水平，取决于政府法人、企事业法人、社团法人以及全体社区成员共同参与。居民自治组织是民间群体性组织参与社区管理的重要资源，对社区治安管理、社区文化建设、社区服务及社区精神文明建设发挥基础性作用。居民自治组织主要有8类：休闲类组织、休闲技艺类组织、教育类组织、自助类组织、社会化团体组织、治疗团体组织、病人自治团体组织和行为团体组织。以上各种组织类型，或自发形成，或自愿产生，为社区管理的自治产生了不可替代的作用，在社区管理、社区治安、社区卫生、社区教育、社区经济、社区服务及社区环境方面发挥了群众自我管理、自我教育、自我服务的功能，体现了群众自治与民主管理的优越性。

1.4 社区管理模式与研究方法

1.4.1 社区管理模式

1.4.1.1 国外的社区管理模式

欧美国家以及日本、新加坡等发达的工业化国家，由于其社会政治、经济制度和专业社会工作的发展,到现代大多已形成一套比较完备的社区组织管理体系,在社区管理上有许多新的理论出现和实践总结。其中较为突出的概括起来有三种:以欧美为代表的自治管理模式、以中国邻近的日本为代表的混合型管理模式、以新加坡为代表的行政主导型管理模式。了解和研习这些国家的社区建设与管理模式,特别是自治模式,对我国方兴未艾的社区建设与管理有着极大的启示和借鉴作用。

1. 北欧:"社区城市化"管理

欧洲国家,尤其是北欧国家的社区管理,可以说一直以来都是以"自治"为理念的,而其社区自治的一个最大特点就是"小国度的大社区"。在中央、郡、市三级行政区划上,城市是北欧行使社会职能的最基层一级政府。在社区建设上,无论乡镇还是较小的乡村,都已经划入城市化社区并对社区进行管理,社区管理中心或者说社区政府所在地大多数也都是在比较发达的小城市。这三级行政划分在管理原则上共同遵循一个规律:清晰、简约、严谨、明了,即这三级政府在权力范围和职能权限上责权明晰、有章可循、有法可依。1862年,瑞典颁布了《地方政府条例》。这一法律规定,各个地方的教会处理本身的事物,不再担负管理政事方面的职责,因为从这一阶段开始,民政事务由市和农村自治区政府承接和管理。此后,瑞典根据《地方政府条例》建立了新的一级地区自治政府,即郡政府,逐步走上了地方政府的自治道路。

20世纪后期,北欧国家普遍进行了地方政府自治改革,其特点是扩大城市社区化的版图,加强了社区自治机构的权力,进一步增加了社区的自治职能,真正形成了所谓的"社区城市化,城市社会化"的自治模式。社区自治职能主要表现在两个方面:一是在权力重心下移的情况下,改变过去社区政府那种数量多而质不精、作为不大的庞杂局面,使社区自治机构真正有了经济和独立行政权力。地方社区这个最基层组织机构,使公民的具体问题和生活困难得到了最为有效的解决,同时培育和自发组织了大量的社区团体力量。二是从纵横发展方向上看,北欧社区在纵深角度始终把社区发展放在第一位,不断把来自国家和政府的服务深入家庭和社会的各个角落;在横向发展平台上,北欧社区加快了社区合作的步伐,力图通过全方位、多层次、立体型的合作途径来促进社区的共同发展。

2. 美国社区:共享型自治

美国社区管理虽然在实施理念上同北欧等国家一样采取"自治",但它的形成渠道和具体实施途径与北欧有所不同,其社区自治理念是在自愿社区团体影响下的"地域归属与文化共享型"的自治。虽然社区也有地域方位的区分,但它们的范围或者说界限一般要超出个人狭义理解的生活区,居民没有一种受制于特定社区的感觉,相互之间共享着某种地域归属感和文化价值。根据耶鲁大学社会学系戴维斯(Deborah S. Davis)教授所说,在美国,一个十分明显的划分是所谓的"街",但它与中国街道的"街"大相径庭。对美国的"街"的一个普遍理解是"社区生活",它不仅仅是一个地方社区居民价值的体现,社区里具体事务的商议和发展项目的安排都由"街"中的社区董事会举行社区听证会来进行讨论、管理、自治。它的功能是建构一个大型的公关社区服务机构和交流平台,在政府和社区居民两个端点起着平衡和制衡的桥梁与纽带作用，既鼓励两者积极进行互动，又鼓励居民参与政治讨论，让社区居民自己来决定自己的事务。政府和各个具体实施机构只起监督、提供资金和具体操作等作用，最后的评审都由社区居民自己投票议定。

美国社区自治的另一个特点是，它每一次的模式变革都是针对一个具体历史事件的，例如，从对芝加哥牲畜场恶劣生活条件的研究，到纽约贫民窟居民的悲惨生活状况分析，以及到后来美国工业化对传统社区的冲击和影响等研究，都对社区管理模式的变革产生了一定的影响，充分调动了社区民间的力量，积极促进了社区管理模式的完善和承继。尤其值得指出的是，每一次的革新，都促使政府的行政力量在社区管理中不断地弱化和退隐。

3. 日本社区：混合型管理模式

日本社区采取的是"地域中心"的管理模式。"地域"相当于中国的"街道"一级行政区域，其管理机构被称为"地域中心"。地域中心是由区政府根据人口密度和地理半径来划分的行政管理机构，隶属于区政府地域中心部。地域中心的主要工作职责很多，包括征集民众意见、组织民间公益团体对所需全体给予支持援助等。地域中心作为一定区域的行政管理机构，其职能比较单一，职责十分明确，主要侧重于地区事务管理和为本地居民服务，在工作管理界限方面没有形成交叉点情况，能够集中精力和力量把该办的事办好。同时，在社区发展和管理方面，地域中心和社区社会团体组织相互配合，为社区自治、社区管理及其发展提供了较大的弹性空间，为基层社区的管理改革提供了广泛的操作平台。但是从地域中心的发展缘起来看，仍是一个政府下派机构，不能完全代表民众进行利益话语权的表达。在这种趋势下，日本社区居民自发建立了一个团体服务制度——"住区协议会制度"，它是地地道道的社区居民参与公共事务的群众自治组织，其功能是协调、促进、制衡地域中心的工作和工作偏误。这种制度的最大特点是居民自愿加入并直接参与民主管理，使政府能听到居民的呼声，使政府的计划更符合当地的实际。

从这种模式的发展轨迹来看，日本的社区管理是双向的：一边是官方的地域中心；另一边是民间的住区协议会。两者相互等量，齐驱并进，互不交叉，最终落脚点都是为民服务，共同保障本国的社会稳定和良性发展。

1.4.1.2 我国的社区管理模式

社区管理也可称为社区行政，主要是指一定的社区内部各种机构、团体或组织，为了维持社区的正常秩序，促进社区的发展和繁荣，满足社区居民物质和文化活动等特定需要而进行的一系列的自我管理或行政管理活动。社区管理模式则是指为了达到社区管理的目的而采取的各种管理体制、机制、手段、方法的有机结合体。从社区管理活动的主体差异出发，我国的社区管理模式可分为政府导向型、市场导向型和社会导向型三种类型。

1. 政府导向型社区管理模式

这种管理模式是以政府为核心。在现阶段主要是城市的区人民政府下派的街道办事处为主体，在居委会、中介组织、社会团体等各种社区主体的共同参与配合下对社区的公共事务、社会事务等进行管理。其社区管理范围一般为原街道行政区域。目前大部分城市社区管理中都采用这种模式，特别是在社区建设的初级阶段，离开了政府的主导作用，社区难以形成，社区工作难以开展。但这种模式的缺点在于，易形成政社不分、政府办社区的模式。政府的大包大揽抑制了民间的活力，从而降低了政府的工作效率，增加了政府的财政负担，对一些经济基础相对较弱的城市而言，更是心有余而力不足。

2. 市场导向型管理模式

这种管理模式即通常所说的"物业管理模式"。自1981年3月全国第一家物业公司——深圳物业公司成立至今，物业管理行业在我国从无到有，并迅速成长壮大起来。虽然这一管理模式还不够成熟，其结构体制和运行机制还存在许多不完善的地方，但从目前的发展态势来看，它已经成为城市社区居民日常生活中一种重要依托。市场导向型模式的优点是，社区的建设和管理由于引入了市场竞争机制因而表现出了特别的生命力；其缺点是，这种市场化运作的管理模式主要满足社区居民生活方面的需求，不能覆盖小区中的社会管理和行政管理，因此还不能说是一种完全意义上的社区管理，其地域的范围一般只为封闭性的小区。

3. 社会导向型管理模式

这一管理模式又可称为社区居民自治模式，以沈阳市社区体制创新——"自治性模式"为代表。它主要是指以社区居民为核心，联合社区内各种社会组织、机构、驻区单位，共同参与社区事务的管理，实行真正的民主自治管理的一种模式。社区自治是社区建设的最终目的和归属，其目的是调动社区内居民广泛参与社区事务的积极性，使社区居民真正成为社区的主人，管理自己的事务，有利于社区居民对社区的认同感、归属感的形成。此外，从经济的角度来看，社区居民自治还是一种管理成本较低的管理模式；从政治的角度看，社区居民自治有利于推进基层的民主建设，有利于公民的政治参与，有利于造就新一代的公民；但从现阶段社区管理的实践来看，真正实现社区自治还有一个较长的历史阶段，离开政府的引导和法律法规的完善和规范，社区自治只能是流于形式、纸上谈兵。

1.4.2 社区管理研究的基本方法

社区管理研究的基本方法有以下几种：文献分析法、典型案例分析法、社会调查法、观察法、问卷法、座谈法、实地研究法、图标测量法、统计分析及模拟方法等。这里仅就几个主要的方法进行概括阐释。

1. 文献分析法

文献分析法也称历史文献法或档案文献法，是一种利用检索、收集或阅读现存的文献资料或档案材料，对研究对象进行分析，最后得出结论的方法。

文献分析法在社会科学研究中得到了广泛的使用。它的优点是可以使研究者在较为广阔的研究时空中进行思考。因为有些文献资料可以追溯到很久以前，并且随着科学技术的进步，有些文献的存储与传递载体是很生动的，如录像资料、光盘等，这是其他方法难以实现的。另外，文献分析法不直接面对研究对象，易于发挥研究者的主动性。

但文献分析法也有一定的缺点：一方面，现有的文献资料毕竟具有一定的局限性，而且文献资料的准确性、可靠性有时难以确定。例如，对于某一特定的社区研究来说，某类或某些文献并不是一种完全的资料，因为文献的作者并不是都按照同一个主题与要求记录社会现象，不可能与研究者的要求完全吻合。另外，文献资料是对过去发生事件的记载，难免受收集者个人偏好的影响，并且事情都是发展变化的，仅靠文献资料难以实现对现实问题的研究。总之，利用文献分析法，要求研究者必须摒弃个人偏见，对文献资料进行去伪存真、去粗取精的加工和制作。

2. 典型案例分析法

典型案例分析法是利用真实的或虚拟的社区管理场景，提供一定的需解决或可思考的问题，要求研究者进行解答的方法。运用典型案例分析法的关键是选取具有特定研究和学习价值的案例，要求案例能够反映一定的问题，具有代表性。

典型案例分析法的优点是：案例具有一定的参照价值，可以借助案例分析，借鉴其成功经验或汲取其失败的教训；同时，典型案例分析法需要用一定的理论对案例进行解释、说明，可以间接检验理论的正确性或适用性；另外，对于没有实践经验者来说，典型案例分析法可以丰富其真实感受，加强其对研究对象的直观理解。

3. 社会调查法

社会调查法是一种通过现场深入调查或利用观察、发放问卷等方法收集特定对象的资料，了解被调查者对某一事物的想法、情感或满意度的方法。依据调查手段的不同，社会调查法可分为观察调查法、问卷调查法等几种。

观察调查法是指以研究者的感官为工具直接观察事件的发生，以记录事件现象，进而推测分析的方法。现代的许多观察调查常借助于录像机、录音机等工具，以弥补感官的不足。

依据观察者与被观察者关系的不同，观察法还可分为参与观察法和非参与观察法两种。参与观察法是指观察者直接参与被观察对象的活动，成为被观察事件中的一分子，在共同的活动中进行观察的方法；非参与观察法是指观察者以旁观者的身份进行观察的方法。观察调查法是社会调查研究最基本的一种方法。通过观察可以获得第一手的感性经验资料，为理性认识准备条件。

小　　结

1. 社区是社会的细胞，是人类生活的基本单元，通常是指一定地域范围内的社会群体。社区发展是指社区有方向性的变迁，这种变迁是具有积极性的，是人为加以控制的。

2. 社区的构成要素包括：一定数量的人口、一定的地域范围、合理的区位结构、共同的生活方式、独特的社区文化和相同的社区意识。社区理论有类型学理论、芝加哥学派、整体研究和社区权力。

3. 社区公共需要是社会成员在工作、生活和发展过程中的共同需要，是主观性与客观性的统一，是发展变化的，具有复杂性和多样性。

4. 社区管理的内涵主要是地域性、社会性、群众性、公益性的事物，涉及科、教、文、卫、体等方面。主要有社区党建管理、社区精神文明建设管理、社区文化管理、社区服务管理、社区经济管理、社区治安管理和社区保障管理七个方面。社区管理有组织作用、协调作用、凝聚作用及稳定作用。

5. 社区管理的机构组织包括政府、街道办事处、居民委员会、物业公司、业主委员会及其他居民自治性组织。

6. 国外社区管理模式有"社区城市化"管理、共享型自治、混合型管理模式。我国的社区管理模式可分为政府导向型、市场导向型和社会导向型三种类型。

7. 社区管理研究的基本方法有文献分析法、典型案例分析法和社会调查法。

思 考 题

1. 什么是社区？
2. 简述社区的构成要素。

实 训 题

1. 社区行——实地考察城市社区居委会。
2. 根据下列资料进行案例分析：
（1）浔埔社区的地域要素对浔埔社区的发展有什么样的影响？
（2）浔埔社区属于什么类型的社区？

泉州市浔埔社区

浔埔社区地处泉州湾晋江下游出海口，泉州两江突出部，依山面海，前临涛涛晋水，后依新兴滨城，是一个以渔业为主，工商并举的沿海社区，社区共有住户 1635 户，总人口 6120 人，社区设 7 个居民小组（片区），支部党员 79 人，社区两委班子成员 11 人，社区内拥有社区办公大楼一幢，有小学、幼儿园、卫生所各二处，内外海机动渔船 450 艘，滩土养殖面积 7000 多亩。对台贸易码头一座，文物保护单位二处。

浔埔社区又是泉州市三大渔港之一，现有外海捕捞渔船 100 艘（其中钢质渔轮 15 艘），年产量 36.98 万担，产值 1.58 亿元。内海以流刺蚵株养殖为主，"浔埔蚵"久负盛名，深受广大市民喜爱，是泉州地区的特产品，经济价值高，产品辐射全市每个市场，为繁荣城乡商品市场作出贡献。渔业生产一直以来是浔埔经济的重要产业支柱，其生产总量占全区农业产值的 4.7%。

勤劳勇敢的浔埔妇女具有独特的民俗特色，浔埔现有保存着大量的历史文化遗产"蚵壳厝"。随着泉州市沿海大通道浔埔路段建设的进展，浔埔社区将把握有利时机，抢抓机遇，充分利用浔埔的民俗特色和古建筑物"蚵壳厝"，发挥沿海渔区的自然优势，大力发展旅游业、餐饮业，建设海鲜美食一条街，使浔埔岸线成为泉州市一道亮丽的风景线。

（资料来源：泉州门户网 www.inqz.com 2010-12-02）

第 2 章 社区管理与服务的内容

学习目标

通过本章的学习，初步了解社区管理与服务的六个方面的内容：社区组织、社区工作者队伍、社区服务、社区环境卫生、社区文化教育、社区治安与保障。

引导案例

社区管理与服务的内容包含多个方面，如社区组织、社区工作者队伍、社区服务、社区环境卫生、社区文化教育、社区治安与保障等（图2-1）。

图 2-1 社区管理与服务的内容

随着春节临近，某社区治安情况逐渐显现出一些问题：
(1) 盗窃案增多，居民缺乏安全感。
(2) 打牌赌博多，社会风气差。
(3) 出租房屋多，社区情况掌握少。
(4) 各方意见多，联系沟通少，社区居民对社区治安情况不满意。

（资料来源：2013 年社会工作师案例与设计）

阅读以上材料，请回答：

作为社区社会工作者，请针对以上存在的问题，拟订一份社区工作服务方案，以消除群众对该社区社会治安的不满局面。

2.1 社区组织

社区是现代城市的基础，和谐社区是构建和谐社会的首要任务。在社区的范围内总会有各种各样的社会组织的存在，以发挥其各种功能，满足社区需要。这些社会组织并非都是社区组织，社区组织与驻区的社会组织是不同的，它有自身的质的规定性与组织功能。中国当代的基层社区，特别是城市社区，社区组织的性质与存在形式经历了曲折的演变，正在发生历史性的转型。

2.1.1 社区组织概述

2.1.1.1 我国城市社区组织的发展

我国城市基层社区组织确立于 20 世纪 50 年代初，到今天已有 60 多年的发展历程。总的来说，我国社区组织发展经历了一个从零星到普及、从不规则到规则、从单功能到多功能、从无序到有序的发展过程。新中国成立后，政府以单位制为核心的组织管理居民的体制逐步确定，针对单位体制之外的大量无业者和无单位的老人，则建立了社区组织系统——街居制来实现政府对民众的管理。1953 年，彭真向中央提交了《关于城市街道办事处、居民委员会组织和经费问题的报告》，报告建议：街道的居民委员会必须建立，它是群众自治组织，不是政权组织，也不是政权组织在下面的腿。在初期阶段，居委会的性质、任务、工作方法比较明确，群众基础好，工作很活跃，协助政府办理了大量涉及居民生活的社会事务，发挥了居委会的积极作用。1978 年党的十一届三中全会召开以后，居委会的工作开始走上正轨，街道、居委会的组织机构普遍按"党政分开、政企分离"的原则设立。1989 年《城市居民委员会组织法》颁布，明确了居委会的性质是城市基层群众性自治组织，居民自治的含义和内容是自我管理、自我教育、自我服务，自治的主体是全体居民，而非只占居民少数的居委会成员。但在实际运行中，居委会并未真正实现期望的"自治"。随着改革的深入，街道、居委会的地位有所提高，职能和机构均在迅速膨胀，但新增职能中大部分为政府的行政事务，很少是针对居民需求而设置的。居委会工作人员的津贴、办公经费、活动开支等均由街道下拨控制。居委会名为群众自治组织，实际上却是集自治管理、行政管理、社会服务、经营管理于一身的混合体，真正成了"上面千条线，下面一根针"的"针眼"。从治理结构上看，我国城市基层社区组织仍是一种以垂直分工为特征的具有准行政上下级关系的科层制治理结构。

2.1.1.2 社区组织的含义

社会组织（Community Organization）既是由人组成的"人群共同体"，又是人们实现自身社会生活目的的一种物质工具。社会学中对社区组织的定义有着不同的解释，下面分别予以解释：

在社会学上的社区组织，是指某社区内主要团体间交互关系的模式（Pattern of Interrelationships），社区内居民生活上的基本需要，经由此模式而获得满足。个人降生于世，不仅属于某家庭，亦属于某社区。在社区之内，凡是对个人有重要意义的各种经验和活动，其中大多数都能够吸引人们亲身去体验和处理。社区生活是一种共有、共治、共享的生活。

在社会工作领域，社区组织这个概念受到社区组织理论的影响。它是一种工作过程，将社区中的各个社会机构组织起来，多方予以协调，促进其合作努力，使社区内的各种资源得以充分运用，社区需要借此而获得满足。社会工作中将社区组织定义为：社区组织是为动员全社区的人力、物力和财力，预防和解决社区内存在的问题，开展社会服务工作，提高社区居民的社会质量而建立的各类非营利组织。

此种工作方法原以解决工业化都市社会问题为主，现已扩大到乡村社区，而最早用于乡村社区的社区发展工作也扩大到都市社区。两者交互运用的结果，使得社区组织和社区发展已合而为一了，而两者间原有的差别已成为历史陈迹。

与此不同的是，有的学者认为，根据我国的客观实际和社区组织研究的特定目的，社区组织主要是指以兴办、管理一定社区的经济、政治和文化事业为目的建立起来的地域性社会组织，它是社会组织的类型之一。

依据中外社区工作的实践和社区发展的历史趋势，本书把社区组织进行了广义和狭义之分。广义的社区组织是指在社区地域内，以从事社区公共事务或社区政治、经济、文化事业，参与社区活动为目标的各种社会组织及其机构；狭义上社区组织是指由社区建立的以满足社区需要促进社区发展为目标的，从事社区管理与服务，吸纳社区成员参与社区活动的各种社会组织及其机构。从社区工作的历史与现实需要进行考察，广义与狭义的社区组织都应该得到社区工作者的重视和认识。

2.1.2　社区组织的类型

1. 正式组织

按照法律规定，正式组织是有明确的组织建制与角色定位的组织；具有明确的组织目标；具有严格的规章制度和执行形式；具有正式的阶层结构和沟通渠道；组织成员的互动形式是正式而片面的；组织的场地、设备、资源及活动程序等也较明确。社区党组织、社区居委会、社区中介组织都具备这些条件，法律是它们存在的基础。正式组织有政治组织、经济组织、社会整合组织、模式维持组织等。

2. 非正式组织

相对来说，非正式组织的形式比较自然，规模较小。它是指松散的、网状的、角色定位没有明文规定的组织。非正式组织成员之间关系较密切，对社区组织成员的认同感较强。非正式组织有志愿者行动、联谊性小社团等社群组织。

3. 社区中介组织

社区中介组织是我国城市社区组织体系的重要组成部分。顾名思义，"中介"即"居中介绍"之意。中介组织在西方统称为非政府组织，是使社会活动参与者之间相互影响，并把它们组织起来促进发展的主要途径。中介组织就其性质来说，是一种服务组织，其基本功能是挖掘、动员、激活和整合各类社会资源，通过沟通、担保、管理、筹资等方式，构架起社会需求和社会供给之间的桥梁。同时，中介组织以其低成本带来高收益的经济性，以行业分工细化所具有的专业性和在市场与政府、买者与卖者之间牵线搭桥的广适性，在城市社会组织与管理中发挥着重要的作用。

2.1.3 社区组织的作用

社区组织是社区各类人员、各种关系融入社区的基本载体和运行细胞。社区组织体制的成熟与有效运作，是现代社区建设的基本保证，这是由组织的特性和社区的功能决定的。随着社会主义市场经济体制的逐步确立，城市社区成了一个兜底的筐，承担着许多职能，包括社会整合。社区中不仅存在血缘关系、地缘关系、业缘关系，还存在着当代网络社会的各种新型关系。作为这些关系的载体有家庭与亲属、邻里与街坊、相识人的圈子以及职业上和兴趣上的同事、朋友等，它们构成了"单位8小时"以外的社会生活"共同体"，在社区中发挥着不同的作用，以满足其自身和周围生活环境的需要。从这个意义上说，社区生活是需要组织的，组织的目的在于把这些"共同体"的作用协调得更有效。我们把这类组织视为以"同意"为基础的民间互助组织，它们在功能上不同于社区党组织、社区居委会、社区居民代表大会这些组织。社区组织可以把社区成员以不同的形式组织起来，以实现个人不能达到或实现的整体功能。

2.1.4 社区组织运行中存在的问题

从20世纪90年代中后期开始进行社区建设到现在为止，政府做了许多有益的工作，但也存在一些问题。比如，要么对社区事务干预太多，要么对应该由政府承担的职能存在欠缺，而管了一些不该管、管不了、管不好的事情，这些都制约了社区建设向纵深发展。其具体表现为：

1. 社区自治组织的"全能化"倾向，政府职能缺位

政府转变职能，实行政社分开，这是对的，但不能撒手不管，似乎社区自治组织可以包揽除行政事务以外的其他所有公共事务。一般来说，社区公共事务包括公共安全、公共生态环境、公共医疗保健、公共社会保障、公共设施、公共文化体育、人口管理等，社区公共事务具有复杂性、多样性和动态性特征，任何一个组织不可能包揽社区公共事务。但是，在不少地方，这些公共事务的管理往往都由社区自治组织包揽了。

2. 政府组织与社区组织的"对立化"倾向

政府和社区组织各自管理自己的事务，两者互不相干。这是从一个极端走向另一个极

端，从过去政府完全控制居委会走向政府与居委会绝对分离。在社区中，政府应"既不是一只无形的手，也不是一只沉重的手，而是一支有力推动的手"。政府的功能包括输入能量和参与管理，政府应该向社区输入法律制度、资金、设施、信息等资源，并直接参与治理某些公共事务。当然，大多数政府部门要从社区逐步退出，将公益性功能让渡给相应的社会中介组织。但是，政府组织不可能完全退出，特别是需要直接参与治理某些外部性极强的公共事务。例如，社区安全机制的重建就需要政府的直接参与。

3. 自治要素的"简单化"倾向

这一倾向仅仅强调社区自治组织的自主权，而忽视另外两个关键问题：自主的行为主体之间如何协调权利关系以防止冲突？他们之间的权利关系是"自我协调"还是"被人协调"？现实生活中，行为主体自主性越强，人与人之间、群体与群体之间、组织与组织之间的利益矛盾就越明显，就越需要建立一种程序公正的民主协调机制。如果仅仅强调行为主体的自主权，而忽视权利关系的协调机制，那么利益矛盾不仅得不到抑制，反而会越演越烈。这也就是说，如果一个社区内部的各种行为主体之间不能通过协商消除分歧、增进共识，社区就不能出现"自我管理"秩序，也就只好靠外部力量的强制性干预，来建立某种"被人治理"秩序。

4. 政府行为"过度化"倾向

这一倾向的具体表现为：一是政府包揽了过多的应由非政府组织承担的职能，如直接组织和承办社区内的文化活动、公益性慈善活动、自愿者活动、科普活动等；二是把非政府组织作为依附于政府的附属单位或下属单位，并且直接干预这些组织的自主权利，如街道办事处直接任命居委会的工作人员，直接管理居委会的日常活动；三是政府在职能转变过程中未能贯彻"费随事转"的原则，造成了财政上的某些"过度投入"。

2.1.5 社区居民委员会

2.1.5.1 社区居民委员会的法律地位

依据《宪法》第 111 条的规定，城市和农村按居民居住地区设立的居民委员会或者村民委员会是基层群众性自治组织。这说明，社区居民委员会在性质上不是一级国家机关，也不是基层政权的派出机构，而是群众性的基层自治组织，是居民自我管理、自我教育、自我服务的基层群众性自治组织。

设立社区居民委员会，有利于由居民或依法办理群众自己的事情，促进社会主义民主和社会主义物质文明、精神文明建设的发展。社区居民委员会同基层政权的相互关系由法律规定。按照《城市居民委员会组织法》和《村民委员会组织法》的规定，这种相互关系是基层政权指导、支持和帮助居民委员会和村民委员会的关系。不设区的市、市辖区的人民政府或者它的派出机关对社区居民委员会的工作给予指导、支持和帮助，社区居民委员会协助不设区的市、市辖区的人民政府或者它的派出机关开展工作；乡、民族乡、镇的人民政府对村民委员会的工作给予指导、支持和帮助，村民委员会协助乡、民族乡、镇的人民政府开展工作。
2.1.5.2 社区居民委员会的任务

（1）宣传、法律、法规和国家政策，维护居民和村民的合法权益，教育居民和村民履行法定义务，爱护公共财产，开展多种形式的社会主义精神文明建设活动。

（2）办理本居住地区居民和村民的公共事务和公益事业。

（3）调解民间纠纷，促进团结和家庭和睦。

（4）协助人民政府和公安机关维护社会治安和社会秩序。

（5）协助人民政府或它的派出机关做好公共卫生、计划生育、优抚救济、青少年教育等工作。

（6）作为人民政府联系群众的桥梁和纽带，向人民政府反映居民和村民的意见、要求和提出建议。

多民族居住地区的居民委员会和村民委员会，应当教育群众，互相尊重，互相帮助，加强民族团结。

2.1.5.3 社区居民委员会的选举

社区居民委员会的选举，必须严格依照《城市居民委员会组织法》和《村民委员会组织法》规定的组织程序依法进行。

1. 社区居民委员会的设立范围

社区居民委员会根据居民居住状况，按照便于居民自治的原则，一般在百户至七百户的范围内设立。它的设立、撤销、规模调整，由不设区的市、市辖区的人民政府决定。

2. 任期

居民委员会和村民委员会每届任期三年，其成员可以连选连任。

3. 社区居民委员会的人员构成及分工

（1）人员构成。城市社区居民委员会主任、副主任和委员由5~9人组成，农村村民委员会由主任、副主任和委员共3~7人组成。村民委员会成员中，妇女应当有适当的名额，多民族村民居住的村应当有人数较少的民族的成员。村民委员会由主任、副主任和委员由3~7人组成。多民族居住地区，居民委员会中应当有人数较少的民族的成员。

（2）人员分工。居民委员会和村民委员会根据需要设人民调解、治安保卫、公共卫生等委员会。居民委员会和村民委员会的成员可以兼任下属的委员会的成员。居民较少的居民委员会和人口少的村的村民委员会可以不设下属的委员会。

2.1.5.4 社区居民委员会的产生

社区居民委员会的权力来自于社区居民会议。居民委员会对居民会议负责并报告工作。村民委员会对村民会议负责并报告工作。

1. 居民会议构成

社区居民会议由18周岁以上的居民组成。居民会议可以由全体18周岁以上的居民或者每户派代表参加，也可以由每个居民小组选举代表2~3人参加。

居民委员会成员应当遵守宪法、法律、法规和国家的政策，办事公道，热心为居民服务。

2. 居民会议的权利

（1）选举本社区居民委员会主任、副主任和委员。

（2）经居委会提请，讨论决定本社区全体居民利益的重要问题。

（3）监督居民委员会的工作，并有权撤换和补选居民委员会成员。

（4）讨论制订本社区的居民公约。

（5）讨论决定居民委员会办理本居住地区公益事业所需的费用的筹集。

（6）批准同意从居民委员会的经济收入中给予居民委员会的工作经费和来源，居民委员会成员的生活补贴费的范围、标准和来源适当补助。

3. 选举程序

（1）居民会议由居民委员会召集和主持。有1/5以上的18周岁以上的居民、1/5以上的户或者1/3以上的居民小组提议，应当召集居民会议。涉及全体居民利益的重要问题，居民委员会必须提请居民会议讨论决定。

（2）居民会议有权撤换和补选居民委员会成员。

（3）居民委员会决定问题，采取少数服从多数的原则。

（4）居民委员会进行工作，应当采取民主的方法，不得强迫命令。

（5）居民会议必须有全体18周岁以上的居民、户的代表或者居民小组选举的代表的过半数出席，才能举行。会议的决定，由出席人的过半数通过。

（6）农村村民委员会主任、副主任和委员由村民直接选举产生。村民选举委员会成员由村民会议或者各村民小组推选产生。

2.2 社区工作者队伍

社区工作者是社区工作的主体，从现代社区工作发展的历史和现状考察，在不同的社会制度、文化背景和不同的社区工作模式中，社区工作者的角色和专业地位是有很大差异的。随着现代社会的发展，社区工作已经变成一个开放性的社会管理和服务工作领域，社会工作者的角色、素质和构成也必然会随着社会和社区工作的发展而发展。

2.2.1 社区工作者的界定

社区工作者是对社区建设的组织者和实施者的称谓。人们通常将他们称为"社区干部"，有时也称为"社区管理者"。社区工作者是通过一定的考试及选举，才能够获得从事社区建设的权利和义务的工作人员。从广义上看，社区工作者可以包括专职、兼职以及志愿者；从狭义上看，社区工作者即为以社区工作为主要事业的专职工作人员。

社区工作者在专业社会工作中是指以社区及其居民为服务对象的专业社会工作人员。强调社区工作是社会工作一种专业方法的学者,有的将社区工作者定义为,以社区工作为主要方法的专业社会工作人员。

在我国,由于专业社会工作的发展水平低,从事社区工作的人员涉及面广,社区工作一直处于非专业化和半专业化的状态,尚未真正的实现职业化。因此,现阶段我国的社区工作者并不具有统一的专业身份,目前使用的"社区工作者"或"社区工作者队伍"的概念只是一个相对的概念。1999年,国家民政部制定的《全国社区建设试验区工作实施方案》明确提出,要建立社区工作者队伍。文件所列的"社区工作者队伍"包括:职业化的社区居委会干部队伍;社区志愿者队伍;社会中介组织;专职、兼职相结合的理论工作者队伍。2000年,中共中央办公厅、国务院办公厅文件进一步提出:"社区建设需要大批专业的社区工作者。要采取向社会公开招聘、民主选举、竞争上岗等办法,选聘社区居委会干部,努力建设一支专业化、高素质的社区工作者队伍。"文件确认了建设中的社区居委会干部队伍应属于专业化社区工作者队伍。

2.2.2 专职社区工作者进行社区建设的主要工作内容

专职社区工作者以服务和建设社区为主要工作,社区工作人员主要分为书记、主任、副书记、副主任以及社区专职干事,从各个不同方面进行辅助工作。

1. 进行社区教育

社区教育是在一定地域范围内,充分利用各类教育资源,旨在提高社区全体成员整体素质和生活质量,促进区域经济建设和社会发展的教育活动。社区要进步,教育要先行。社区教育主要以社区内的学校为主要的教育对象,此外还要开展一些关于科普知识、文化天地等的活动,逐步提高居民的各方面素质。

2. 进行社区服务

社区工作者主要的工作职能就是尽自己的能力为居民进行服务,让居民在社区内感觉到温馨和快乐。

3. 社区环境工作

社区环境是指环绕某一社区所辖地域范围内的境况,包括自然环境、经济环境、社会环境、人文环境等状况。社区环境状况对社区的发展具有促进和制约的作用,良好的社区环境能促进社区的进步和发展,恶劣的社区环境则会阻碍社区进步和发展。因此,社区专职工作人员应该注意加强社区环境建设,充分利用和改善社区环境,从而促进社区建设事业的发展。

4. 社区卫生工作

社区卫生工作是一项极其重要的工作项目,良好的卫生环境能够使居民心情舒畅、身体健康。在社区中应该有专门负责卫生的干事,还要有专门负责卫生的保洁人员,负责每天清扫社区楼道以及社区空地,保证社区内的干净整洁。

5. 社区治安

社区就是社会的缩影,存在着形形色色的不同的危险因素。因此,要注意社区内的治安管理，在社区的范围内维护社会秩序，减少违法犯罪，消除安全隐患，增强社区治安防范。它既是社区建设的重要组成部分，也是社区建设的保障条件，同时对于整个社会的长治久安而言，具有显著的战略预防意义。

6. 社区社会保障

我国现阶段灵活就业人员以及下岗失业人员缴纳养老保险、医疗保险以及社会上的大额医保，都与社区有着密切的联系，都需要社区工作人员的参与才能够完成。同时，还要对社区内成员因各种自然和社会原因导致家庭生活贫困等情况，根据国家的法律法规提供各种帮助，以保障他们的基本生活能够正常进行。

7. 计划生育服务

计划生育在我国已经是一项重要的基本国策。它主要以社区为基本单位，在社区内进行一系列的活动来保障国策的正常施行。社区内应设一名专干专门负责社区内的计划生育工作，其主要的工作包括：发放避孕药物及工具、宣传计划生育知识等；对一些超生现象进行调查并及时上报，以便能够及时处理。

以上七点为社区工作者的主要工作内容，分人分项负责，也可根据社区的规模大小由书记、主任等人员兼任。

2.2.3 社区工作者的素质要求

2.2.3.1 思想政治素质

社区是社会基层民主的组织。在社区建设中，要贯彻社会主义民主和法制的原则，要实行社会主义基层民主，要贯彻党的路线、方针、政策。社区建设要配合整个社会的政治、经济的大的动作而有所动作，要摆正整体与个体、全体与局部、社会与国家、个人与集体的关系。而所有这些都要依赖与社区工作者有较高的思想政治素质。

1. 坚持中国特色社会主义道路

这是社区工作者的一项根本性原则。党的十八大报告指出：中国特色社会主义道路，就是在中国共产党领导下，立足基本国情，以经济建设为中心，坚持四项基本原则，坚持改革开放，解放和发展社会生产力，建设社会主义市场经济、社会主义民主政治、社会主义先进文化、社会主义和谐社会、社会主义生态文明，促进人的全面发展，逐步实现全体人民共同富裕，建设富强、民主、文明、和谐的社会主义现代化国家。

2. 坚持做遵纪守法的模范

遵纪守法是每个公民应尽的义务，作为社区工作者，更应该做遵纪守法的楷模，为社区居民起到榜样作用，同时在社区管理工作中要正确行使国家赋予的权利，全心全意地为人民服务，不能做出与法律、法规相违背的言论和行为。

3. 坚持贯彻民主求实的作风

社区工作者要有民主求实的工作作风，牢记自己是为社区居民服务的，是为社区建设服务的。社区工作者在工作中必须坚持一切从实际情况出发，实事求是。社区工作者要掌握社区建设的实际情况以及社区居民的基本状况，做到对每个居民都有详细的了解，要经常性地对社区内的人员进行走访调查，在走访中注意倾听居民群众和驻区单位的意见，主动接受他们的监督，坚持为社区居民和单位做好事、做实事。

4. 坚持用艰苦创业精神建设社区

艰苦创业是中华民族宝贵的精神财富，是中华民族的传统美德。中国人民的革命和建设靠的也是艰苦创业的精神，中国共产党一贯倡导和坚持艰苦创业的革命精神，社区工作者在社区建设中要大力弘扬艰苦创业的精神。在社区工作中要提倡节约、勤俭，大力弘扬中华民族的传统美德。

2.2.3.2 道德修养素质

道德建设是对社区工作者的基本要求。在社区工作者基本素质中，道德修养素质是关键。社区工作者的道德素质决定着社区工作者的工作行为，决定着社区工作者其他素质的使用方向和发挥程度。社区工作者如果道德素质很差，即使其他素质很强，也不可能成为一个称职的社区工作者。没有正确的思想道德作为工作行为的指导，其他素质可能与社区发展方向相悖，或者受到抑制，因而不能做好社区工作。为此，要根据中共中央关于《公民道德建设实施纲要》的要求，搞好社区工作的道德修养建设。

1. 社区工作者应具备的一般道德修养

（1）社区工作者的主要职能就是为社区居民服务，为社区居民提供帮助。因此，在工作中一定要坚持为社区居民服务这项伟大的道德核心。

（2）实践以"五爱"，即爱祖国、爱人民、爱劳动、爱科学、爱社会主义为内容的基本道德要求。

（3）虽然我国正处在社会主义初级阶段，但我们的最终目标是要实现共产主义，所以，要在全社会提倡共产主义道德修养。

2. 社区工作者的职业道德修养

社区工作者所具有的道德是一种职业道德。社区工作者职业道德是指与社区工作相联系的、具有明显社区特征行为规范和道德要求。

（1）对工作要做到尽职尽责。尽职尽责就是要忠诚地对待本职工作，真心地热爱本职工作，尽自己的最大能力干好本职工作。

（2）对人要做到诚实守信。社区工作者在工作中要做到对人以诚相待，实事求是，同时讲究信用，不说空话和假话。社区工作者主要面对的对象都是社区中的居民，只有诚实守信才能真正得到居民的认可和信任。一定要注意在工作中不能轻易许诺，如果有了承诺就应该兑现，否则就会失信于人。

（3）办事要做到公平合理。社区工作者在工作中要做到有章可循，坚持原则，一视同仁，有章可循，有了章程就有了原则，就要坚持。坚持原则要做到无私无畏，在原则面前要做到从平等，不能有亲近疏远，要一碗水端平。

（4）服务要做到热心助人。为居民群众服务是社区建设的重要宗旨。全心全意为居民服务是社区工作者职业道德的根本宗旨和要求。在工作中要把居民群众的利益放在首位,一切工作都要坚持对人民群众负责。把居民群众的满意与不满意作为衡量工作的一个尺度。要虚心民群众学习,要注意倾听居民群众的意见和呼声,要主动接受居民群众的监督与批评。同时要坚持反腐倡廉,维护居民群众的利益。

(5) 利益面前要做到乐于奉献。社区工作者是社会的一员,也面临着正确处理个人利益与社会利益关系的问题。在处理这种关系时应该把国家的利益放在首位,把集体的利益放在首位,为国家的富强,社区的发展多作贡献。

(6) 在团队方面要做到精诚合作。社区建设是一个需要所有社区工作者共同努力才能实现的伟大工程,它要求社区工作者在工作中要做到相互尊重,相互帮助,精诚合作。只有这样,才能保证社区工作充满生机和活力。

2.2.3.3 心理素质

在社会主义市场经济条件下竞争激烈,社会压力较大,现代化都市的生活节奏越来越快,人们的精神也越来越紧张,导致人们心理压力过大,在我国现阶段社区工作者都是通过竞争上岗的,有压力。因此,更要有良好的心理素质来处理工作以及生活中的问题。

(1) 社区工作者要具有良好的心理判断力,良好的心理承受力和悦纳环境、悦纳别人和悦纳自己的优良心理素质。

(2) 社区工作者要提高自我调试能力,包括:

1) 努力增强自己的适应能力。社区工作者要保持心理健康,首先,就要积极主动地适应环境以增强自己对环境的适应能力。其次,要有不断进取的品格,使自己做到自信乐观、自强不息、开拓创新。

2) 努力增强自己的调控能力和耐受能力。社区工作中经常会有一些不随人意的事情发生,社区工作者通常会感到委屈,这就要求其要有较强的耐受力,并且要能够自觉、主动地对自己的情绪、情感等心理状态进行控制和调节。

2.2.3.4 专业素质

社区工作者的专业素质的主要包括知识结构与能力结构。知识是社区工作者施展才华的基础,能力又是具有相应知识的行为表现,因此,社区工作者应该具备相应的知识结构和能力结构。

1. 知识结构

(1) 公共管理专业知识主要包括公共管理论、公共政策理论、公共财政、公共项目分析、政府理论与政治制度、公务员制度行政法等。

(2) 社区管理相关知识的主要内容包括新闻传播学、市场学、会计学、社会心理学、社会学、社会工作学、管理学、文化学、民俗学、伦理学、政治学、公共关系学、人际关系学经济学等方面的知识。

(3) 社区管理专业技能知识。其中,专业基础知识主要包括社区管理原理、社区管理实务、社区管理的历史和发展趋势;专业技能包括宣传资料的设计、年报的编写、新闻报道的写作、摄影与采访技术、演讲、接待、礼仪和调查方法、纠纷调解与处理等技能知识。

（4）社区管理的基础知识，如外语、政治学、哲学、法律基础、中外历史等。

（5）相关工作经验，如从事纠纷调节工作的经验或经济管理或行政管理的经验，从事说服方面的经验，从事舆论调查、民意测验方面的经验，等等。

2. 能力结构

社区管理是一项技能重于理论的工作，对工作者的能力要求很高，通常要求一个人独当一面甚至几面。而且，在社区工作中，分工都是相对的，社区工作者不仅要对自己的工作进行了解，还要对一些其他的工作熟悉和精通，这样才方便在必要的时候能够相互支援。所以，社区工作者实际上是要"专才"和"通才"，他们应该同时具备多方面的技能。

（1）社会交往能力。社交能力是进行交往、联络公众的能力。这是组织实现社区管理目标的一项必备条件，是创造良好人际环境的重要方法，也是社区工作者搞好各方关系，争取社区公众理解和支持的基本条件。

（2）口头表达能力。口头表达能力无疑是社区管理者所应必备的基本条件，因为社区管理者要同各种各样的人打交道，进行语言信息的交流，还要及时向公众传递组织相关的信息。如果缺乏口头表达的技能，社区工作者就很难起到政府与公众之间的桥梁作用。当然，口头传播技能亦是一个非常广泛的概念，它包括许多方面，如演讲口才、应变口才、论辩口才、模糊语言口才、幽默口才等。

（3）文字写作能力。社区工作者要经常写一些报告、总结、演讲稿等，因此要具备一定的文字写作能力。

（4）随机应变能力。在开展社区活动的时候经常会发生一些出乎意料的事情，社区工作者一定要机警、灵活，有随时可以应付一切事件的能力，包括超前应变能力和临场应变的能力，能够根据不同的场合调节具体的矛盾和情况。

（5）思维创新能力。创新是社区管理的灵魂，思维创新能力通常是衡量社区管理人员水平的重要指示器。

总之，在现代化的今天，随着时代的进步和生活水平的不断提高，人们对精神生活的追求越来越高，这就更需要社区工作者有相关的素质及一定的能力和知识来为社区居民办好事、办实事，要成为一名有知识、有能力、有素质的新一代的社区工作者。

2.3 社区服务

2.3.1 社区服务的概念

社区服务（Community Service）最早起源于西方国家，其实践活动从产生到现在已有

100多年历史。在其文字表述中，一般使用"社会服务"（Social Service）、"社会福利服务"（Social Welfare Service）、"社区照顾"（Community Care Service）等概念，而不使用"社区服务"一词。1869年，英国伦敦成立了第一个以济贫为主要功能的社区服务组织——慈善组织会社，寻求以社区公共服务形式解决社会问题的模式。1877年，美国水牛城的慈善组织会的宣告成立，带动了全美的社区服务的发展。这种资本主义的早期社会福利开始兴起。继慈善组织会社之后，英、美开展了睦邻组织活动，发掘社区资源，推动社区居民互助，开展贫民需要的社会服务项目。第二次世界大战后，西方国家为更好地应对老年、儿童保护等社会问题，提出依靠民间社会力量而不是单纯依靠政府解决困扰的设想。1954年，联合国改造社区组织与发展小组的社区推进计划，促进了社区服务的发展和扩大。现代意义上的社区服务自此奠定了发展的基础。

我国的社区服务起源于20世纪80年代的政府行为。在社会转型时期，矛盾冲突加剧，国家在住房、医疗、社会保障体制上的改革，使得大量的"单位人"转变成"社会人"，这些都催生了社区服务的出现；同时，社会主义市场经济的发展、经济体制改革的纵深发展，也为社区服务业的进一步拓展带来了广泛的发展空间。1993年，民政部、国家计划委员会（现国家发展和改革委员会）、劳动部（现劳动和社会保障部）、人事部（现人力资源和社会保障部）等14部委联合颁发了《关于加快发展社区服务业的意见》。这个文件从社区服务的性质、内容和任务等方面规范了社区服务，推进了社区服务由单一的福利型服务向福利型与有偿服务型相结合的方式的转变。

对于"社区服务"的概念，不同的专家、学者表述各异。

杨团在《社区公共服务论述》中这样表述："现代社会为了社区的需要而提供的社会公共服务，以及社区本身为满足自己的需求自行安排的共有服务。"她赞成将社区服务界定为用公共形式满足社区居民功用性消费需要的社会公益产品。这种观点把社区服务看成是社会公共服务的一部分，是由社区做载体的社会公共服务，主要以弱势群体为对象。这部分服务可由社会组织提供，也可由社区组织提供，即通过依托社区组织广泛推广和普及这些公共服务项目，如老年福利、医疗卫生、社区治安、社区文化、信息咨询等。

夏学銮在《中国社区服务的内容体系、运行机制和其他》一文中认为，中国社区服务大体包括六个层次的内容：个人为社区服务、人际相互服务、社区和企业相互服务、社区为居民服务、政府（民政部门）为民政对象的服务以及政府为社区服务。而这六个内容体系又可分三个层次，即非正式的（个人为社区服务和人际相互服务）、准正式的（社区和企业相互服务和社区为居民服务）的和正式的（政府为民政对象的服务和政府为社区服务）。

张乐天等人认为，社区服务包括城市社区服务和农村社区服务。城市社区服务是指在政府的倡导和支持下，为满足社区成员的多种需要，依托街道和居委会，发动社区各方面力量开展的具有社会公益性质的居民生活服务活动，是广义的社会保障体系的重要组成部分。

徐永祥认为："社区服务是社区社会服务的简称，是指在政府的资助和扶持下，根据居民的不同需求，由政府和社区内的法人团体、机构、志愿者所提供的具有社会福利性和公益性的社会服务及居民之间的互助性服务。这种福利性、公益性的社会服务的本质特征是无偿性的服务，并辅以不以营利为目的的微利、低偿性服务；这种社会服务的对象主要是社区中的弱势群体和优抚对象，也包括社区中的边缘群体和全体居民；这种社会服务在形式和层次上具有专业人士、专业机构提供的专业化服务和非专业化服务之区别。"

本书的观点赞成将社区服务界定为："在政府的倡导和支持下，在社区范围内实施的具有福利性和公益性的各种社会服务活动。"

2.3.2 社区服务的属性

1. 福利性

从社区服务产生起，福利性就是其最基本、最本质的属性。社区服务是政府倡导的，旨在改善社区居民生活生存环境、提高社区居民生活质量的一种社区服务活动。其首先是一种社会福利事业，根本出发点和宗旨是为了维护社区中的弱势群体、孤寡老人、残疾人和优抚对象及其他特殊群体的根本利益。国家大力兴办社区服务事业的最终目的就是通过在社区中开展这项服务，为这些群体提供社会福利，保障其基本的生活需要。随着我国社区服务事业的发展，社区服务的范围会逐渐向社区全体扩大，在社区便民、利民服务、文化娱乐服务、卫生医疗服务、社区安全服务等领域延伸，以满足社区居民日益增长的生活质量需求。这是社区服务所要达到的最高层次。

社区服务的福利性并非指无偿服务。根据其服务内容的不同，社区服务的无偿性主要是指针对社区弱势群体开展的服务项目——零就业家庭的就业服务、优抚服务等。而面向社区广大普通居民的便民利民服务则可以是低偿的服务——以追求社会效益为最终目标，并非以经济效益为基本目标。这种低偿的服务，其利润部分作为社区各项福利事业的资金来源，重新投入社区服务之中去，借以提高社区服务的层次和质量。

2. 地域性

社区服务作为面向社区居民开展的以社区为依托的社会服务事业，其具有典型的社区地域性属性，其服务带有鲜明的地域性特征。由于社区各自的人口属性不同、文化背景不同，社区居民的需求也呈现出各自的特征。而社区服务是以社区居民为特定的服务对象，根据本社区居民的实际生活需要提供多种形式、多种层次的社区服务的，因此，在服务种类、服务项目、服务内容上也呈现出不同特点；同时，社区服务的队伍构成，也是以本社区地域范围内的社区组织和志愿者为主。除此之外，社区组织在设计、开展社区服务过程中，其服务资金来源也有典型的地域性特征。无论是政府还是驻区单位或是社会捐赠，均体现出鲜明的地域性特征。

3. 互助性

社区服务具有互助性属性。从社区建设的目的上看，社区开展各项活动，其主旨在于发挥社区居民自我管理、自我教育、自我服务的功能,提高居民生活质量。因此,开展社区服务就是利用社区内各种人力、物力和财力等资源优势,通过社区组织与居民之间、社区居民之间及驻区的各单位团体与社区组织和居民之间的互助服务,满足本区域内居民的生活需求,如邻里互助、守望和关照等。这是社区建设的一个关键环节,通过这样的服务开展,加强了社区居民之间的情感交流,提升了居民对社区的关注程度,有利于培养社区居民对社区的认同感和归属感,从而带动社区组织建设。

社区服务是市场组织不愿意也无法承担的服务。公益性和非营利性是社区服务与市场服务的最大区别。

2.3.3 社区服务的基本内容

2000年11月,中共中央办公厅、国务院在《关于转发〈民政部关于在全国推进城市社区建设的意见〉的通知》(以下简称《通知》)中明确指出:要"拓展社区服务。在大中城市,要重点抓好城区、街道办事处社区服务中心和社区居委会社区服务站的建设与管理。社区服务主要是开展面向老年人、儿童、残疾人、社会贫困户、优抚对象的社会救助和福利服务,面向社区居民的便民利民服务,面向社区单位的社会化服务,面向下岗职工的再就业服务和社会保障社会化服务。社区服务是社区建设重点发展的项目,具有广阔的前景,要坚持社会化、产业化的发展方向。各地区要继续贯彻落实国家对发展社区服务的各项扶持政策,统筹规划,规范行业管理。要不断提高社区服务质量和社区管理水平,使社区服务在改善居民生活、扩大就业机会、建立社会保障社会化服务体系、大力发展服务业等方面发挥更加积极的作用。"《通知》明确了我国目前社区服务的主要内容。

社区服务的基本内容一般划分为以下三个类别:为社会弱势群体提供的社区服务、为社会优抚对象提供的社区服务和为社区全体居民提供的社区服务。

2.3.3.1 为社会弱势群体提供的社区服务

社会弱势群体是指那些依靠自身的力量或能力无法保持个人及家庭成员最基本的生活水准、需要国家和社会给予支持和帮助的社会群体。弱势群体在一般情况下,包括老年人、残疾人、贫困者等。在社会经济体制转型时期,企业转制带来的大批的下岗、失业人员也属于弱势群体。少年儿童中的"问题少年"等也隶属其中。

1. 以老年人为对象的社区服务

这是社区服务最基本的内容之一。我国已于2000年进入老龄化社会,到2013年底,中国老年人口总数超过2亿,到2015年,老年人口总数将达到2.21亿,占总人口的16%,人口老龄化形势严峻。目前我国主要参考西方国家的成熟经验,并结合我国的当前实际,开展了如下一些照顾服务:①老年人包月服务。对孤寡老人、行动不便的老年人及子女不在身边、生活有困难的老年人开展上门服务,由社区工作者或志愿者提供日常采买、卫生清扫等定期或预约的服务,以解决其日常生活困难及排解心理郁闷。②兴建社区老年服务设施。如兴建社区托老所、敬老院等,为老年人提供医疗、卫生等服务,对社区老年人进行集中照顾。③建立社区老年活动中心。在社区兴办老年活动中心,为老年人提供娱乐、休闲场所,增强老年人之间及老年人与社区之间的联系,丰富其文化生活,改善其生活环境,提升其生活质量。

2. 以残疾人为对象的社区服务

残疾人是一个特殊的困难群体,一般是指在心理、生理、人体结构上,某种组织、功能丧失或者不正常,全部或者部分丧失以正常方式从事某种活动能力的人。残疾人包括视力残疾、听力残疾、言语残疾、肢体残疾、智力残疾、精神残疾、多重残疾和其他残疾的人。到2010年末,全国各类残疾人总数为8502万人。为残疾人提供各种社区服务也是我国社区服务的一项主要内容。

社区为残疾人提供的服务主要有:①残疾人康复,即通过当地政府和社会组织在社区兴建残疾人康复中心,有计划地为残疾人进行心理和生理康复训练活动;②开展残疾人特殊教育,针对残疾人进行职业教育培训,为残疾人就业创造条件;③建立残疾人活动中心和病残儿托管所等,为残疾人提供娱乐场所和照顾场所。

3. 以少年儿童为对象的社区服务

以少年儿童为对象的社区服务,主要包括对普通少年儿童的社区服务和针对特殊少年儿童的社区服务。①以普通少年儿童为对象的社区服务主要有:发展少儿福利设施,如兴建少年宫、幼儿园等,为少儿生理、心理的健康成长创造更加适宜的条件;开展社区教育,进行社会技能和知识培养,为少年儿童适应社会发展提供社会课堂;②以特殊少年儿童为对象的社区服务主要是指,对身心残疾的少年儿童、"不良少年"和"问题少年",社区可通过帮教形式,为其提供健康成长环境,引导其改正不良习俗。对正在全国开展的社区矫正工作对象中的少年儿童,尤其要严格依法进行帮助教育,助其矫治不良行为。

4. 以贫困者为对象的社区服务

在社会转型和经济转轨时期,我国当前的城市贫困者主要是指"三无人员"(无劳动能力、无生活来源、无法定赡养或扶养义务人)和下岗、失业人员。由于地缘和业缘的关系,大多数的新生的贫困者往往集中生活于社区组织内,呈现一定的区域性特点。针对贫困者的社区服务主要包括:①根据国家法律、法规规定,依法落实最低生活保障制度,解决其生存的最基本问题;②为零就业家庭和下岗失业人员提供就业信息服务,为其再就业创造条件;③为失业下岗人员提供就业培训,开展技能培训,使其掌握专业技能和手段,安置就业;④在社区组织内,直接安置其从事社区服务工作,解决就业问题;⑤动员社区组织和个人开展社区扶贫济困活动,帮助陷于生活困境中的群体。

2.3.3.2 为社会优抚对象提供的服务

优抚即国家和社会依照法律法规,对那些为保卫国家而作出贡献和牺牲的优抚对象在物质上给予优待和抚恤的一项制度。优抚对象包括革命烈士家属、牺牲病故军人家属、革命伤残军人、现役军人家属、复员退伍军人和其他特殊对象。为优抚对象提供的社区服务主要有:

（1）死亡抚恤。这是国家向军人遗属提供的保障其生活的具有褒扬意义和物质补偿性的抚恤金。

（2）伤残抚恤。这是国家依法对现役伤残军人及其家属提供保证其生活的资金和服务性特殊保障项目。

（3）社会优待。其主要包括建立伤残军人疗养院或休养院，提供生活补贴和护理费，在交通、入学条件、医疗待遇等方面实行优待政策等。

（4）退役安置。这是由国家和社会依法向退出现役的军人提供资金和服务保障，使之能够顺利重返社会并适应社会。

2.3.3.3　为社区全体居民提供的便民利民服务

面向社区居民的便民利民服务主要有：

（1）相关咨询服务。例如：为育龄妇女提供免费生殖保健知识咨询、免费孕检、免费避孕药物、政策咨询；为社区居民提供法律、法规、政策咨询；提供就业信息、医疗保险服务，安置下岗失业、贫困人员就业信息咨询等。

（2）提供各种代理服务。例如：为百姓居家生活方便提供人寿、财产、车辆等保险项目的业务受理；提供代缴燃气、水、电等各种相关费用的服务代理。

（3）开展面向社区居民的低价服务。例如：美容服务；家电维修、自来水管道维修；清理污水管道等。

（4）提供居间信息服务。例如：为居民提供居室内部的粉刷、木工、定做等的信息服务；为居民提供生日、庆典筹备、布置事宜的信息服务。

（5）帮老托幼、楼院值班、护绿保洁、家政服务、钟点工等其他便民利民服务项目。

2.4　社区环境与卫生服务

社区环境建设与管理是社区建设的重要工作之一。它涉及的范围比较广，是一项综合性、系统性的建设，涉及社区生活的方方面面。其总的目标是努力搞好社区市容管理、社区环境保护和园林绿化，从整体环境的质量和整体美化的程度，包括人的文化素质、社会公德来确定社区环境建设的任务和内容，调动社区内各个方面的力量综合治理。根据当前社区环境存在的问题，社区环境建设应突出做好以下工作：净化环境，创建卫生社区；绿化环境，创建绿色社区；美化环境，创建干净整洁的美好社区。

近几年来，卫生部等 10 部门《关于发展城市社区卫生服务的若干意见》、国务院办公厅转发的《关于城镇医药卫生体制改革的指导意见》以及卫生部等 11 部门《关于加快发展城市社区卫生服务的意见》等文件的颁布，标志着我国社区卫生服务的基本宏观政策已经明确，社区卫生服务逐渐步入了健康发展的轨道，同时也获得了政府、社会和广大社区居民的关注。目前，社区卫生服务尚未确立基本医疗保险"守门人"的地位。此外，政府还缺乏足够的优惠政策措施吸引社会资金进入社区卫生服务领域。就社区卫生服务而言，根据不同的人群建立适宜的有偿服务等工作还有待努力探索。

2.4.1 社区环境

2.4.1.1 社区环境的相关含义

社区环境作为社区赖以生存和发展的外部条件的总和，对社区的发展起着基础性的作用。构成社区环境的要素多种多样，既有空间上的、生态上的，也有管理上的、文化上的。同其他环境相比，社区环境的外在表现形式。

1. 环境的含义

环境是指在一定的空间关系中，从物质上、精神文化上或制度上影响人们，人类生活于其中的自然条件、社会条件、文化条件等要素的总和。它是由两种形态共同构成的，即社会环境和自然环境。自然环境是指与人类生存和发展密切相关的各种自然条件的总和，如大气、河流、森林、土地、山峦、矿产等。人类和其他生物一样，离不开生存所必需的环境因素。同时，人类和其他生物的活动也会影响其赖以生存的环境。人类的生存依赖自然环境，人类的活动又影响自然环境，二者共同组成一个相互依存、相互影响、密不可分的统一整体，这就是生态系统。

2. 社区环境的含义

社区环境是社区人口与自然环境、生态环境、社会环境三者相融合的综合体。它既包括自然环境，也包括人工环境；既包括生活环境，也包括生态环境。它是人类社会发展到一定阶段的产物，是社区居民有目的、有计划地创造、改造出来的生存环境。社区人口聚集密度高，因而聚集性是社区环境的一大特点；社区环境为其成员进行大规模的群体活动提供了一个空间，在这个空间里，社会活动高度集中。随着经济发展和人民生活水平的提高，人们期望能够拥有一个舒适、安静的空间。对每个居民来说，良好的生活环境不仅包含物质生活的丰富多样，而且还包含着精神生活的享受、人居环境的舒适。在西方发达国家，城市建设、人居环境开发日益强调环境效应，"绿色城市""森林都市""园林城市"等设想与实践成为一种发展的趋势。

社区环境是社区成员在一定的地域内所面对和感受的一切客观事物的总和，是物质环境和精神环境的综合体。社区物质环境包括社区环境卫生、绿化美化、道路和市政设施建设、自然环境等；社区精神环境包括社区风尚、人际关系、邻里关系、社区成员的社区归属感等。

社区环境为社区内的居民生活提供各种环境支持，社区环境的好坏直接关系到社区居民的生活质量。一般来说，人们的生活质量不仅与他们的经济收入相关，而且也与他们所居住的社区的环境水平直接相关。适宜的气候、清洁的用水、清新的空气、足够的活动场所和绿地等，这些自然的和人工的社区"硬"环境因素都是高质量社区环境的外在表现形式；同时，社区中和谐的人际关系、适合人类居住的人文气氛、良好的社会治安秩、丰富多彩的业余文化生活、优质高效的社区服务以及方便周到的社区福利等社区"软"环境因素也同样成为高质量的社区的组成要素。

2.4.1.2 社区环境的内容和目标

社区环境的良好是社区居民赖以生存的重要条件。随着生活水平的提高，社区居民对社区环境的质量要求将越来越高。

社区自然环境是社会之外非人工造成的，包括整个无机界和有机界的所有事物。它具体包括大气环境（气温、雨量、气流）、水环境（海洋、江河、湖泊、地下水）、土壤环境（沙土、黏土、砾石）、生物环境（花卉、草地、树木、动物、微生物）和地质环境（矿产）等。

社区社会环境是随着社区物质文化生活水平不断提高而创造出来的社会经济基础和上层建筑的环境条件的总和。它具体包括政治环境（政治制度、政治气氛、法制、政府的政策、方针、路线等）、经济环境（经济制度、经济结构、经济发展水平、投资环境）和社会文化环境（建筑、园林、公共文化设施、服饰、交通工具、社会心理、价值观、艺术道德、宗教、习俗及生活方式）等。

社区环境的目标是要大力整治环境，净化、绿化、美化社区，提高社区居民的环境保护意识，确保社区居民对社区环境的知情权，努力搞好社区环境卫生，通过对环境进行综合整治，建成环境优美、生活舒适的现代新型文明社区。

2.4.1.3 我国城市社区环境建设存在的问题

1. 城市社区建设老化问题

城市社区老化对社区环境所造成的影响，一方面表现在城市社区建设的老化使社区缺乏开放的空间以及必要的社区安全设施，因此极易发生火灾，严重威胁着社区居民的生命和财产安全；另一方面则表现在城市社区建设的老化使城市社区的街道十分狭窄，容易造成交通事故；同时，空气污染、噪声污染等环境污染使老化城市社区的卫生环境更加恶劣。

2. 城市社区环境污染问题

（1）空气污染逐渐加重。一般来说，城市中的空气污染源大致来自于以下几个方面：一是工厂。很多城市的火力发电厂和重工业企业都大量排放二氧化碳、二氧化硫、废弃物和粉尘。我国城市大气污染主要以煤烟型为主。二是汽车尾气。随着城市规模的不断扩张和机动车数量的迅速增加，机动车尾气引起的城市空气污染问题日益严重。

（2）水污染没有得到有效治理。水污染主要体现在以下几个方面：一是工厂排水；二是生活用水；三是农药的大量使用。由于没有经过处理的工厂排水含有大量的有毒成分，使居民的饮用水受到了严重污染；家庭生活排放污水也越来越严重。我国城市污水排放一直保持着较高的水平，严重污染着城市的水体。城市中的水污染，除了地下水、地表水的污染以外，还包括天上水的污染。例如，酸雨就是典型的例证。空气中的酸性化合物随雨雪降落到地面上，会使林木死亡，酸化湖泊、土地。据有关数据显示，我国酸雨的覆盖率已达到我国国土面积的40%。

（3）生活垃圾污染越来越严重。随着城市人口的增加和人们生活水平的提高，我国城市生活垃圾的生产量越来越大,近几年的增长率一直保持着6%~8%的水平。目前,制约我国城市垃圾处理的主要因素有以下几方面:一是垃圾处理设施严重不足;二是垃圾处理设施技术落后;三是垃圾处理和堆放过程中占用土地和二次污染问题比较突出;四是垃圾分类和分选率低,不利于垃圾的有效处理。因此,城市生活垃圾处理设施的建设和处理技术水平的提高将是我国今后城市基础设施建设面临的重点任务之一。

(4)城市噪声未得到有效控制。城市噪声也是城市环境污染的一个重要方面。多数城市处于噪声中等污染水平,生活噪声的影响范围呈扩大趋势。其中,交通噪声对生活环境干扰最大,施工噪声也是造成噪声污染的来源之一。据统计,在影响城市环境的各种噪声生源中,工业噪声占8%~10%,建筑施工噪声约占5%,交通噪声约占30%,社会生活噪声约占47%。

2.4.2 社区卫生服务

2.4.2.1 社区卫生服务的含义

1. 社区卫生

社区卫生是指由社区卫生机构及相关部门向社区居民提供范围广泛的促进健康、预防疾病、医疗和康复服务、健康教育,保护和改善居民健康等综合性卫生保健活动的总称。随着我国医疗卫生体制改革的逐步深入发展,社区卫生医疗作为一种新型医疗服务方式逐步地发展起来。

2. 社区卫生服务

1999年,《关于发展城市社区卫生服务的若干意见》对社区卫生服务作出了这样的界定:社区卫生服务是社区建设的重要组成部分,是在政府领导、社区参与、上级卫生机构指导下,以基层卫生机构为主体,全科医师为骨干,合理使用社区资源和适宜技术,以人的健康为中心、家庭为单位、社区为范围、需求为导向,以妇女、儿童、老年人、慢性病人、残疾人等为重点,以解决社区主要卫生问题、满足基本卫生服务需求为目的,融预防、保健、医疗、康复、健康教育和计划生育技术指导等服务为一体的,有效、经济、方便、综合、连续的基层卫生服务。

2.4.2.2 社区卫生服务的主要内容

社区卫生服务是一个大卫生概念,其主要内容共包括六个方面,是融预防、医疗、保健、康复、健康教育、计划生育服务"六位一体"的综合性服务。

1. 社区预防

社区预防是社区卫生服务中心在政府的领导、社区参与和上级卫生机构的指导下,广泛宣传动员社区居民,采取综合措施,预防、控制疾病,保障和提高社区居民的健康水平的过程。积极开展社区预防工作,有利于将社区预防服务落实到社区、家庭和个人,提高居民的健康水平。

社区预防工作包括以下几个方面的内容:①深入开展卫生宣传工作;②开展计划免疫工

作，按规定程序实施免疫预防接种；③认真落实疫情报告制度，做好疾病监测工作；④积极开展防疫保健工作和爱国卫生运动；⑤结合自身业务，协助卫生执法部门实施卫生监督、监测；⑥开展社区居民健康检查和社区居民健康状况评价工作；⑦积极控制社区不良行为因素和不良生活方式。

其中，预防接种、计划免疫、疫情报告和疾病监测是社区预防工作的重点。

2. 社区医疗

社区医疗服务是社区卫生服务的核心任务。它是指全科医生在全科医学理论的指导下，运用相应的中西医技术，为社区居民提供的基本医疗服务。

社区医疗的主要内容包括以下五个方面：①开展常见病、多发病以及诊断明确的慢性病人的治疗，并根据患者的病情需要，及时做好会诊和转诊等协调性服务；②为社区居民建立档案资料，及时掌握居民及其家庭成员的健康背景资料，并以签订家庭卫生服务合同的形式，开展家庭健康咨询、家庭保健、慢性病患者康复指导等服务；③提供急诊服务和院前现场抢救；④提供家庭出诊、交通事故护理、家庭病床等家庭卫生服务；⑤开展缓和医疗服务，为临终患者及家属提供周到的、人性化的服务。

其中，慢性病防治、地方病防治、职业病防治是社区医疗的重点。

3. 社区保健

社区保健是社区卫生服务中心协同有关机构，根据社区人群的文化和社会特点以及存在的卫生问题和健康需要，制订和实施社区保健计划，并进行检查和评估的过程。

社区保健包括八个方面的内容：①针对主要卫生问题，传授预防和控制的方法；②增进必要的营养，供给充足的安全饮用水；③提供清洁的卫生环境；④开展妇幼保健工作，包括计划生育；⑤实施免疫接种，预防传染病；⑥预防和控制地方病；⑦医疗常见病和创伤；⑧供应基本药物。

4. 社区康复

针对一些在专科医院医治后需要进行康复性训练的病人，社区康复服务无疑可以满足他们的这一需求。社区康复是社区卫生服务中心充分利用社区资源，运用各种有效措施，为康复对象提供有效、可行、经济、全面的康复服务，使他们能够重返社会的过程。

社区康复的对象主要是残疾人、慢性病人和老年人，其具体内容主要包括：①疾病预防；②残疾普查；③康复训练；④教育康复；⑤职业康复；⑥社会康复；⑦独立生活指导。

5. 社区健康教育

社区健康教育是以社区为范围，以居民为对象，运用健康教育理念和方法，普及医药科学知识，提高社区居民的健康意识和自我保健能力的过程。社区健康教育是社区卫生服务的灵魂，是初级卫生保健的首要任务。其根本目的是通过有组织、有计划、有系统的社会活动和教育活动，使人们自觉采纳有益于健康的行为和生活方式，消除或者减轻影响健康的危害因素，预防疾病，促进健康，提高生活质量。

社区健康教育的内容包括：①向居民宣传、普及医药卫生知识；②向居民宣传、讲解国家有关卫生法规和政策；③对育龄夫妇进行计划生育、优生优育和妇女卫生教育；④为居民介绍食品卫生和合理的膳食搭配；⑤向居民宣传良好的行为方式和生活习惯；⑥开展健康咨询活动；⑦实施家庭护理指导等。

6. 社区计划生育技术服务

社区计划生育技术服务是社区卫生服务中心向社区居民宣传生育知识，开展遗传咨询，提供婚前检查、产前检查，接受节育方法及相应医疗服务的过程。

计划生育技术服务的内容包括计划生育、优生优育咨询以及与计划生育有关的临床医疗服务，具体如下：①生殖健康、优生优育、预防艾滋病等科学知识的宣传、教育、咨询；②提供避孕药具及相关的指导、服务；③对已经实行避孕、节育手术的居民，提供相关的咨询、随访；④向育龄群众提供安全有效的、符合国家规定的计划生育技术服务和避孕药具。

2.4.2.3 我国社区卫生服务存在的主要问题

2006年8月，卫生部在其发布的《多部门共同努力，大力推进城市社区卫生服务工作》文件中，指出了当前我国社区卫生服务存在的主要问题：一是社区卫生存在"重医轻防"的倾向，防病功能落实不够；二是"小病医疗"在社区的目标尚未实现；三是一些社区卫生服务机构注重收入高、收益大的服务项目，"以药养医""以医养防"的问题比较突出。除此之外，还有以下五方面的问题：

1. 认识问题

一些政府部门还没有完全从实践"三个代表"重要思想的高度认识推进社区建设和发展社区卫生服务的重要性、必要性和紧迫性。部分卫生行政部门限制外部优势卫生资源进入社区卫生服务，使社区卫生服务的举办主体和形式比较单一。此外，医疗机构主动适应市场需要的意识还有待加强，社区居民也没有完全形成合理使用社区卫生服务的观念等。

2. 人才问题

现有基层卫生服务人员学历职称层次不高，知识结构单一，观念陈旧，缺乏社区卫生服务需要的基本素质，综合素质与群众需求差距较大。据辽宁省对全省县及县以下医疗机构人员状况的一项调查显示：从职称来看，高级占1.7%，中级占10.9%，初级占85%；从学历来看，大专以上占11.5%，中专或高中占64.5%。

3. 经济补偿问题

各级政府需要进一步树立公共财政理念，明确公共卫生、预防保健和基本医疗服务的基本项目目录及核算标准。目前政府公共财政补助带有一定的随意性，社区卫生服务尚未确立基本医疗保险"守门人"的地位。此外，政府还缺乏足够的优惠政策措施吸引社会资金进入社区卫生服务领域。就社区卫生服务而言，根据不同的人群建立适宜的有偿服务等工作还有待努力探索，需要给予社区卫生服务机构必要的支撑系统和补偿机制。

4. 资源配置问题

城市卫生工作的重心还没有切实下移到社区，在人员队伍、财政投入、设备设施等方面还缺少有计划的合理调配；社区卫生服务机构缺乏统一规划，尤其是缺乏必要的网络组织。

5. 规范化管理问题

在加快建立符合社区卫生服务特点的新型管理体制和运行机制的过程中，缺乏完备的机构、人力和技术等社区卫生服务要素的规范化管理制度。需要加强社区卫生服务的素质和质量建设，确保社区医疗安全，改善服务态度，提高服务质量。避免"门诊搬家"+"免税药店"的模式，防止假借非营利之名，行营利之实。

2.4.2.4 我国社区卫生服务发展的主要对策

我国的社会主义初级阶段国情，决定了加快发展社区卫生服务的基本矛盾是基层优质卫生资源供给与人民群众对社区卫生服务需求之间的矛盾。加快发展社区卫生服务的指导思想是：以增加优质社区卫生服务供给为主旨，以加快发展为主题，以卫生资源结构性调整为主线，以体制创新为突破口，以满足群众不断增长的社区卫生服务需求为根本出发点，扎扎实实推进社区卫生服务。

1. 深化体制改革，注入发展动力

要把引入竞争机制作为体制创新的核心。根据公平、择优原则，采用公开招标方式选择举办者，凡具备规定条件的法人和自然人均可参与竞标。同时，要充分听取社区居委会和广大社区居民对社区卫生服务改革与管理的各方面意见，扩大他们的选择权、参与权和监督权。要以积极的姿态"开门办"社区卫生服务，既允许大、中型医疗机构，也鼓励企事业单位、社会团体、个人等社会力量举办社区卫生服务，广泛动员全社会共同参与社区卫生服务。

2. 促进人才流动，提高队伍水平

以建立聘用制为核心，加快人事分配制度改革。既鼓励上级医疗机构的医务人员采取挂牌、兼职、下派等多种形式向社区流动，也鼓励符合规定条件的离退休医务人员到社区工作，推进全科医师的岗位培训和规范化培训，不断提高队伍综合素质。

3. 创造良好环境，提供发展条件

各级政府要加大扶持力度，为社区卫生服务提供工作经费，配备基本设备和房屋等设施，在纳入城镇职工基本医疗保险、推进社区建设、扩大延伸性服务收入自主分配权等方面给予实实在在的支持，营造发展社区卫生服务的良好环境。

4. 服务人民群众，严格监督管理

在"开门办"社区卫生服务的情况下，政府需要运用法律、行政、经济、规划等综合手段加强社区卫生服务的宏观管理，依法加强服务要素的准入管理，健全规章制度，积极建立中介组织并发挥其行业自律作用，切实加强执业监管。

5. 医保的介入有利于规范社区卫生服务

国务院《关于建立城镇职工基本医疗保险制度的决定》、国家十部委《关于发展城市社区卫生服务的若干意见》都明确提出："要把符合要求的社区卫生服务机构作为职工基本医疗保险定点医疗机构，把符合基本医疗保险有关规定的社区卫生服务项目纳入基本医疗保

支付范围。"随着社区卫生服务、医疗保险制度改革在全国各地的开展,研究两者的结合机制成为一项重要的工作。

2.5 社区文化教育

中共十七大报告中指出:当今时代,文化越来越成为民族凝聚力和创造力的重要源泉、越来越成为综合国力竞争的重要因素,丰富精神文化生活越来越成为我国人民的热切愿望。要坚持社会主义先进文化前进方向,兴起社会主义文化建设新高潮,激发全民族文化创造活力,提高国家文化软实力,使人民基本文化权益得到更好保障,使社会文化生活更加丰富多彩,使人民精神风貌更加昂扬向上。

社区教育是社区文化的重要组成部分,即社区教育水平的高低在实质上和长远上决定着社区文化发展水平的高低。社区教育是以社区为依托,以全体社区成员,尤其是社区青少年为教育对象,以提高全民整体素质和培育"四有"新人为宗旨的一种教育形式。其实质是教育社会化和社会教育化的统一。

2.5.1 社区文化

2.5.1.1 社区文化的内涵

文化建设是社区建设中的一个重要内容。一个社区精神世界的文化积淀和文化成果直接与社区精神风貌相连,也直接作用于社区建设的过程之中。它是社区建设中影响力最大、效果最直观的要素。文化像空气一样,包围着各个社区;同时,文化是在一定的空间和时间上生成的,文化的孕育与传承存在于社区的社会活动和生活工作中。社区文化是社区生命的活力,可以巩固社区的团结统一,形成和谐一致的社区人格。

关于文化的含义,有各种不同的版本。《辞海》上将其解释为:社会的意识形态以及与之相适应的制度和组织结构。广义上的文化一般是指人类在社会历史发展过程中所创造的物质和精神财富的总和。狭义的文化是指人们普遍的社会习惯,如衣食住行、风俗习惯、生活方式、行为规范等。

作为意识形态的文化,是一定社会的政治和经济的反映,又作用于一定社会的政治和经济。我国社会学家吴文藻对其这样表述:"文化的简单的定义,可以说是某一社区内居民所形成的生活方式……也可以说是一个民族应付环境——物质的、象征的、社会的和精神的环境——的总成绩。这样的文化可以分为四个方面:①物质文化,是顺应物质环境的结果;②象征文化,或称'语言文字',是表示动作或传递思想的媒介;③社会文化,亦简称为'社会组织',其作用在于调节人与人间的关系,乃适应社会环境的结果;④精神文化,有时仅称为'宗教',其实还有美术、科学与哲学也须包括在内,因为它们同是应付精神环境的产品。精神的文化是文化的结晶,是与各个特殊的文化系统相别的枢纽……精神文化有其重心,但不是独立的,而是与文化其他方面,如物质文化、象征文化、社会文化交互作用、互相维系的。"

英国文化人类学家马林诺斯基认为，文化包括经济、教育、政治、法律秩序、知识、巫术、艺术及娱乐八个方面。

广义上的社区文化是指社区居民在特定的地域内，经过长期实践而创造出来的物质文化和精神文化的总和。它对人们的思想观念、道德情操、人格理想以及行为方式的形成和发展具有重大影响，对当地经济、社会的发展具有相当大的制约作用。狭义的社区文化是指社区居民在特定的地域内，经过长期实践逐步形成和发展起来的具有地方特色的价值观念、生活方式、行为模式等文化现象的集合。其中，价值观是社区文化的核心。社区文化对社区居民的心理、性格、行为有深刻的影响，不仅造就了人们的特殊习俗，而且影响着人们的价值取向。

2.5.1.2 社区文化的特点

社区文化除作为社会文化具有一般文化的特质外，源于社区属性，它还具有有别于一般社会文化的特点。事实上，社区文化作为社区生活的一种综合性反映，贯穿和渗透于社区生活的各个方面，既体现在社区居民的精神生活中，也体现在社区居民的物质生活中。

1. 地域性

社区文化产生于社区特定地域范围内，其文化主体也由社区居民构成，因此，社区文化表现出鲜明的地域特点，是居民生活共同体的一种文化现象。

社区文化是在一定地域范围内形成和传承而来的，因此，具有典型的地域特点。气候、地势、生产活动的规律、生活方式等，都会对文化的形成产生深刻的影响。例如：西北地域的气候条件形成了西北人豪爽的性格，江南的环境造就了江浙人温和细腻的情感；北方的严寒缔造了人们强壮的体魄，南方的温和培养了人们清瘦的体态。而从小的范围上看，人们在长期的生产和生活过程中形成了各具特色的社区文化，这种社区文化基本上也是在本社区内传承、延续着。人们对自幼耳濡目染的本社区文化习以为常，有着高度的认同感。社区居民自身的修养汇聚成一个社区特有的文化特征。老年人聚居的区域，老年关怀性的活动比较普及，老年文化活动的开展有广大的资源优势；年轻人居住集中的区域，家长喜欢开展一些针对少年儿童的文化活动。社区居民的年龄、职业、受教育程度等因素都会对社区文化的形成产生潜移默化的影响。例如：知识分子居住集中的区域，社区居民之间说话做事讲究涵养，尺度把握得非常准确；而产业工人集中居住的区域，则人们说话会比较豪爽。

2. 群众性

社区文化是以社区居民为主体的文化形式。生活在社区中的居民，既有物质方面的需要，也有娱乐、审美、接受教育、健身、休闲、沟通等方面的精神需要，社区文化正是适应社区居民的需要而产生的，并随着社区居民需要的变化而发展。在社区文化内容的倡导、社区文化活动的参与、社区文化活动的普及等方面，均离不开广大的社区居民，社区群众是社区文化的倡导者、实施者、受益者。首先，社区文化活动是应社区居民的需要而产生的，不论其内容还是形式，都以居民自身的需要为目标。同时，社区文化活动开展的广泛程度、社区居民对社区文化的认可程度也以居民群众是否满意为标志。再者，社区文化活动的兴办，从最初的创意到活动的组织开展，到最后居民喜闻乐见、广泛参与其中，居民身心愉悦，最终受益的是社区的全体居民群众，而不是某一个人或某一些人。例如：开展科学养生、提倡健康饮食活动，通过讲座、宣传栏、现场与专家对话等形式，能使社区全体居民受益；开展暑期少儿艺术课堂活动，社区青少年普遍受到艺术熏陶，提升了艺术修养。

3. 多元性

社区文化不同于其他文化活动，受各自领域的限制。社区文化的多元性体现为：社区文化可以在不同职业、不同受教育程度、不同性别和年龄的人群中间展开；社区文化可以以各种形式出现，如以戏曲、书画、文学、民间艺术等多种形式展现在社区居民之中；社区文化的主体以社区居民为主，又不受限于社区本身，可以与驻区单位、艺术团体、机关、学校联合开展，既可以自己参与，也可以请专家、学者来做讲座；社区文化既可以以民族文化为主，也可以吸收外来文化；社区文化活动的种类可由居民自主选择，形式、内容多样，不受限制。

4. 共享性

社区文化是社区居民在社区建设过程中，在长期的社区实践活动中，共同创造、共同发展、共同维系的一种精神和物质财富。社区文化的形成不能与社区居民脱离开来，离开社区居民的社区文化是不存在的。所以，社区文化为社区全体居民所共有。作为一种精神和物质财富，为社区全体居民所共享也是必然之举、理所当然。社区居民在共同创造社区文化的同时，也在分享着社区文化的成果，享受着社区文化的发展给社区居民带来的精神世界的愉悦。高尚的情操、亲善的人际关系、和睦的居住空间，这些都是社区文化给人们生活带来的改变。同时，在共同缔造社区文化的过程中，社区居民所形成的社区的归属感、荣誉感油然而生，这些都增强了社区居民的向心力和凝聚力。

2.5.1.3　社区文化建设的实施

中共十七大报告指出，"加大投入力度，加强社区和乡村文化设施建设""要充分发挥人民在文化建设中的主体作用，调动广大文化工作者的积极性，更加自觉、更加主动地推动文化大发展大繁荣，在中国特色社会主义的伟大实践中进行文化创造，让人民共享文化发展成果。"

社区文化建设作为社区建设的一个重要方面，一直以来受到党和政府的重视，并通过各项政策和举措，在人力、物力和财力上给予多渠道投入，以推进社区文化事业的发展。

2000年11月，中共中央办公厅、国务院在《关于转发〈民政部关于在全国推进城市社区建设的意见〉的通知》中明确指出：在促进城市社区建设各项工作的开展中，要"繁荣社区文化。积极发展社区文化事业，加强思想文化阵地建设，不断完善公益性群众文化设施。要充分利用街道文化站、社区服务活动室、社区广场等现有文化活动设施，组织开展丰富多彩、健康有益的文化、体育、科普、教育、娱乐等活动；利用社区内的各种专栏、板报宣传社会主义精神文明，倡导科学文明健康的生活方式；加强对社区成员的社会主义教育、政治思想教育和科学文化教育，形成健康向上、文明和谐的社区文化氛围。"

1. 开展社区文化资源调查

社区文化资源包括社区开展文化活动的人力资源、物质设备资源、资金投入资源和既往成果资源等内容。

对社区文化资源的调查主要从以下几个方面进行：一是社区开展文化活动的人才情况、组织状况，即现有情况下，哪些人、哪些组织可以作为活动主力军带动某项文化活动的开展并给予积极的推动。这其中包括组织、策划、实施、参与的相关人员。例如，开展戏曲艺术活动，社区中从艺术团体退休的专业工作者就是活动的最佳人力资源。二是社区开展文化活动的物质条件，包括场地、设备、装备、设施及开展活动必备的一些准备，如书籍、磁带、光盘等。物质资源和人力资源一样，可以与其他社区共享。例如，借用其他社区的场地开展各种体育比赛，与文化活动开展的较早的社区联办文化活动，借助其他社区的人力资源推动本社区的发展。三是投入的资金来源，哪些机构、组织或个人可以为社区文化活动提供最基础的资金保障。社区组织的资金来源可以接受企业、组织捐赠，也可在社区居民中募集。四是在历年开展的社区文化活动中，有无成功的经验可以借鉴，既往的规划、意见、组织策划模式都是可以借鉴的资源。

2. 制订社区文化发展规划

根据对本社区的文化资源进行调查所掌握的情况，拟定本社区文化活动发展规划。社区文化活动的发展规划，要制订出相当一个周期的规划，并要保持相对的稳定性、连续性。社区文化的规划从内容上可分为总体规划和专项规划，从时间上可分为长期规划和年度规划。总体规划一般包括指导思想、基本原则、基本任务和具体任务、落实措施、考评标准。专项规划主要是详细的具体的事实办法，即将社区总体规划中的任务分项目分别予以落实。

社区文化规划的重要内容还包括大型、长期和综合的文化活动具体实施方案。方案包括该项文化活动的目的、要求、组织形式及人员分工职责等项内容。

社区文化发展规划的制订，要严格依照社区建设工作要点进行，要在社区资源调查的基础上进行，要紧紧围绕目前可开发利用的现有资源优势进行。

3. 开发社区文化资源

社区文化资源的开发，要根据实际情况展开。要坚持一个基本原则，即充分利用现有资源，挖掘潜力资源，决不能浪费资源优势，也不能盲目开发未成熟的资源。

社区文化资源的开发，首先是对人力资源的开发。社区文化建设主体是关键，必须从"人"上入手。应在三个层次上挖掘人力资源：专家和专业人员、文艺骨干、文化志愿者。要选择能在社区文化活动中起核心作用的文化活动的积极分子作为主流，在核心分子外围构建一种"氛围"，即能吸引那些有意愿参与到社区文化活动中来却又缺少勇气或自信的人群。要在各项组织活动中关注这些可开发的人力资源，带动他们积极参与到社区文化活动中来。要以社区内文化活动积极分子为核心，加强培训，建立一支社区文化志愿者队伍。社区文化资源开发的第二个方面是物质条件（设备、设施）的开发。社区建设发展不同步，社区资金投入不均衡，在这种情况下，各社区组织的物质条件不尽相同。社区要广泛发动、充分利用驻区机关、学校、企事业单位的文化资源，参与社区文化建设。如何提高现有物质条件（设备、设施）的使用效率，是社区组织间开展社区文化活动的一个值得关注的问题。例如：利用驻区单位的体育场馆开展社区居民的文体娱乐项目；借助其他社区的环境场地开展社区联办的文体活动，既增强了社区之间的联系，又丰富了社区的文化生活，还带动了相邻社区的文化活动的开展。抚顺某社区在开展社区文化活动中，就采用此种方法，将周围社区已经成熟的秧歌队表演请进本社区，既利用了社区新建的广场，又带动了本社区内的居民参加到秧歌活动中来。第三，充分利用社团优势，聘请专业人士。武汉百步亭社区在组建老年合唱团的过程中，聘请歌唱家吕薇任社区合唱团团长，为社区艺术团的活动注入推动剂。第四，在资金开发上，要多渠道筹措资金，政府要给予大力支持，同时鼓励企事业单位、机关团体对社会公益性文化活动项目和设施等方面的捐赠，推动社会各界参与基层文化活动，要与驻区单位携手合作加强社区文化建设。国家要鼓励社会力量投资文化建设，逐步形成政府投入为主、社会多渠道筹资为辅的文化建设"多元化投资主体"。

4. 组织开展社区文化活动

社区文化活动种类繁多，形式多样，而且有浓郁的地方特色。从其活动的对象看，可以划分成不同年龄段的群体参加。例如，老年活动中的秧歌队、合唱团、自行车队、游泳队等，或者以青年人为主的足球队、羽毛球队。

社区文化活动，从其内容上看，涉及领域更为广泛：一是民俗、民风、民间艺术等，如包饺子、舞龙舟、放风筝等群众喜闻乐见的民俗民风的文化活动。二是戏曲票友、摄影绘画、电影艺术、歌唱舞蹈等文艺活动，如迎春摄影书画展、电影欣赏等。北京市民王伟力、郑晓洁创办的专为盲人讲故事的"心目电影院"就是一种最有说服力的助残文化活动。三是田径、登山、棋牌等体育活动。有的社区在重阳节策划了"夕阳红"登山活动，有的社区动员全社区的家庭参加"家庭趣味运动会"。四是社区法制意识、公德意识培养和科技知识普及等社区教育。可以通过社区教育等多种形式，提高居民的道德、法制观念，增强文化素养，普及科学常识。总之，社区文化活动的内容丰富多彩。

2.5.2 社区教育

2.5.2.1 社区教育的起源与含义

1. 社区教育的起源

社区教育思想最早可以溯源至丹麦人柯隆威于1844年创办的第一所"民众高等学校"。现代意义的社区教育是20世纪从欧美一些国家兴起的。"社区教育"（Community Education）源于20世纪初美国的杜威（Deway，1915）提出的"学校是社会的基础"的思想。接着，这一思想由曼雷（F. L. Manley）和莫托（C. S. Mott）在美国的密歇根州进行了实验。此实验方案把学校和社区沟通起来，学校成为社区的一种资源，被社区利用，为社区服务。社区教育的推行不仅有教育部门，同时还有社区其他各部门和各方力量的协作和参与。工作内容从社区居民需要出发，体现当地民众的需要和利益。此后，社区教育的内涵被不断地丰富和完善，越来越为世界各国所接受，成为现代国际教育的一种现象和趋势。社区教育作为一种教育与社会结合的社会文化现象和社会实践活动，在我国古代社会就已出现。现代意义上的社区教育由陶行知先生引入我国，他创造了中国化的社区教育模式——由学校辐射农村的晓庄师范学校和由农村辐射学校的大场少年村与自动工学团、小先生运动。

2. 社区教育的含义

按照美国社区教育协会在1968年的提法，社区教育是一种综合的、推动公共教育的途径和方法。社区教育是一个过程，这一过程与所有影响居民福利的事业相关；这一过程将社区教育从传统的儿童教育的概念扩大到认同社区教育的需求、社区问题的解决方面，以帮助社区，为其提供设施、教育计划、师资及领导人员，完善社区为己任。而《国际教育大百科词典》对"社区教育"的定义是："社区教育普遍地被认为是一种将学校和大学当成向所有年龄层开放的教育过程，是义务教育与其他福利事业的结合体，是许多其他活动的协作，是具有社区教育特性的地方管理的逐渐进化。"

我国教育部对社区教育下了这样的定义："社区教育是在一定地域范围内，充分利用各类教育资源，旨在提高社区全体成员整体素质和生活质量，促进区域经济建设和社会发展的教育活动。"

北京市教委在2000年《关于印发全面推动社区教育发展促进首都学习化社区建设意见的通知》中则进一步将"社区教育"定义为"旨在提高全体成员素质，优化社会环境，密切人际关系，消除社会问题，构建终身教育体系，建立学习化社区，促进社区建设和发展的一系列教育活动"，指出了社区教育的主要功能和现实意义。

对社区教育的含义出现多种不同的理解是正常的和必然的，因为现代意义上的社区教育体现的是一种全新的教育思想，是对传统教育观念的革命性发展，反映为教育和社会、教育与社区、教育与人之间的多维的互动关系。通过了解社区教育的上述几种定义，在理解社区教育的概念时应注意把握以下几点：

第一，社区教育是在"社区"这个区域内进行的服务于社区经济社会发展的一系列教育活动；第二，社区教育需要整合利用一切教育资源，促进教育资源的开放和共享，同时实现社区教育与资源提供者的良性互动；第三，社区教育的宗旨是提高全体居民的各方面素质，因此开展社区教育必须举办丰富多彩的教育培训和学习活动；第四，社区教育是一种体现人本主义思想的现代教育形式，因此应当以教育民主化的理念作为设计、规划、实施和管理社区教育的指导思想。

2.5.2.2 社区教育的内容

社区教育的内容是多方面的，包括学校教育的社区化、社区活动的教育化和居民终身教育等。其中，所谓学校教育的社区化，主要是指发挥社区力量对学生进行思想品德教育和社会实践锻炼，并且把学校变成社区教育的主阵地。社区活动的教育化是指把每一项社区工作都变成对居民的一种教育过程，使居民在参与的同时接受教育和训练。居民终身教育是指对不同年龄、不同阶层、不同性别的各类社区成员，尤其是对成年居民进行思想道德、法律法规、科技、文化和职业等方面的教育培训。开展社区教育，可以优化教育的社会环境，使各个基层社区都形成尊师重教的良好风气；可以促进教育体制的改革，使学校冲破封闭式教育的束缚，更好地培养社会主义现代化建设的合格人才；可以加速学校、家庭、社会教育一体化的进程，从而促进青少年的健康成长；可以提高社区居民的整体素质，促进他们继续社会化，以适应社会转型的客观要求。社区教育是社区建设的一个重要方面。社区教育的内容和方式是十分丰富的，其主要内容包括：

1. 思想政治教育方面

该方面的内容主要包括：马列主义、毛泽东思想、邓小平理论、江泽民同志"三个代表"的重要思想及胡锦涛同志的科学发展观；党和国家的路线方针政策；党的建设、国家经济和社会管理改革的重大决策和社区建设方面的文件；党带领全国人民全面建设小康社会的奋斗目标和行动方略；集体主义、爱国主义、社会主义的理论。提高广大群众，特别是社区党员和领导干部的思想政治素质；提高对社会主义精神文明建设的认识，以各种形式进行公民道德、职业道德和家庭美德的"三德"教育；提高全体公民的道德水平和文明程度的内容等。

2. 科学文化知识方面

该方面的内容主要包括：组织广大居民学习系统的基础科学文化知识，提高教育普及率和居民的平均受教育年限；组织学习现代科学技术知识，普及计算机和外语知识；通过职业教育和培训，提高居民职业方面的知识和技能与就业创业能力；进行科普教育，树立居民尊重科学、反对迷信的信念；进行健康和卫生方面的知识教育，培养科学的生活方式；进行环境保护和爱护资源的教育，促进地方经济的可持续发展。

3. 市场经济方面

该方面的内容主要包括：学习市场经济方面的基本知识，了解市场经济的一般规律；学习WTO的有关知识；学习有关金融、股票、债券和投资理财的知识等。

4. 法律法规方面

组织学习国家和地方重要的及与居民生活关系密切的法律法规知识，使广大群众做到学法、知法、守法、用法，从而提高社会生活的法治化水平和广大居民的法制意识，使之自觉依法办事。

5. 社会文化生活方面

组织居民学习体育健身、卫生保健、环境保护、资源利用、文化艺术、科学生活方式等方面的知识和技能。

6. 闲暇教育方面

闲暇教育的内容更为广泛，只要是居民需要的、欢迎的、健康向上的知识，都可作为闲暇教育的内容，从琴棋书画到花鸟鱼虫的知识均可纳入其中。传授上述社区教育内容的方式有教育培训活动、自学互学活动、研讨参观、全民读书活动、向"身边人、身边事"学习活动、社区文体活动等，总之越丰富多彩越好。作为一种教育哲学，社区教育体现着全民教育的思想；作为一种教育观念，它强调"共同参与、资源共享"的核心理念。它因与社区经济社会发展的紧密联系和对社区全体成员（包括中小学在校生）素质提高的重要作用，正在成为我国大教育体系的重要组成部分。

2.5.2.3 制约社区教育发展的因素

社区教育和其他教育形式一样，都受到一个国家或地区整体发展水平的制约。因此，社区教育作为一种为普通大众提供终身教育的有效途径，尽管受到了人们的广泛关注并且在不同国家和地区取得了一定成效，但制约其发展的因素仍旧普遍存在，主要有以下方面：

1. 经济发展水平

世界银行认为，人均年收入达到4000～5000美元为一般发达国家，人均年收入超过9266美元则属于高收入国家，而最发达的国家人均年收入可以达到30000美元以上。目前，社区教育开展得比较规范和深化的大都是高收入国家。我国在改革开放前，开展有效的社区教育存在客观的障碍，而现阶段尽管经济实力有了一定的提高，但是东西部的收入差距以及经济发展水平等的差异性，成为制约社区教育发展的经济因素。经济发展水平直接影响到社区教育经费的投入问题。同其他产业相似，教育同样需要投入，而且其投入规模更大、时间更具有持续性。这样，受到现有经济总体水平的限制，社区教育在经费投入上受到很大的制约。

2. 传统教育观念

与现代终身教育（Lifelong Education）的观念相比，传统的教育观念显现出其固有的局限性。一般来说，传统的教育必须具备以下几个条件才可以被认为是"正规"的教育：比如应该有固定的场所和固定的教师，应该有固定的学习年限和大致的年龄限制，同时还包括招生考试以及录取标准等。同时，传统教育中的各类学校应该有大致的教育分工，如按功能可以划分为文科、理科学校；按受教育者学习层次可以分为学期教育、基础教育、高等教育；按教育种类分普通教育、职业教育、成人教育。社区教育是一种涵盖各类教育的教育形式，它不仅涉及学校教育、家庭教育、社会教育，同时还包括学前教育、职前教育、职后教育、老年教育、妇女教育、残疾人教育、家长教育、职业教育、素质教育、继续教育、补偿教育等各类教育。同传统的教育相比，它是教育深入基层、面向基层、通向基层，为学习者提供多功能、多层次灵活的教育模式。但是，由于教育是一项长期的浩大的工程，具有巨大的历史惯性，所以，试图改变人们以往的教育观念和教育模式需要一段过渡时期。由此，传统教育观念也构成了制约社区教育发展的因素之一。

3. 管理观念与水平

国家对社区教育已经有了明确规定和导向。比如，1999年，国务院批转教育部的文件《面向21世纪教育振兴行动计划》中明确指出："开展社区教育试验工作，逐步建立和完善终身教育体系，努力提高全民族素质。"2000年，中共中央办公厅、国务院办公厅在转发的《民政部关于在全国推进城市化社区建设的意见》中指出："实践证明，大力开展社区教育，引导居民爱祖国、爱城市、爱社区，可以形成崇尚先进、团结互助、扶正祛邪、积极向上的社区道德风尚。"2001年，教育部颁发的《全国教育事业第十个五年计划》再次提出要继续扩大社区教育。尽管如此，由于某些管理部门缺乏对社区教育的深刻认识，受急功近利的短视思维的影响，对社区教育在管理形式和投入力度上仍然存在着一定的弊端。因此，管理观念的落后所带来的对社区教育的忽视也构成了制约社区教育发展的因素之一。

2.5.2.4 推进社区教育发展的途径

1. 加强中央的引导作用，树立终身教育观念

第一，加强社区教育法制化建设。社区教育要发展，必须依靠法律给予其明确的定位，这样社区教育才有明确的目标和职能，否则就可能造成其发展方向的迷失。早在1999年，国务院批转的教育部《面向21世纪教育振兴行动计划》就已明确表示，2010年我国要"基本建立终身学习体系"。党的十六大和十七大都分别提出了"构建终身教育体系，形成全民学习、终身学习的学习型社会"的总体要求；党的十八大又进一步提出了"积极发展继续教育，完善终身教育体系，建设学习型社会"的工作目标。这表明，我国关于社区教育以及终身教育学习体系的法制化问题已经十分迫切，急需早日提上立法日程。

第二，在全社会树立终身教育的观念。"终身教育、终身学习"的思想自古有之，我国早在春秋时期，孔子就有终身教育的思想意识。近代的著名教育家陶行知也倡导终身教育，主张"活到老，干到老，学到老，用到老"。在现代社会中，科学技术突飞猛进，知识更新速度加快，社会对人才资源的要求越来越高，个体的学习不可能一次性完成。终身学习观点主张教育、学习贯穿于整个人生，激励人们突破时间、空间的限制，始终坚持学习，以实现个人或社会的适应机能和革新机能。因此，终身教育观念在20世纪60年代以后被世界各国普遍接受。但目前我国民众对终身学习的认可和实践程度并不高，因此，政府应该大力宣传终身教育理念，在全社会发扬"活到老，学到老"的精神，以便帮助人们形成终身学习的观念。

2. 加强地方的推动作用，充分利用高校资源

地方政府社区教育要积极发挥作用。地方政府要把社区教育作为社区建设的重要内容纳入地方经济社会发展规划，把社区教育摆在基础建设的重要位置，根据本地社区经济、社区发展总体规划制订出本地社区教育发展的总体计划，使社区教育能够有目标、有组织、有计划地实施。地方政府的首要任务是进行教育资源的整合。社区教育资源主要由四个要素构成，即教育教学的场地与设施资源、人力资源、课程资源和资金资源。其中，前三个要素是社区教育乃至一切教育活动得以开展的最基本的要素，资金要素则是社区教育的支撑和保证。

促进高职院校参与社区教育，是解决社区教育的场地与设施资源、人力资源、课程资源的最有效途径。首先，社区教育可以充分利用高职院校的文体设施、科教设施及丰富的文化资源。据统计，截至2011年，我国共有高职高专院校1158所，全国大部分地市已有至少1所高职院校，社会化程度较高。高职院校拥有的教学面积、教育设施设备基本接近普通本科院校的水平，教育硬件设施丰富，具备为社区教育提供资源的条件。其次，高职院校可以为社区教育提供教师资源。可以建立高职教师"社区教育积分制"鼓励每一位高职院校教师深入社区，进行各类知识宣传，或者给社区居民讲座、授课，或者进行定期或不定期的帮教等。再次，高职院校可以为社区教育提供课程资源。高职院校有极其丰富的课程资源和系统化的课程管理经验，其专业设置齐全、贴近社会、实用性突出，课程开设形式多样，远程教育发达，学制与普通高校相比更加灵活，这些都是开展社区教育的基础。

3. 加强社区居委会在社区教育工作中的作用

据1989年通过的《城市居民委员会组织法》，城市居民委员会承担六项任务：宣传宪法、法律、法规和国家的政策，维护居民的合法权益，教育居民履行依法应尽的义务，爱护公共财产，开展多种形式的社会主义精神文明建设活动；办理本居住地区的公共事务和公益事业；调解民间纠纷；协助维护社会治安；协助街道办事处做好与居民生活利益有关的公共卫生、计划生育、优抚救济、青少年教育、安全防火等各项工作；向街道办事处反映居民的意见、要求和建议。由此可以看出，居民委员会是实现人民民主的主要组织形式，是城市基层政权的主要依靠力量，也是党和政府联系群众的桥梁和纽带，在城市社区建设和管理中具有重要地位。发挥社区居委会在社区教育中的作用，主要从以下几个方面入手：

（1）依据党的教育方针制订社区教育工作计划，落实居委会社区教育委员会的各项工作，使社区教育深入到各驻区单位。

（2）协助街道办事处宣传各项教育法律法规，依法整治校园周边环境，做好新生入学动员，避免出现辍学和流失生。

（3）进行青少年社区教育。贯彻落实《未成年人保护法》，为孩子们提供良好的社区环境；做好青少年法律普及，组织青少年下社区进行社会实践；协助办事处开展寒暑假和"六一"节活动。

（4）办好社区市民文明学校，开展普法、保健、科普、家政、休闲、职业技术等多种形式的市民培训，提高社区居民的科学文化素质。

（5）开展各种学习型组织创建工作，重点进行学习型家庭、学习型楼门和学习型居委会的创建。

（6）注重特殊群体和弱势群体的教育需求，开拓并引导就业前的相关培训。对外来人员进行法律、科普等方面的教育培训。

2.6 社区治安与保障

社区治安管理既是社区建设的重要内容，又是社区建设和发展的前提条件。社区治安问题是社区居民最关心、最敏感的问题。做好社区治安工作，可以提高社区居民的社会责任感和民主参与意识，共同营造一个良好的工作和生活环境。

社区社会保障是民安所在，是社会文明发展的成果。社区社会保障经过十多年的探索和改革，其体系正在不断地完善和发展。社区社会保障是以社区为依托、以社区居民为主要保障对象的社会保障，属于我国社会保障体系的重要组成部分，在建立和完善社会主义市场经济体制的过程中显得尤为重要。在计划经济时期，我国城市中的社会成员大部分隶属于相应的单位，是明显的"单位保障制"。随着市场经济体制的发展，"单位保障制"的弊端日益突出。这些要求我国应大力促进社区社会保障的发展，它也是社区建设不可缺少的内容之一。

2.6.1 社区治安

2.6.1.1 社区治安的含义

1. 治安

治安，从字面上理解，治是治理之意，安是安定、稳定之意。"治安"作为一词最早出现于贾谊的《治安策》。在我国古代，治安是指政治清明、国家安定。历经时代的发展，今天，它在词义上已有了较大变化，被赋予了多层含义。

从国家社稷稳定上看，人们所言的治安是广义的治安，即一般意义上所说的社会治安。它特指在一定的社会阶段中，符合社会公共意志和利益需要，为社会普遍认可的并由国家法律所规范、确认并予以强制力保证的一种社会秩序。这种社会秩序的形成，带有地域特征和民族人文特征。广义的社会治安实施主体是各级党委、政府及其职能部门、社会各企事业单位、人民团体。它是在各级党委和政府的领导下，各部门齐抓共管，分工负责，落实社会治安综合治理的责任制共同实施的一项系统工程。

对治安的另一种理解就是人们经常所说的狭义的治安，即治安管理。它是指国家警察部门为了维护社会治安秩序、保障社会生活正常进行而依法从事的公开的行政管理行为。狭义上的治安专指国家警察行政行为，是国家警察行政部门行使国家职能的一个重要法律表现。狭义的治安管理的实施主体是国家公安机关各职能部门，其根据法律赋予的权限，在法律规定的各自的职权范围内依法行使职权，不能越雷池一步。

不论是广义的治安还是狭义的治安，均反映出国家、地方政府以及社会政治、经济、文化生活中的所有成员对社会稳定的共同愿望。

2. 社区治安

社区治安是指一定地域范围内的党委和各级政府及相关部门、社会单位，根据国家法律齐抓共管，强化社区预防、控制手段，促进本辖区社区治安稳定的一种社会状态。这种状态会随着社会治安管理手段的强化或弱化而呈现出动态波动特征。对社区治安实施有效管理并达到安全目的的主体有各级党委、政府及其有关行政、司法职能部门、社区居民自治组织、驻区各企事业单位。社区居民自治组织是社区治安防范的生力军和主导力量。

社区治安是社会治安的一个缩影、一个组成部分。社区治安状况的好坏直接受制于社会治安的总体形势和环境，同时，社区治安防范工作的开展，离不开社会治安防范工作的大前提。在指导思想、工作方针、任务、方式方法等方面，要与当地政府的社会治安防范工作保持一致。同时，由于社区治安防范工作有自身独特的工作区域，有居民满足自我需求的自我管理的特性，其可根据居民反映强烈的本地区治安突出问题开展有针对性的防范。因此，在防范对象和防范措施上可根据自身的能力、需求和打击重点而区别于社会其他区域。

因此，开展社区治安的防范工作不可能抛开历史，抛开周边环境，必须与当时当地的政治经济发展、与社区整体的安全需求相衔接，植根于本社区现有的人员、物质、环境等具体情况。

2.6.1.2 社区治安工作的内容

1. 开展社区普法教育

普法宣传是我国社会主义法制建设的一项重要的基础性工作，社区普法教育承担着对社区居民普及法律知识、弘扬我国法治精神、培养居民法治观念、引导居民法治行为的社会责任，对树立社区居民的法律意识、增强法制观念、推进民主政治进程都具有重要现实意义。

1978年，我国进入改革开放时期，党中央明确指出："为了保障人民民主，必须加强社会主义法制。"要做到有法可依，有法必依，执法必严，违法必究。1982年12月，第五届全国人民代表大会第五次会议通过《中华人民共和国宪法》。至此，中国开始了社会主义民主与法制的建设的进程。

1985年11月，中共中央、国务院发出《关于向全体公民基本普及法律常识的五年规划》的通知，正式拉开了第一个五年普法的序幕。2001年4月，经党中央、国务院批转的"四五"普法规划明确规定，将我国现行宪法实施日即12月4日，作为每年一次的全国法制宣传日。

2006年7月26日，中央宣传部、司法部发布了《关于在公民中开展法制宣传教育的第五个五年规划》。规划明确提出："要大力推进法制宣传教育进机关、进乡村、进社区、进学校、进企业、进单位，在各行各业掀起学法用法的热潮。""开展'法律进社区'活动，促进和谐社区建设。"

面向社区居民开展的普法活动主要围绕以下法律规范进行：宪法、民事法律制度、刑事法律制度、劳动合同法律制度、婚姻家庭、继承法律制度、道路交通安全法律制度及有关的诉讼、仲裁法律制度等。

开展社区普法教育主要通过以下渠道实施：

首先，要建立社区居民学法制度，建立社区法制宣传橱窗，建立社区法律图书室（馆），建设社区法制宣传教育队伍，定期开展群众性法制专题活动。

其次，充分发挥市民学校、社区青少年法律学校等在法制宣传教育中的作用，开展公益法制讲座、居民法制论坛活动。

第三，全面开展"民主法治社区"创建活动，促进管理有序、文明祥和的新型社区建设。各级组织要积极开展民主法治社区创建活动，并通过各种途径，为法治社区的创建创造条件。

2. 化解社会矛盾

当前，我国正处于改革发展的关键时期，空前的社会变革，在给我国发展进步带来巨活力的同时，也带来一些矛盾和问题。这就要求我们必须更加重视统筹协调各方面利益关系，更加重视妥善处理各种社会矛盾。化解社会矛盾，可以最大限度地减少有碍社会稳定的消极因素，最大限度地调动共建和谐社会的积极因素。应及时有效地化解矛盾，把矛盾化解在基层，防止事态朝恶性方面转化。

社区的社会矛盾大多体现在与老百姓生活相关的民生问题上。掌握社区矛盾的类型和症结，是及时有效化解矛盾的关键。家庭财产纷争，家庭成员关系紧张；邻里矛盾冲突；因住房引起的拆迁问题；因病无钱救治问题；与家庭收入密切相关的就业安置问题；低保及低保边缘户的社会保障问题；与生活有关的衣、食、住、行等方面，都可能引发社会矛盾。

社区社会矛盾因产生原因纷繁复杂，在处理过程中，要多渠道、多角度，运用各种手段予以解决。要及早发现，及早处置，把握化解矛盾的最佳时机，及时将矛盾化解在萌芽阶段，避免矛盾升级、激化、演变，切实维护社会稳定，构建和谐社会。首先，要积极主动地摸查可能影响社会稳定的问题，耐心面对群众的诉求，积极主动寻求解决问题的办法；其次，要依靠法律法规，维护群众正当、合法的权益，切实做好法律援助工作，实现法律援助与困难群众需求"零距离对接"；第三，要运用说服教育、示范引导和提供服务等方法，动之以情，晓之以理，化解群众纠纷；第四，通过各级调解组织、社区警务室，化解调处各类矛盾纠纷。

在化解社区矛盾的过程中，主要通过社区调解的方式进行。

社区人民调解是指在社区人民调解委员会主持下，依法对社区管辖范围内的民间纠纷当事人说服劝解、消除纷争的一种群众自治活动。社区调解委员会在调解工作中发挥着重要作用。1989年，国务院《人民调解委员会组织条例》规定了社区人民调解委员会的三项任务：调解民间纠纷；通过调解工作宣传法律、法规、规章和政策，教育公民遵纪守法，尊重社会公德；向村民委员会或者居民委员会反映民间纠纷和调解工作的情况。经过十几年的发展，社区人民调解工作逐渐得到国家和社会的重视，调解工作进一步展开，在北京、上海等地都取得了可喜的成绩。2002年，司法部《人民调解工作若干规定》在社区人民调解委员会的任务上增加了预防纠纷发生和防止纠纷激化的内容。

3. 加强治安防范

建立、健全社区治安防范组织。各级政府积极支持帮助社区建立各种治安防范组织：在社区建立社区警务室，指导社区开展安全防范工作；在居民委员会中设置治安保卫委员会，指定专人负责开展社区居民的安全防范工作；根据社区的具体情况和需要，建立治安联防、邻里守护等群防群治组织；在驻区各企事业单位内部建立治安保卫组织；组建各种形式的社区治安志愿者组织，自发开展社区安全防范。

采取各种有效的社区安全防范措施。开展法制道德宣传教育活动，提高居民自身的遵纪守法意识；针对社区多发案件、事件和事故，开展防范宣传，提高防范意识；协助、配合各级组织和部门打击违法犯罪；督促驻区单位开展安全防范工作；协助政府有关部门统一安装电子监控、自动报警等技术防范设备；将治安防范理念融入社区卫生、环境建设，能取得事半功倍的实效。

开展社区治安防范，社区组织不可能单打独斗，而必须借助社会各部门，特别是司法部门、治安部门的力量，要走"专群结合"的道路。在基层治安防范中，社区组织要紧密依靠基层派出所，密切联系街道辖区的司法所和法律服务所，依托各级组织机构和驻区单位，开展安全防范工作。

充分利用社区资源优势，优化组合社区治安防范手段，根据物防基础设施、安全防范技术力量和社区防范组织及志愿者队伍的现有条件，合理建立物防、技防和人防的安全防范体系。社区组织要大力推广先进的科学防范技术及应用产品，扩大防范技术在社区的应用领域。

4. 协助打击刑事犯罪

预防与降低违法犯罪的发生是社区治安防范的根本宗旨。社区在打击刑事犯罪中的职责是协助公安机关和司法机关，采取有效手段防范违法犯罪的发生，根据社区掌控的情况和信息为侦查机关提供与违法犯罪活动有关的嫌疑人线索和犯罪活动的线索，积极配合侦查机关开展调查并根据所掌握情况如实提供各种与案件有关的情况，开展社区矫正工作，如对社区内有违法犯罪行为而被依法判处刑罚并在社区执行的罪犯进行教育挽救，实施矫治。

社区组织并非国家司法力量，没有打击犯罪的职责和权限，但对于司法机关打击罪犯的行为要给予积极协助。社区协助打击刑事罪犯的方式方法主要有：一是依托社区警务室，利用社区居民的防范意识和防范热情组建社区治保会和社区联防、社区守护队等治安志愿者组织；二是建立各种治安信息站，广泛搜集社区治安管理中发现的各种信息情报，排查社区不安定因素，对社区内的刑释解教人员、社区矫正对象、吸毒人员、违法青少年、无业闲散人员等违法犯罪高危人群，以及一些邪教分子和其他危害社会稳定人员，要设专人负责布控，随时掌握其思想和行动动态；对旅馆、网吧、典当、桑拿等特种行业和公共娱乐场所等重点场所、复杂场所要严密监控，对各种刑事犯罪要做到早发现、早控制，对行业经营中的犯罪行为和可疑情况要及时地向公安机关报告，对社区防范中发现的各种犯罪线索如实向公安机关反映，举报违法嫌疑人；三是严密控制社区常住人口和流动人口，建立人口管理台账，配合公安机关做好人口管理工作，对社区内的外来人口及其社会关系做到底数清、情况明；四是对辖区出租屋的房主和承租户，做到户户有登记，变更有记录；五是保护案发现场，在公安机关赶赴现场之前，任何人不得接近犯罪现场。

5. 火灾预防

火灾是指在时间上或空间上失去控制的燃烧所造成的灾害。在社区消防工作中，预防火灾的发生是重中之重。而对各种火灾隐患的严格排查和积极整改，则是防范火灾于未然的关键。社区火灾隐患，是指在生产、工作、生活中违反消防法律法规，可能造成火灾危害的行为。隐患即是表象上并不直接显现却客观存在的火灾危害，一旦时机成熟，即会发生重大火情的潜在的危险源。隐患不除，危险不断。隐患并不必然引发火灾，但火灾的发生则代表必然存在着火灾隐患，火灾隐患是火灾发生的必然前提条件。火灾隐患具有以下特征：一是具有造成人身、财产损失的危险性；二是具有表面上平静的隐蔽性；三是火灾成因的关联性；四是人们认识上的麻痹性。

（1）健全消防组织机构。社区消防工作需紧密依托社区居民自治组织，发动社区居民广泛参与。在消防部门的指导下，成立由居委会、社区警务室、驻区物业管理单位、社区居民代表参加的社区消防工作组，由社区居委会主任担任组长，负责开展社区消防宣传培训、防火检查、建立社区防火工作各项工作制度、与驻区单位签订消防安全责任书等项具体工作。在此基础上，组建由保安服务公司、联防队、驻区各商业单位和志愿者参加的社区义务消防队；社区消防工作组要根据国家有关法律法规，制订城市社区消防工作制度，包括消防工作职责、消防工作例会、消防宣传教育培训、防火检查和巡查、消防安全警示措施、居民防火公约、火灾隐患督促整改、消防器材维护管理、消防工作考评与奖惩等各项制度，并认真贯彻执行。

（2）加强消防基础设施建设。各级地方政府和街道办事处要积极筹措资金，完善和加强社区消防基础设施配套建设。在社区建设中，要配套建设消防水源和室外消火栓，并设立明显标志。室外消防管网要符合标准；增设消火栓，以保证数量要求；对于消防栓布局不合理、供水压力偏低、存在损坏和埋压等现象要尽快解决，以保证消防给水排水系统的完整好用。对于城市居民住宅，必须设计室外消防给水系统；小区配套的各种经营、服务设施，必须设计配套的室内消防给水排水系统。

要保证消防车通道畅通。不得在消防通道上停靠任何车辆，设置栏杆，埋设竖桩等障碍物；居民居住区域设置安全护栏不得阻断消防车通道；协助配合城管部门拆除阻碍消防通道的违章建筑。在社区内设置有人值守的消防服务站或者在居民楼、院内设置公共消防器材箱。消防器材箱内配备灭火器、消防水带、消防水枪、消防斧、救生绳等消防器材；服务站内除配备消防器材外，还应设报警电话、应急照明手电筒、防烟面罩等。

（3）增强社区居民消防意识。社区组织要利用一切有利条件，广泛开展社区居民防火宣传，增强居民防火意识，传授火场逃生知识和技能，消灭火灾隐患，将火灾损失降至最低程度。在思想意识上，要提高居民对火灾隐患及其危害的认识，把握火灾防范的各种时机，利用各种有利条件开展防范宣传活动，利用火灾事故的惨痛教训唤起社区居民的防火意识。在社区建设过程中，从园区建设、楼道安全、家庭防火等各个环节采取有效措施预防火灾发生；通过各种志愿者组织协助专门机关开展社区防火教育和火场逃生及火灾扑救培训，掌握预防火灾的基本知识和技能，控制火势蔓延；调动居民积极参加有关部门组织开展的防火竞赛、演练活动，协助开展社区火灾检查、预防工作，使消防观念深入人心。

（4）杜绝商业网点非法经营。社区生产经营单位大多为个体、私营经济，以居民住宅中的商业网点居多，一般为个人产权，大多从事餐饮、食品、超市、医疗服务、书报、美容美发、网吧、游戏厅、中介服务机构等小型的服务业经营活动。由于经营规模小，从业人员少，这些单位往往没有专人负责消防安全；同时，此类经营场所多为"三合一"经营模式，即生产（经营）、仓储、住宿融于一处，缺少各自独立的使用空间，在管理上趋于混乱，易形成火灾隐患。对小型的服务性商业网点，应设置符合国家规定的消防设施、设备，用电、消防通道、安全规章制度严格依照国家有关规定；对门市房，应严格依照审核用途，不得改变使用用途。

（5）开展社区防火安全检查。根据国家法律规定和公安机关职责划分，基层单位的消防监督检查工作实施主体为派出所，由派出所具体负责三级单位的消防监督管理。公安派出所在日常检查中，对违法行为可依法予以处罚。社区组织进行的消防检查，只有建议权和管理权，对于存在的火灾隐患只能建议进行整改，而对违法行为和非法行为无权处理，更无权进行处罚。

社区消防监督检查重点围绕以下几个方面进行：一是消防通道畅通；二是消防设施、设备完好；三是安全管理制度健全；四是消防教育培训组织建设。

2.6.2 社区社会保障

2.6.2.1 社区社会保障的含义和职能

社会保障制度是市场经济中一种保护社会弱势群体的制度，是社会现代化和文明化的重要特征。我国的社会保障制度主要包括社会保险、社会救助、社会福利和优抚安置等。

1. 社区社会保障的含义

"社会保障"一词在国际文件中的使用源于1952年国际劳工组织第102号公约《社会保障（最低标准）公约》。我国政府正式文件中最早使用"社会保障"一词是在1986年全国六届人大四次会议通过的"七五"计划中。社会保障通常是指政府利用法律和制度手段，聚集和动员社会力量，使公民在年老、疾病、失业以及遇到其他不测的情况下，能够从政府和社会获得经济援助及有关服务，以保证基本生活。

目前对于社区社会保障的界定，学者们的表述各有不同，但是对其本质性的认识基本是一致的。所谓社区社会保障，是指社区依据有关的法律和政策，运用社区资源，在社区范围内履行社会保障的职能，它是整个社会保障体系的有机组成部分。对于社区社会保障，可以从三个方面去理解：首先，社区社会保障不是社会保障在社区层次的简单再现，其基本功能是在社区层面为社区成员提供基本的保障网络。对于无法从国家统一的社会保障网络得到足够保障的社会成员而言，这种网络将成为家庭保障之外的有益补充。其次，社区社会保障面向全体社会成员，这就使所有社会成员都能享受到社会保障并维护其基本的生存权和发展权。最后，社区社会保障得以运行的保障是社区居民的互动性和参与性，它以充分发挥本社区的资源为基础，多渠道、多方面地吸收社区外部资源。

2. 社区社会保障的职能

社区社会保障不仅能为社区居民的基本生活提供保障，而且能培养社区居民的凝聚力和归属感，创造良好的社区环境，提高社区的自治水平，实现个人、社区和社会的和谐发展。

社区社会保障并不是独立于社会保障之外的一种保障体系，作为社会保障体系的组成部分，它有着社会保障的一般职能和特征，通过在社区实施国家的社会保障制度和政策，发挥着调节社会分配、促进社会经济发展、维护社会稳定和安全的功能。其职能主要体现在三个方面：社区的社会保障设施建设、社区服务组织建设和社区共建意识的培养。

(1) 社区的社会保障设施建设。社区的社会保障设施包括社区服务中心、社区幼儿园、托儿所、教育机构（包括小学和中学）、老年人服务机构（包括养老院、老年人服务中心等）、医疗卫生机构等社会服务与福利机构的场所与设备，同时还包括诸如图书馆、微机室等条件较好的社区建设的文化娱乐福利设施，以及社区再就业中心等具有时代特色的保障设施。这些都是社区社会保障功能得以发挥的"硬件"。社区要承担或发挥应有的社会保障功能，离不开这些"硬件"设施，它们是社区社会保障功能的物质基础，需要不断地加以完善。

(2) 社区服务组织建设。社区服务组织类型很多，服务内容涵盖社区生活的方方面面，与社区成员的生活息息相关。具有社区社会保障功能的社区服务组织，如社会保险金发放机构，各类社会服务机构（如社区医疗站、养老院等）以及再就业指导与培训机构等是未来社区建设的重要方面，承担着社会保障的基本功能。加强对社区服务组织的建设是对社区"软件"的建设，通过这些服务组织的细致工作，能使社区成员充分体验到社会大家庭的温暖。基层政府和社区自治组织应在社会保障体系建设中发挥中坚作用。大量社区服务志愿者的出现，表明了社区成员自我建设意识的增强。社区内部的各种群众团体、俱乐部等在强化居民社区意识方面起着正式组织难以替代的作用。

(3) 社区共建意识的培养。社区意识是指社会群体及个人对于社区在心理上的自觉感受和认同。社区建设需要社区成员的共同参与，社区的社会保障功能在很大程度上是在社区内部实现的，如社区内的互动组织、社区成员自发的帮扶活动等。但此类内部保障实现的前提是社区居民有较强的社区建设参与意识，有高度的认同感，进而才能以社区为"家"，把他人的困难看成是自己的困难。各种社区服务中心效能的充分发挥也离不开服务对象社区意识的提高。因此，提高社区居民的社区共建意识是社区建设的核心。

2.6.2.2 我国社区社会保障的内容

就目前我国大多数城市社区的情况而言，发展社区社会保障体系的进程一般划分为社会救济、社会保险（医疗保险、养老保险、失业保险）、社会福利和优抚安置四项保障内容。

1. 社会救济

社会救济也称为"社会救助"，是指国家和社会对无劳动能力和失去生活来源的人，以及因自然灾害等原因造成生活困难者给予短期的物质帮助。社会救济主要包括困难救济和灾害救济。城市社区要保障各种失业、受灾和残疾弱势群体最基本的生活需要，这是城市社区社会保障的最低线。城市社区应该负责居民对社会保障金的申请工作，并对提出申请的城市社区居民进行条件审查，对符合条件的予以确认并发放社会救济金。社区不仅应在资金上给予失业或下岗人员帮助，还应为他们提供再就业培训。当社区有能力提供就业岗位时，应优先安排社区内的失业人员。对那些属于优抚对象的成员，即无生活来源、无劳动能力和无法定赡养人的"三无人员"，社区应利用自己的优势，为他们提供更多的照顾和无偿服务。

为了适应社会主义市场经济的发展，我国城乡的社会救济制度改革将向法制化、制度法方向发展，城市居民最低生活保障制度将在全国范围内普遍建立与实施。城市最低生活保障制度是我国社会救助制度改革最重要的一项成果。1993年，上海市根据改革开放的需要和我国城市社会救助面临的新形势，在全国率先建立了城市居民最低生活保障制度。此后，东部沿海地区的厦门、青岛、大连、福州、广州等大中城市相继建立起城市居民最低生活保障。1997年，国务院下发《关于在全国建立城市居民最低生活保障制度的通知》，要求全国所有城市和县政府所在地的镇在1999年底以前都要建立这项制度。1999年，国务院颁行《城市居民最低生活保障条例》，全国统一的城市居民最低生活保障制度正式形成。《城市居民最低生活保障条例》规定，持有非农业户口的城市居民，凡共同生活的家庭成员人均收入低于当地城市居民最低生活保障标准的，均有从当地人民政府获得基本生活物质帮助的权利。地方政府通过社会救助等方式，保障城市居民的生活不低于当地最低生活保障标准。

当前享受城市最低生活保障的主要是以下四类人员：一是无生活来源、无劳动能力、无法定赡养人或抚养人的居民；二是失业保险期满未能重新就业、家庭人均收入低于最低生活保障标准的居民；三是家庭中有在职人员，但在领取工资或最低工资、退休金后，家庭人均收入仍低于当地最低生活保障标准的居民；四是因天灾人祸暂时生活困难的居民。此外，还有一些国家政策规定的特殊保障对象。在实施城市最低生活保障救助中，为了确保受助对象的合法权益和社会的公正，做到应保尽保，同时也避免把不该保的对象纳入保障的范围。因此，必须严格地按照法定程序进行运作。这些程序主要包括：一是家庭生活调查，即对贫困救助的对象进行收入、人口、生活状态的调查，以此作为衡量是否给予困难救助的标准；二是进行群众评议，即以居民委员会为单位对申请贫困救助者进行评议，客观反映申请者的生活状况；三是进行基层组织审核，即街道组织进行审核把关；四是社会救助机构审核，必要时可复查，以杜绝社会救助中的虚假行为；五是确定是否救助及救助待遇，进行公布，接受群众监督。这些法定程序的操作都离不开基层社区的协助和工作，在家庭收入调查、民主评议监督等工作环节上，社区的作用更是不可替代的。

实行社区化的社会救助，是社会生活变迁和社会保障社会化改革的客观要求。最低生活保障制度是保障人民群众基本生活的最后一道防线，社区就是这道防线的前沿阵地。

2. 社会保险

社会保险是以国家为主体，对有工资收入的劳动者在暂时或永久丧失劳动能力，或虽然有劳动能力而无工作，即丧失生活来源的情况下，通过立法手段，运用社会力量，给这些劳动者以一定程度的收入损失补偿，使之继续维持基本生活水平，从而保证劳动力再生产和扩大再生产的正常运行。

（1）养老保险。我国政府已制定了社会统筹与个人账户相结合的基本养老保险制度，目前已有1亿多职工和3000多万离退休职工参加了基本养老保险。而养老金存在着巨大的缺口，要积极寻找应对之策，明确基本养老金的待遇和标准，加大省际基金的调剂。同时，要加大养老金的征缴力度，坚持把个人账户做到实处的原则，逐步实行养老金的社会化发放，由社会保险经办机构委托银行、邮局和城市社区等机构发放。而养老金的发放需要包括城市社区在内的组织协同银行等金融机构一起做好城市社区成员的社会化管理，使他们逐步与原来的企业脱离，真正实现社会化的管理模式。

（2）医疗保险。近几年来，我国结合医疗卫生体制和药品流通体制的改革，初步建立了社会医疗保险基金。根据三级医疗制度的规定，退休人员的医疗费由统筹基金、企业和个人按比例各自负担，使退休人员的保障由单位向社会转变。目前我国正在进一步探索医疗制度的改革，建立个人账户，实行属地医疗，推广家庭病床，加大城市社区医疗的比重，形成"小病不出门，出门找城市社区"的多层次社会医疗体系，从而减轻大医院的压力。因此，城市社区医疗应该在城市社区社会保障中发挥独特的作用。但在我国广大的农村地区，社区的医疗体系仍然比较落后，医疗保险制度尚未切实展开，这也是今后我国解决广大农村社会"三农"问题的关键内容之一。

（3）失业保险。在失业保险方面，我国《劳动和社会保障事业发展"十五"规划》要求社会保险对象的管理和服务社会化，在试点的基础上，逐步将用人单位剥离出来的社会保障事务性工作移交给街道和城市社区组织。一些经济较发达、社会化程度较高和城市社区管理较为规范的试点地区，已经在积极探索退休人员从单位转到城市社区管理的途径和方法，为辖区内离退休人员、失业人员和生活困难者提供"老有所养、病有所医、失业有保障、就业有援助、危难有求助"的社会化管理和服务平台。

3. 社会福利

社会福利作为一种社会保障制度，可以从广义和狭义两个方面理解。从广义上看，社会福利泛指有关改进社会成员物质和精神生活的一切措施，和社会保障具有相近的外延和内涵；而狭义的社会福利则是把这种制度作为向社会弱者提供带有福利性质的社会服务和保障。在我国，社会福利是社会保障制度的一部分，主要是面向社会弱者提供带有福利性质的社会服务和保障，其主要内容为社会养老。社会养老服务主要是通过社区，特别是城市社区服务来实现的，是城市社区社会保障体系中的重要组成部分。这种服务一般采取就近原则，充分满足老年人对地缘心态的心理要求。大力发展社会化养老服务，既能补充家庭养老的不足，又能满足老年人的需要，是将传统的家庭照料部分向社会转移。目前在城市社区所开展的老年服务主要有：建立老年福利设施，以满足老年人科学健身和文化教育的需要；建立便民利民的服务设施，如各城市社区建立的服务中心，开设的法律咨询、医疗咨询和家政服务等，可以采取无偿、低偿或有偿的方式以满足不同群体的需要；提倡志愿者服务，发扬邻里互助、团结合作和无私奉献的精神。这不但有利于城市社区居民加强联系，培育社会资金，同时也是加强社会主义精神文明建设的有利途径。

4. 优抚安置

优抚即国家和社会依照法规对那些为保卫国家的安全而作出贡献和牺牲的人及其家属在物质上给予优待和抚恤；安置是指国家和社会对复员和退伍军人在生活和就业上给予妥善安排和照顾。优抚安置是一项具有物质补偿和政治褒扬相结合的特殊社会保障制度。其保障对象是为中国革命和社会主义建设事业作出特殊贡献的现役军人、退役军人及其家属,统称为优抚对象,具体包括现役军人、革命伤残军人、复员退伍军人、革命烈士家属、因公牺牲军人家属、退役军人家属、现役军人家属、军队离退休干部等。在21世纪,优抚安置制度将进一步走向法制化、制度化和社会化,优抚对象的物质保障和服务保障水平将随着经济和社会的发展而不断得到提高,与社会主义市场经济体制相适应的退役军人就业安置制度逐步形成而且不断完善。

2.6.2.3 我国社区社会保障面临的主要问题

我国城市社区的总体发育水平不高,社区保障的资源和设施有限,更缺乏一支高素质的社区保障的管理服务队伍,要更全面有效地履行社区的保障责任,发挥社区的保障功能,还存在很多困难。

1. 社区社会保障资源有限

我国面临经济结构的战略性调整,经济结构的变化对各行业各部门的冲击更加明显,人事流动会更加频繁。这些都会牵涉到相关人员的社会保障问题。转型前遗留的供求矛盾尚未解决好,而在向市场经济转轨后,一些新情况、新问题又接踵而至,如因城市改造而产生的区域性"移民"问题等。可以预见的是,这些新的服务对象和新的服务内容,在一定的时间内还将呈现继续上升的势头,与之形成反差的是,社区所能提供的服务远不能满足要求。以我国社区保障比较先进的上海市为例:据统计,1996年上海市的社区服务内容就已经达到八大系列、共300多项,从事社区服务的在职志愿者队伍近30万人。社区福利服务的内容不可谓不丰富,社区福利服务的规模不可谓不大。然而,上海市的这些社区福利服务项目的层次普遍较低,大多只是停留在满足基本生活需要的水平上。由此,我国整体的社区福利服务水准可见一斑。同时,由美国次级贷款引发的世界经济危机加剧了我国就业压力,这也对社会保障事业提出严峻的挑战,给社区管理带来了巨大困难。

2. 社区保障项目落实难

社区承担的福利服务在操作过程中缺乏配套的法规规定,而相关的政府政策规定又明显缺乏连续性。社区保障离不开法规与政策的指导和扶持。法律、法规的不到位,本身就表明了社区福利服务的缺位,即便是正在实施的某些社区保障项目,也只能处于"名不正、言不顺"的"探索尝试"阶段。

社区保障项目落实难的另一个表现,是关于社区福利服务的组织者和提供者的。他们的服务职能和权限没有明确的界定,反而要承担各种各样的任务。正如社区服务工作者所叹:"上边千根线,底下一根针。"渠道不畅,矛盾自然不可避免:一方面,社区保障的内容和范围总是在不断增加和扩大;另一方面,社区"管不了,也管不好"的理由和托辞也越来越充分和客观。

社区内还普遍缺乏足够多的有活力的社会团体。有活力的社会团体不但可以发挥其自我管理、自我服务的功能,达到为社会服务、为社会公益服务的目的,而且可以起到沟通政府和社会的联系,把政府和社会紧密结合起来,发挥社会团体所固有的桥梁和纽带作用。改革开放三十余年来，我国的社会团体发展很快，仅正式登记的社团就从6000多个增加到20多万个，增加30多倍。但是，客观说来，我国有关社会福利的社会团体，在数量上相对于美国的100余万，显然是严重不足（这尚不包括现有的团体中相当比例的从事学术研究、行业管理、国际交流等团体）。另外，社区福利服务的团体活力不足，也同样制约了社区福利服务的发展。而我国的社会团体大都从政府组织转变不久，与政府之间还存在着千丝万缕的联系，尚未形成与市场相适应的气候。

3. 老龄化步伐加快

全国老龄工作委员会于2006年2月23日公布的21世纪《中国人口老龄化发展趋势预测研究报告》表明，从2001年到2020年，我国平均每年将增加596万老年人口，年均增长率达3.28%，大大超过总人口0.66%的增长速度。到2023年，我国老年人口将达到2.7亿。从20世纪90年代开始我国就已经步入老龄化社会，人口老龄化危机日趋严重并将在2035年左右达到高峰。在人口老龄化的过程中，因为老年抚养比和制度赡养比的上升，给整个社会保障体系带来巨大的冲击。例如，老龄化水平超过全国平均水平的东北地区在2040年的老年抚养比为45.8%，这将给城镇老年人口的社会保障带来一些问题，需要妥善解决。

4. 社会保障基金缺口较大

社会保险基金收支矛盾突出，面临着资金不足的压力。特别是养老保险费的征缴收入难以满足日益增长的养老金支付，使养老金缺口越来越大，而且资金来源渠道比较单一，多元化筹资途径尚未制度化。

2.6.2.4 完善我国社区社会保障的政策建议

1. 推进我国社区社会保障制度立法

目前，我国社区社会保障制度立法远未能适应改革的需要。全国人大常委会应该加强对社区社会保障制度立法的组织领导，牵头起草社区社会保障制度法规。全国人大各专门委员会、国务院有关部门和社会力量，应共同加快社区社会保障制度的立法工作，尽早制定和颁布社区社会保障法规，使社区社会保障工作走向制度化和法制化。

2. 发挥政府在社区社会保障建设和管理中的关键作用

完善我国的社区社会保障制度，政府的责任和作用是不可替代的。政府应通过积极的财政政策保证社区福利设施的维修、养护和更新。在财政政策中，尤其要保证税收政策的切实可行，照顾到社区组织特别是非营利组织的发展后劲。政府应将社区设施纳入今后的城市公共设施配套建设规划之中，要为一些社区组织机构的设立提供土地、必要的房屋建筑和服务设施以扶持和鼓励其发展。从公共产品供给的角度看，政府应该成为社区医疗保健组织、就业服务中心、就业培训等机构资金的主要供给者或全部供给者，对失业人员提供必要的培训资金和生活费用。此外，政府还应支持大部分承担社区服务的非营利组织的服务成本等。

3. 理顺社会保障制度管理机构之间的关系

目前，我国社会保障制度政出多门，工作重复，内耗比较明显。为了改变这种状况，应该成立由国务院直接领导、有关部门负责人参加的社会保障全国管理委员会，负责全国的社会保障制度的改革，组织研究和制定社会保障发展规划，研究决定重大的方针、政策，并负责协调各有关部门的工作。地方各级政府也相应建立同样机构，主要任务是对地区内各有关部门工作的协调。这样有利于改变分工不明、多头管理的现象，同时可以节省大量的管理费用开支。

4. 培养社区社会保障人才

社区社会保障工作需要既认同当前社区社会保障工作的基本价值理念，又有具备足够的责任心和专业技能的工作人员。社区社会保障工作的开展必须采取多样的方式培养符合这些条件的工作人员，以确保社区社会保障制度实施的效果。从整体上看，我国社会工作教育还不发达，选择受过社会工作教育的人从事社区社会保障工作的机会很少。现实中，社区社会保障工作的从业人员呈增长趋势，但总体上业务素质不高，专业技术结构不合理，一般管理人员偏多，而专业技术人员，尤其是高级技术人员偏少。因此，社区社会保障特别需要培养为社区社会保障服务的专门人员，这是社会保障实现社会化管理的重要条件。

【案例】 民生工程构建和谐侗乡

1. 老有所养，衣食无忧

家住平溪镇平溪村龙塘河村民组的姚本友，今年62岁，长年生病吃药，老伴年老体弱，唯一的儿子精神失常，一家人的生活相当窘迫。2010年，玉屏自治县在全区率先启动农村低保后，一家三口全部纳入低保对象。"幸亏党的政策好啊，要不然我们一家不知道怎么生活下去。"提到低保给姚本友一家带来的实惠，他激动不已。像姚本友一样，全县已有19459人次享受到了"阳光低保"。2011年1~9月共发放低保金（包括雪灾临时补贴）405万余元。

2. 病有所医，入院不愁

玉屏自治县田坪镇岩屋口村马山村民组杨廷三，2011年7月不幸患上胃溃疡和低蛋白血症，治疗花费6359元，家庭陷入困境。"新型农村合作医疗"（简称"新农合"）为他"埋单"2514元后，"农村困难群众医疗救助"又为他解决了600元，帮助他渡过了难关。

2011年1—10月，该县100余人获得了农村医疗救助，共发放救助资金5.68万元。全县25214人次获得了"新农合"补偿，共发放补偿资金342万余元。

（资料来源：铜仁日报，2011-12-11）

小 结

1. 城市社区建设是一项内容繁杂、涉及面广的综合性社会系统工程。就其狭义而言，主要包括与社区居民的生活环境、生活质量、安全条件和人际关系有关的社区组织、社区服务、社区文化、社区环境、社区教育、社区安全、社区社会保障建设等。这也是本章介绍的主要内容。

2. 广义地说，凡与居民利益相关的，凡是围绕社区开展的工作，凡能引起居民认同的内容，不论是政治的、文化的、经济的、社会生活的，还是物质的、精神的，都包括在城市社区建设内。城市社区建设是社区全方位的建设。

3. 推进城市社区建设，是改革开放和社会主义现代化建设的迫切要求；推动城市社区建设，是繁荣基层文化生活、加强社会主义精神文明建设的有效措施；推进城市社区建设，是巩固城市基层政权和加强社会主义民主政治建设的重要途径。

思 考 题

1. 现行社区组织中存在哪些问题？
2. 社区工作者应具备哪些素质？
3. 社区卫生的主要内容有哪些？
4. 推进社区教育有哪些途径？
5. 社区社会保障的内容有哪些？

实 训 题

1. 阅读下列案例，分析社区选民应具备哪些资格条件，以及稠江街道下发的选举办法是否合理。

【案例】 选举权怎能随意被剥夺

近日，义乌法院审结一起申请确定选民资格案，法院终审判决确定起诉人龚惠玲等11人享有参加义乌市稠江街道杨一居民委员会换届选举的选民资格。

起诉人龚惠玲、龚明义、张黎珍等11人都是义乌市稠江街道杨一居民委员会的居民，他们当中有的是国家干部，有的是企事业单位工作人员。他们在起诉状中称，2011年，杨一居民委员会换届选举，当时作了选民登记。4月11日，杨一居民选举委员会公布了选民名单，他们也包含在其中。然而，有人提出异议，说龚惠玲等人属国家机关、企事业单位（不含非公有制企业）的正式工作人员，不应作选民登记。杨一居民选举委员会因此就向龚惠玲等人告知了不让他们参加换届选举的意见。为此，龚惠玲便向杨一居民选举委员会提出申诉。但是，杨一居民委员会还是作出了龚惠玲等人不参加居委会换届选举的决定。

起诉人认为：《城市居民委员会组织法》规定，居民委员会的组成人员由本居住区全体有选举权的居民选举产生。年满18周岁的本居住地区居民，不分民族、种族、性别、职业、家庭出身等，都有选举权和被选举权，但依照法律被剥夺政治权利的人除外。11名起诉人家住杨一居民区，户籍在杨一居委会，且均未依法被剥夺政治权利。因此，就应依法享有选举杨一居民委员会的选民资格。他们认为，杨一居民委员会的决定剥夺了他们的选

第2章 社区管理与服务的内容 69

举权。为了维护自己的政治权利，11名起诉人要求法院确定他们享有选举杨一居民委员会的选民资格。

杨一居委会选举委员会辩称：根据稠江街道下发的选举办法，作为国家机关、企事业单位正式工作人员没有选举权，不作选民登记。当时认为作为选举人，应该是选举委员会的居民。第一届选举的时候起诉人当中的一些人参加过选举，这次选举按照惯例也登记了这些选民。后来，有些选民提意见，街道选举指导小组和委员会就商量了一下，决定取消这些选民的选举资格。

经审理后查明，法院认定的事实正如起诉人所述。法院认为，选举权是宪法赋予公民的一项基本政治权利，该权利的行使不受民族、种族、性别、职业、家庭出身等条件的限制，户籍在本选区、年满18周岁、没有被依法剥夺政治权利的公民，均享有选举权和被选举权，11名起诉人系杨一居民委员会居民，应当享有参加该选区换届选民资格。

（资料来源：金华日报，2011-5-2，记者贾辉文）

2. 阅读下列案例，然后回答问题：社区志愿者服务可以在社区工作的哪些领域进行？如何开展志愿者服务？可以依托哪些社会力量？

【案例】 轮椅上，他宣誓成人

9月21日上午，皇姑区泰山街道北陵社区活动室里，一名坐在轮椅上的残疾青年面对国旗，艰难地举起右手，庄严宣誓成人。这是一个特殊的成人仪式，这是用真情续写的爱的诗篇。面对此情此景，在场的人们不禁潸然泪下……

残疾青年名叫王丞，今天刚好是他18岁生日。王丞三岁的时候被查出患有先天进行性肌肉萎缩，这意味着他一生都要在床榻上度过。由于手脚不能自如活动，王丞无法上学，每天从楼上看到同龄的孩子背着书包走进校园，他不知流过多少伤心的泪水。2004年9月，时任沈阳师范学院政治经济系团委老师的刘亚军，在一次社会实践活动中认识了患有重症"肌无力"的男孩王丞，那一年，王丞10岁。当时，小王丞只有2根手指能动，他没法上学，却和同龄人一样渴望知识。于是，刘亚军就发动系里的学生来给王丞上课，也就是从那一年起，王丞的生命中迎来了曙光。

整整9年，小老师换了一批又一批，先后有400多名大学生参与到帮助小王丞的活动中。在沈阳师范学院迁址前，每天都有学生到王丞家为他讲课，教他写字绘画。后来，学校搬迁到了遥远的四台子地区，但沈阳师范学院的学生对王丞的爱从未间断，他们不仅传授文化知识，还为王丞讲述外面精彩的世界。每天晚上，小王丞都会通过计算机跟哥哥姐姐们学习新的功课。2009年2月，沈阳师范学院的师生还特地为王丞开办了个人画展，圆了孩子的一个梦……如今，王丞已成长为一名有初中文化水平和绘画技能的有为青年。

（资料来源：沈阳晚报，2011-09-22，记者李明欣，内容有删节）

第3章 社区管理与服务的运行机制

学习目标

了解社区建设运行机制的三个方面内容;认知社区参与和社区自治的含义;掌握社区参与对象的特征与意义;掌握实现社区自治的各要素以及社区自治的各职能;掌握行政推动中各方面的作用。

引导案例

27日上午,28位面色略显凝重的居民代表聚集在白下区首蓿园街道梅花山庄社区会所里,召开了小区成立以来的第一次"居民代表大会",经过全体表决一致通过了罢免现任社区主任的提议。居民代表开会罢免"小巷总理",这还是南京第一遭。

"去年7月份,国家民政局在我们卫桥南航社区搞了社区主任的直选。之后我在社区主任会上就说过,你们不要以为《组织法》规定当上主任之后任期就有三年,《组织法》同时规定,只要有1/3以上的居民代表同意,就可以召开居民代表大会讨论罢免;参加大会的代表如果半数以上同意,就可以当场中途罢免。"现场观摩了会议全过程的首蓿园街道严克红副主任说。严主任认为,社区主任被居民亲切地称为"小巷总理",他们的工作老百姓都会看在眼里、记在心上。"他们的权力不是领导给的,而是群众给的,更多地要对群众负责。梅花山庄的原社区主任不深入群众,很多工作没法开展,群众不满意,街道也觉得他的工作能力比较差。被罢免,是理所当然的事。"

梅花山庄小区的社区居民委员会是在2003年4月成立的,同时选举了社区主任。没想到的是,不到一年,居民们对社区主任的"弹劾"就接连不断。在前天的会议现场,会议的"主角"——被推上"罢免"浪尖的那位社区主任,虽然被多次通知,但还是没有到场。最先发言的是当地的社区党支部书记,他提出,原社区主任很年轻,学历不低,当初大家选他上来都寄予了厚望,可是他的工作没干好。接着,居民代表纷纷发言。有居民提出,在非典时期,小区物业公司出了不少力气搞防护,社区里却没有配合好,而在年终工作小结里,社区主任却来"揽功"。还有居民说,最近街道组织了普法竞赛,社区主任不传达、不组织、不报名,竟对街道组织者在竞赛会上说没人参加而最终弃权,这是极不负责任的行为。

最终,罢免现任主任的提议被28名代表全票通过。紧接着,代表们选出了接任的社区主任。接任人王莉当场表态:"我接受你们的挑选,也希望你们给我这个机会,我愿意到梅花山庄来做这个工作,给自己一个新的尝试,谢谢你们。"居民们对她报以热烈的掌声,"讲到点子上了。"

(资料来源:人民网,2004-3-29)

阅读以上材料,请回答:

1. 结合案例,试论如何完善社区民主政治参与体系。
2. 结合案例,试论如何完善社区居民议事决策机制。

社区运行机制是在社会大系统的整体运行中,由其内部各相关要素构成,并使社会具有自我调节、控制、发展和完善能力的功能系统。它作为一个动态系统,构成要素不仅包括国家机构和社会的政治、经济、文化组织及生活组织,也包括使这些机构、组织得以建立、运转和行使职能的各种法规、政策、思想体系、行为准则、工作措施和物质手段等。优化的社会运行机制,能促进社会的良性运行,使经济与社会协调发展;弱化和劣化的社会运行机制,只能造成社会的中性运行,即经济发展缓慢,社会问题较多,甚或恶性运行,即经济衰退,社会动荡,危机四伏。城市社区就是一个小型的社会,要想做好社区建设工作,就要优化社区建设的运行机制。城市社区建设运行机制主要包括社区参与、社区自治和行政推动三个方面。

3.1 社区参与

3.1.1 社区参与概述

1. 社区参与的含义

"参与"一词,按照《现代汉语词典》上的解释是"参加事物的计划、讨论、处理"。社区参与就是参加有关社区事物的计划、讨论和处理。有的学者认为,社区参与有四大基本领域:一是社区的社会参与,包括社区生活参与和社区生活环境的参与。它是社区参与的最初阶段,也是与社区每个成员关系最密切的日常生活的社区参与。一般来说,每个社区成员都自觉或不自觉地在不同程度上参与其中。这是社区服务和社区建设工作者首先应该着手的层面。二是社区的经济参与,是指社区成员参与社区的经济活动和经济事物。三是社区的文化参与,主要包括参与社区各种类型的文化娱乐活动和社区教育等。四是社区的政治参与,是指社区成员对社区政治事务的关注和参与过程。例如,天津市和平区开展评选"十佳公仆"活动,让本区居民以民主投票方式对本区干部作出评价、监督,便是社区政治参与的一种表现形式。

2. 广泛参与是社区建设的本质特征和必要条件

社区的广泛参与主要包括两层含义：一是指社区建设参与主体的广泛性。社区建设的参与主体不仅包括社区中的离退休人员和家庭妇女，而且包括社区全体居民和社区内的企事业单位、机关、团体、社会中介组织等。衡量一个社区的社区建设工作是否达到了广泛参与的程度，首先要看各类参与主体是否都参加了社区建设活动，亦即是否具有较高的参与率。二是指参与活动的广泛性。也就是说，各类社区主体不仅参与社区服务活动，而且参与社区治安、社区环境、社区医疗卫生、社区文化等活动。广泛参与是社区建设的本质特征。

（1）社区建设具有突出的"社会化"特征。这种"社会化"决定了社区建设既不单纯是某一部门、某一团体的行为，也不单纯是某些个人的行为，而是社区内的党政机关、企事业单位、部队、团体、自治性组织和广大居民的共同行为。这种共同行为的过程就是广泛参与的过程。

（2）社区建设实质上是各种社区资源和社会力量的整合。这种整合意味着社区政府的资源和力量、社会团体的资源和力量、社区内各单位的资源和力量以及社区居民的资源和力量，不仅共同参与了社区建设工作，而且在相当程度上形成了一种合力。从这个意义上说，社区建设是以各类社区主体共同参与为基础的。

（3）社区建设内含扩大基层民主、推进基层群众性自治的重要目标。要实现这个目标，就必然要求民主选举、民主决策、民主管理和民主监督，就必然要求广大社区成员，尤其是居民群众广泛参与讨论和决定基层社区公共事物和公益事业。从这个意义上说，广泛参与是社区建设的内在要求，也是社区建设的必要条件。

首先，社区建设人力、智力问题的解决有赖于各类社区成员的广泛参与。社区建设是一项庞大的系统工程，包含着多方面的工作任务，需要较多的人力投入和智力投入，单靠社区党政机关或某一社会中介组织或某一驻社区单位，很难通过自身的力量满足全方位社区建设工作对人力、智力的客观需求，只能有赖于各类社区成员的广泛参与来共同解决这些问题。

其次，社区建设财力、物力、场地问题的解决有赖于各类社区成员的广泛参与。社区建设这项庞大的系统工程需要大量的财力、物力和适当的活动场地，只有各类社区成员（包括政府、企事业单位、社会中介组织和居民群众）广泛参与、共同努力、共驻共建，才能在很大程度上解决这些问题。

最后，社区意识的培育和社区建设成果的巩固有赖于各类社区成员的广泛参与。社区意识是社区成员对本社区的关心、认同、依恋等心理感觉和价值观念。国外一系列研究表明，动员人们参与社区活动是培育人们的社区意识的有效途径，因为参与活动意味着社区成员对社区责任的分担和成果的共享，这势必增强其对本社区的关心、认同和依恋程度。如果社区成员积极参与社区建设活动，他们就会十分看中活动结果的价值，而不会对建设成果不关心、不爱惜，这就能使得社区的活动设施、环境卫生和基础社区状况等社区建设成果得以巩固。

3.1.2 社区居民参与

1. 我国社区居民参与现状

社区居民是社区参与的主体。尤其是在我国,依靠民众的广泛参与推动社区建设工作已成为现实的选择。但总体来说,我国城市居民的社区参与状况还不能适应社区建设的客观需要。

(1) 部分居民的社区参与意识比较薄弱。这些居民虽然生活在社区,但却没有意识到自己是社区建设的主体,也应该为本社区建设尽一份责任和义务,甚至有人错误地认为:社区建设完全是政府行为,是政府投资建设社区,自己可以坐享其成。

(2) 参与人数少、参与人员结构不合理。相当多的社区居民尤其是中青年居民和居民中的专业技术人员尚未经常参与社区建设活动。在许多社区,经常参与社区建设活动的主要是少数老年人,尤其是一部分老年妇女。

(3) 居民参与的内容不够深入、广泛。仅仅局限于出席居委会议、楼院卫生清扫、文体健身等一般性的社区活动。

2. 提高社区居民的参与程度

要想使社区居民的参与程度不断提高,就必须从以下几个方面入手:

(1) 强化宣传教育,培养社区意识。社区意识是社区居民参与社区建设的思想基础。增强居民社区意识的主要途径之一是强化宣传教育,形成"社区是我家,联系你我他""社区是我家,建设靠大家"的良好氛围。强化宣传教育应做到:一是要有针对性,针对群众普遍关注的问题和社区建设的突出矛盾进行宣传教育;二是要有广泛性,要能使广大居民群众都能接受到宣传教育;三是要注意多样性,宣传教育的方式要多种多样,适合不同层次居民的特点。

(2) 从社区的客观实际出发,把解决各类社区成员,尤其是大多数居民群众的实际需要放在首位,把解决群众普遍关心的热点、难点问题作为社区建设的重点,注重用共同需求、共同利益来调动居民广泛参与的积极性。

(3) 坚持先进性与广泛性相结合的原则,力求使每个参与者都能找到自己的位置。社区建设活动,尤其是其中的志愿服务活动无疑具有突出的先进性,但要使这种先进行为发展成居民群众广泛参与的行动,必须从居民群众的实际承受能力出发,做到尽力而为与量力而行相结合,无偿服务与低偿服务、有偿服务相结合,既提倡无私奉献精神,又肯定和支持兼顾个人合理利益的参与行为,不让参与社区活动成为居民的沉重负担。同时,提倡从身边小事做起,力所能及,积少成多,并且注意发挥每个居民的优点和长处,使他们在参与中获得乐趣,实现自身价值。

(4) 建立和完善参与机制。从长远看,要使居民参与不断持续发展,就必须将其推向规范化、制度化阶段,所以要依据有关法律、政策,通过民主程序和法定程序制订相应的规章制度,形成一整套参与机制,包括激励机制和责任机制等。有些城市和城区可以试行

"居民参与社区活动制度"，规定有参与能力的居民每年应为社区义务贡献若干时间，并制订相应的考核、奖惩及替代办法，以推动居民参与向制度化发展。

3.1.3　社区内单位参与

1. 社区内单位参与的意义

所谓社区内单位是对社区地域内的一切单位的总称，既包括社区地域内的企业单位，又包括事业单位和部队、机关等；既包括隶属于社区的单位，又包括不隶属于社区的单位；既包括公有制单位，又包括非公有制单位乃至混合所有制单位。总之，它包括了社区地域内的所有单位。

社区内单位广泛参与社区建设，不仅源于社区建设的客观需要，有助于解决人力、智力、财力、物力和场地困难，而且也有利于这些单位自身的发展。

（1）在计划经济时期，"单位办社会"现象十分普遍，从而导致有些单位形成了庞大的后勤服务队伍和设施，可惜利用率不高。如果适当向社会开放，为社区服务，既可获得一定的社会效益，又可获得一定的经济效益。

（2）学校、部队等单位在教育、培养学生、战士的过程中，需要一定的社会实践基地，而这些单位所在的社区具有地缘相近、联系纽带较多的优势。因此，组织学生、战士广泛参与本单位所在社区的活动，便于完成实践教学或社会教育的任务。

（3）对于大多数企业，尤其是对那些以周围居民和相邻单位为主要客户的企业来说，自己所在的社区是最需要占领的市场，如若通过参与社区建设，树立了公众形象，增加了顾客数量，不失为现代化企业的一种经营策略。国外越来越多的企业认识到了这一点，它们以向社区投资、捐赠，提供人力、物力，提供就业机会，乃至帮助社区进行工作策划和提高管理水平等形式，参与社区发展活动。

（4）不管是何种性质、何种类型的单位，所在地社区都是它们正常运行的微观环境。从这个意义上说，共同参与社区建设，共创生活便利、治安良好、环境优美、人际关系和谐的文明社区，不仅是每个社区内单位应尽的义务，而且符合社区内单位的共同利益。

2. 鼓励社区内单位进行社区共建

正因为很多社区内单位认识到了参与社区建设的重大意义，所以，在越来越多的城市，"共驻社区、共建社区"的口号逐渐被社区单位所接受。福建省三明市等地创造的街道办事处和居民委员会与社区内单位"思想工作联做，共育'四有'新人；社会治安联防，共创安定环境；公益事业联办，共建服务设施；科教文化联教，共同提高素质；环境建设联搞，共创园林片区；经济建设联抓，共图繁荣昌盛"的社区共建经验得到了一定程度的推广。然而，还有相当多的单位缺乏社区参与意识和参与行动，还没有在社区建设过程中发挥应有的作用，社区共建尚未进入制度化阶段。为了鼓励社区内单位进行社区共建，以适应社区建设发展的需要，应该从以下几方面入手：

（1）通过多种形式营造社区共建的氛围，使企事业单位认识到，在经济转轨和社会转型时期，企事业单位把许多社会职能转移给社会，并不意味着这些单位要脱离社会，更不意味着这些单位要脱离所在的社区，而是在解脱社会事务的沉重负担之后，通过依托、参与、支持社区，充分利用良好的社会和社区环境促进自身的发展。从这个意义上说，社区共建是社会转型时期企事业单位与社区关系的新发展。

（2）要坚持互利互惠、成果共享的原则，使企事业单位通过参与社区建设，能够分享建设成果，解决自身的部分需求，促进自身事业的发展。

（3）要在不断探索、总结共建经验的基础上，逐步构建企事业单位参与社区建设的机制体系，把社区共建逐步推向制度化阶段。只有这样，才能保证社区共建持续发展。

3.1.4 社区中介组织参与

社区中介组织在参与社区建设，增强社区凝聚力，加强社区团结，提高居民的自治组织和自治能力中扮演着极为重要的角色。因此，必须重视社区中介组织的培育和发展。

1. 社区中介组织的含义及特征

对于社区中介组织，国外的学者并没有严格的、一致的定义。有人认为，社区中介组织又可称为非政府组织，是与政府、营利组织（企业公司）相对应的非营利组织，它主要致力于社会服务和管理，其基本宗旨是满足社区居民的需求。也有人认为，社区中介组织是处于政府和社区成员之间的中间社会组织，是联系各自的成员以及广大的社区成员，参与和支持社区建设的各类社会团体。

本书认为，所谓中介组织，是指受政府职能部门委托，按照有关法律、法规和章程规定，独立地开展社会活动，在市场体系中发挥其服务、沟通、公证、监督作用的社会服务机构。中介组织分布在政府机关之外的各种社会组织中，包括各种社会团体、各种民办非企业单位和群众为满足生活文化需求而建立的临时性组织。这类组织通常具有五个特征：

（1）正规性。它有法人地位，有正式的章程和组织结构，有必要的组织设备和资金来源等。因此，它是一个正式组织。

（2）独立性。它依据法律法规和本组织的章程独立自主地开展工作，在内部管理和对外工作中自治自主。但中介组织的独立性并不意味着不必接受政府管理，恰恰相反，中介组织的成立必须按照有关法律规定，经政府有关部门审批，平时也要接受政府有关部门的指导和监督。

（3）非营利性。也就是说，这类组织不以营利为目的。有些中介组织还规定不分配积累的资金，而用于发展社会服务事业。

（4）志愿性。这类组织在开展工作的过程中，都有一定程度的志愿参与。

（5）公众利益性。这类组织以服务和奉献于公众的需求和利益为基本宗旨。

在发达国家，中介组织或非营利组织产生、形成于18～19世纪，近几十年有了大规模发展。各类非营利性民间组织如雨后春笋，包括基金会、慈善团体、学会、协会、研究会、促进会等，涉及社会福利、教育培训、医疗保健、社区服务、生态环境、科学技术、文化艺术、国际合作、宗教事务等各个领域，发挥着十分重要的作用。其突出表现是：

首先，填补了政府用于社会发展方面的资金不足。例如，美国民间每年约有5000亿美元投入非营利事业，其中仅个人捐助一项就达1000亿美元以上，大大填补了政府用于这方面的资金不足。

其次，开拓了大量就业机会。例如，目前，美国的社会中介组织有100万个左右，受薪雇员约1000多万人，是解决就业问题不可缺少的领域。此外，积极参与中介组织活动的志愿人员有9000多万人，形成了促进社会发展的庞大人力资源。

再次，增加了资源运用的透明度和合理性。由于社会中介组织在民众参与和政府监督下运行，能较好地避免贪污、浪费，充分地利用各种社会资源。

最后，为各类弱势人群和发展滞后的社区提供了多方面帮助，从而扩大了社会公平，缓解了社会矛盾，促进了社会进步。

2. 我国社区中介组织的含义及其参与社区建设的意义

我国的中介组织，按照性质、任务、组成方式及在社会管理中的定位不同，大致可以分为两大类：一类是行业自律组织。这是介于政府与企事业单位之间的中介组织。长期以来，我国的计划经济体制实行政府直接管理企事业单位的做法，随着向"小政府大社会"模式的推进，政府退出对企事业单位的直接管理而实行行业自律成为一种必然要求。另一类是在政府与民众之间建立某种联系的中介组织。政府为了管理和治理社会，需要在政府系统之外建立一种非政府的、具有民间色彩的组织代为处理政府与民众的某些关系并服务于民众。另外，居民群众为了表达自己的利益，满足自己的需要，也可能建立起正式的或非正式的社会组织与政府和外部社会打交道。

我国的社区中介组织属于中介组织的第二大类，即它不是连接政府与企事业单位的同业、行业管理组织，而是介于政府与民众（社区居民）之间的非官方组织。它主要包括自下而上形成的和自上而下建构的中介组织。自下而上形成的社区中介组织是基于社区成员的生活需要而形成的团体式组织，它们常常带有非正式组织的特点，如老人联谊组织、新建小区的业主委员会等。它们的首要功能是自助和自我约束，其次是反映和向外（主要是政府）争取自身利益。自上而下建构的社区中介组织是由政府倡导、扶持成立的，如计划生育协会、市民学校等。因为这类组织基本上是为协助政府发挥社区管理职能而建立的，因而具有较多官方的组织、服务和管理功能。

社区中介组织虽然在建构者、建构理念、组织目标方面存有差异，但它们都承担着联系政府与民众、依法进行社区治理和服务等多种职能。从本质上讲，它要承担从政府集权式管理向政府与社区居民共同治理过渡的职能。社区中介组织在提高社区居民的参与意识和社区治理能力方面也发挥着重要作用。"社会冷漠症"被认为是当代社会最严重的社会问题之一，即人们之间缺乏相关的活动，彼此漠不关心，特别是在城市社区，住在同一栋楼甚至同一楼层而互不相识的情况比比皆是。要想消除人与人之间的冷漠，提高社区居民的参与意识，就要通过各种各样的活动把居民们组织在一起，加强社区的社会团结。社区中介组织正好为这些活动提供了载体，社区居民在各种中介组织中相互熟识，解决在生活中遇到的问题，寻求心理支持，从而提高了对社区的归属感和认同感。社区中介组织的一个重要价值取向是构建社区可持续发展的环境以及与政府合作实现社区的共同治理以满足社区居民的需要，显而易见，这种建立在相互信任和积极参与基础上的中介组织将在社区治理中发挥重要作用。

3. 积极为社区中介组织参与社区建设创造条件

培育和发展社区中介组织，逐步形成这些组织参与社区建设的良好机制，是大力推进社区建设的重要一环，应该为社区中介组织参与社区建设积极创造条件。

（1）逐步实现部分政府机构、部分企事业单位向中介组织的转制。可以结合党政机关和事业单位的机构改革，把那些本来承担着中介组织的职能但却属于政府系列的部分机构，以及那些直接从事社会福利和社会公益的事业单位，转变成非政府、非营利性组织。

（2）培育和发展现有的社会团体，充分发挥它们在社区建设过程中的作用。一是要进一步调整政府与社会团体的关系，既要提高政府对社会团体的宏观调控能力，更要承认社会团体的独立法人地位，使社会团体能够自主地依法开展公益事业；二是要借鉴发达国家对社会团体的支持方式，逐步将政府对社团下拨"事业费""人头费"改变为提供"项目经费"；三是通过"项目经费"，把竞争机制运用到社团的管理过程中，并且运用"项目经费"这个杠杆来有效地控制社团的服务内容和质量。

（3）在现有社区群众性组织的基础上，按照社区中介组织的规范和要求，培育若干专门性的社区建设的中介组织，如社区志愿者服务组织、社区老年人协会、社区卫生协会、社区文化团体等。广泛动员居民群众加入这些组织，并使这些组织逐渐走上制度化、专业化轨道，相对独立地开展社区建设活动。

（4）制定和完善鼓励扶持社区中介组织积极参与社区建设的政策、法规，包括资金、项目、场地、税收等方面的优惠政策等，为中介组织参与社区建设事业提供良好的制度条件。

3.2 社 区 自 治

社区能不能实现自治，社区是否有能力自治，这是现代城市新型社区建设和发展的重要标准。然而，社区自治的理念目前尚未被全社会所接受，社区自治的意义尚未得到全社会的重视，社区自治的要素、职能等还不清晰，因此，有必要对此进行一个完整的解释与界定。

3.2.1 社区自治概述

1. 自治的含义

按照目前学术界通行的解释，所谓自治，是指"民族、团体、地区等除了受所隶属的国家、政府或上级单位的领导或指导外，对自己的事务行使一定的权利"。这一自治的概念，包含两层意义：其一，自治的主体是民族、团体、地区等特定的对象，如我国现行的民族自治区、特别行政区、农村的村民委员会、城市的居民委员会等；其二，自治的主体在接受所隶属的国家、政府、上级单位的领导或指导下，享有一定的管理自己事务的能力。

2. 社区自治的含义

由自治含义引申，我们今天所建立的社区，属于自治对象中团体的范畴。社区居委会是自治主体之一，应当享有一定的自治权利。其主要根据有二：一是我们所建立的社区居委会，是在借鉴国外社区发展理论和实践的基础上，适应我国社会转轨时期加强基层民主政治建设和社会管理的需要，对居委会组织规模进行调整，按照我国《宪法》和《城市居民委员会组织法》的原则规定改革组成的新型基层群众自治组织。其自治的性质和自我教育、自我管理、自我服务的职能仍然没有改变，它具有法定自治组织的性质，属于法定的自治主体组织的范畴。二是社区既然是法定的自治组织，其自治的内涵则应当是在国家法律的规范之内，在党的领导、政府指导下，在广大人民群众的参与下，享有一定的民主自治的权利。

3. 强化社区自治的重大意义

从政治的角度看，强化社区自治对于推进我国民主政治建设的进程、建设政治民主的国家，具有重大意义。江泽民同志在党的十六大报告中说："扩大基层民主，是发展社会主义民主的基础性工作。健全基层自治组织和民主管理制度，完善公开办事制度，保证人民群众依法直接行使民主权利，管理基层公共事务和公益事业，对干部实行民主监督。""完善城市居民自治，建设管理有序、文明祥和的新型社区。"邓小平同志在《党和国家领导制度的改革》一文中也深刻地指出："政治上，充分发扬人民民主，保证全体人民真正享有通过各种有效形式管理国家、特别是管理基层地方政权和各项企业事业的权力，享有各项公民的权利……"这些论断都明确地阐述了让人民参与国家管理的重大意义。社区作为城市基层群众自我管理、自我教育、自我服务的自治组织，是我国人民行使管理权力和民主政治建设的重要基础和有效形式之一。

从经济发展的视点看，强化社区自治对于贯彻党的基本路线，加快我国现代化建设的步伐，建设经济繁荣、政治民主、人民富裕的现代化强国具有重大意义。社区是构成社会管理的最基本的细胞，是人类赖以生存的家园，是一切经济活动和经济发展的基础。如果这一细胞失去活力，管理杂乱无章，环境恶劣，人类将无法生存，生产力将无法提高，经济发展也将无法谈起。因此，社区自治事关国家政治稳定和经济发展，其现实意义十分重大。

3.2.2 社区自治要素

我国《宪法》第111条明确规定："城市和农村居民居住地区设立的居民委员会或者村民委员会是基层群众性自治组织。"《城市居民委员会组织法》根据《宪法》的规定，对居委会的性质和职能作出了详细而明确的法律解释，在第2条中明确规定："居民委员会是居民自我管理、自我教育、自我服务的基层群众性组织。"根据上述法律规定，社区自治应当包括以下六个要素。

1. 人事选免

社区居民委员会的组成人员必须由本居住地有选举权的社区成员大会或社区成员代表大会依法选举产生。同时，社区成员大会或社区成员代表大会还具有依法随时补选因故出缺的社区居民委员会组成人员，具有随时罢免、撤换不称职的社区居民委员会的组成人员的权利。任何组织、任何个人都无权干涉社区居民委员会的选举。

2. 财务管理

社区的财产受国家法律保护，任何单位和个人不得侵犯。社区有权拒绝不合理的财力和人力的摊派。社区兴办的公益事业，可以通过民主自愿的方式，向受益的社区成员等集资金。政府拨付社区的办公经费，社区居民委员会有权按照规定自主使用。社区居民委员会兴办的社区服务产业所得的税后利润，社区居民委员会有权按照政府的有关规定，将其用于社区活动经费、社区工作者的补贴和社区服务事业扩大再生产的投入。社区的财务和财产应当按照国家有关规定建账和管理，并接受社区成员的自治监督。政府或社会有关单位需要社区协助完成其自治职能之外的工作，必须按照"费随事转"的原则，给予社区一定的劳务费用，社区方可协助完成，否则社区有权拒绝。

3. 社区教育

社区运用社区成员喜闻乐见的形式，对社区成员开展遵纪守法和依法履行公民应尽义务的教育。组织社区成员开展社区精神文明建设，倡导邻里互助、尊老爱幼、破除迷信等社区文明新风。

4. 社区服务

社区可以根据社区成员的需要，通过兴办便民利民服务事业、建立志愿者协会组织、开展社区志愿者活动等形式，为社区成员提供各种生活服务。

5. 社区事务管理

社区的重大问题必须经过社区成员大会或社区成员代表大会讨论决定，社区居民委员会对全体社区成员负责，定期向社区成员大会或社区成员代表大会报告工作，在社区议事协商委员会的监督协调下，完成社区成员代表大会的决定和决议。社区成员代表大会有权依法制订《社区自治章程》和各类《社区自治公约》，实行自我管理。社区要建立社区青少年、妇女、老年人、治安调解等协会组织，开展自我管理活动，依法维护各类人群的合法权益，维护社会的安宁和稳定。

6. 协助政府进行相关社区管理工作

社区运用自治的办法和方式，协助政府做好社区计划生育、治安、爱国卫生、优抚救济和青少年教育等工作。

可以看出，社区居民委员会作为城市社区居民群众的自治组织，在社区自治的要素中发挥着决定性的作用，是搞好社区自治的关键环节。因此，一定要确保社区居委会工作的正常运转，为社区居民自治提供基本条件。市、区财政每年应按时给社区居委会安排经费，解除社区居委会干部的后顾之忧。同时，要对社区居委会进行规范化建设，明确社区居委会组织、制度、办公场所等的具体标准。在组织建设上，根据社区建设的需要，组织社区民主议事委员会，共商社区建设议事大计，保持社区事务协调；在制度建设上，建立和完善民主议事、居务公开和民主监督等制度；在设施建设上，加大资金投入，为社区居民委员会创造必要的工作条件。

3.2.3 社区的职能

社区的职能主要包括以下几个方面：

1. 自治职能

（1）民主选举。社区居民委员会作为城市社区居民群众性自治组织，其组成人员由社区成员代表大会选举产生。

（2）民主决策。社区的重大事项由社区成员代表大会讨论决策，社区居民委员会负责执行。

（3）民主管理。社区居民委员会负责执行社区成员代表大会的决议，对社区的公共事务进行具体管理；社区的办公经费和社区服务收入由社区居民委员会依据有关规定管理和支配。

（4）民主监督。社区成员（包括社区居民、驻社区单位）对社区居民委员会的工作实行民主监督，对不称职的社区居民委员会成员，可以向社区成员代表大会提出撤换、罢免建议。

2. 协助职能

社区居民委员会除履行属于自治范畴的职责外，还要协助人民政府或其派出机构做好与居民利益有关的工作。

3. 监督职能

社区居民委员会代表社区成员对政府的工作依法进行评议，对居住在社区内的党员干部的社会表现进行监督和评议；对物业公司的工作进行监督，组织业主对物业公司进行评议。

3.2.4 社区自治规范

1. 依法自治

依法治国是我国的治国方略之一。在国家范围内的一切组织和个人在法律面前一律平等，是依法治国的基本原则。社区作为国家基层社会的群众自治组织，依法自治是必然的选择，而且是社区自治的首要前提。只有依法自治，社区才具有法律地位和法律保障。

社区实行依法自治的规范应当包括以下两个方面的内容：一是社区必须严格遵守国家法律法规，在国家法律法规允许的范围内开展社区自治活动；二是社区应当根据国家的有关法规，通过社区成员大会或社区成员代表大会，采取制订社区自治章程、社区管理制度、社区公约等形式，体现国家的法律意志，实现依法自治。

2. 党领导下的自治

中国共产党是中国特色社会主义事业的领导核心，是我国各族人民利益的忠实代表。社区建设坚持党的领导，也是我国的社区建设有别于西方国家社区发展的最明显的特征之一。社区作为我国基层社会管理和社会生活的组成部分，只有坚持党的领导，才能保持正确的发展方向。把坚持党的领导作为社区自治的主要规范，并非意味着党包揽一切，而是指党对社区建设的政治领导。

3. 政府领导下的自治

国家管理社会生活是通过各级政府对社会各种组织的行政领导或行政指导而实现的。我国的各级政府是履行党的为人民服务宗旨的政府，城区政府是《城市居民委员会组织法》明确赋予其指导、协调和帮助社区实现自治职能的政府。同时，《城市居民委员会组织法》也赋予了居委会协助政府做好社会治安、优抚救济、爱国卫生、计划生育和青少年教育等工作的职能。因此，政府需要社区协助完成基层社会管理的任务，社区也必须接受政府的指导协调和帮助，这是法律所确定的政府与社区的相互关系。只有在政府的指导下，社区自治活动才能成为有组织、有目的的社会活动。社区建设必须具有政府的指导，并非意味着政府包揽社区建设的一切工作，也并非意味着社区建设是政府职能在社区的延伸，重走政府领导社区、忽视社区自治的老路，而是要在明确政府对社区的指导、支持和帮助关系的基础之上，防止"社区政府化"和"社区无政府化"两种错误倾向出现。

4. 社会参与下的自治

全社会参与和监督社区建设，是社区建设发展的内在动力和不竭源泉。如若失去广大社会成员的参与和监督，社区建设将失去动力。

社区自治实行社区参与的规范，其主要内容包括三个方面：

第一，党和政府要通过制定相应政策法规，倡导盘活存量资产，激活增量资产，面向社会，鼓励进行资源共享，规范社区的共建行为。

第二，在城区的区域和街道辖区，要分别建立健全由区、街党政主要领导，驻区部队、机关、学校和企事业单位主要领导参加的社区建设联席会，行使本辖区社区建设的议事协商、宏观规划、民主决策的权利，民主协商制定本区域资源共享、资源社会化、社区共建的相关制度和各种公约，形成"社会的事情大家办"的运行机制。在社区中，要充分发挥社区议事协商委员会的作用，按照区域建设社区联席会的工作机制，建立本社区成员共驻共建的"社区公约"，形成社区共建运行机制。

第三，社区建设的根本目的是坚持以人为本的宗旨，优化社会环境，造福人民群众。要让广大社区成员在社区建设中得到实惠，深受其益，从而增强人民群众对社区的认同感和归属感。同时，要注重发挥社区成员的优势和特长，鼓励所有社区成员各尽其能，采取智力、技能、财力、物力、资源共享等多种形式，实现其在社区建设中的自身价值和社会价值，为社区建设贡献力量。

3.3 行政推动

行政推动就是政府主导，即政府在社区建设中处于主导地位。社区建设是一项综合性的工作，推进城市社区建设是城市工作的重要内容，关系改革、发展与稳定的大局。

城区政府是社区范围内最具权威的正式组织，掌握着本社区发展的主要经济和政治资源，能够有效地运用行政、经济和法律手段协调社区的各种力量，沟通社区的各方面关系，控制社区的发展方向。从社区建设的特点分析：第一，我国城市的社区建设是以城市基层社区为对象的，从而决定了作为基层行政机关的城区政府处在社区建设的"前线"，无疑要发挥部署、指挥的作用；第二，我国城市的社区建设既不是单纯的政府行为，也不是单纯的民间行为，而是政府实施社会管理、推动社会发展和基层群众自治相结合的产物，是政府主导下的"社会化"行为，从而决定了城区政府势必处在本区范围的社区建设中的主导地位；第三，社区建设是一项综合性的工作，涉及方方面面，单由一个部门去独立完成是不可能的，需要具有权威性的社区组织从整体出发，制订科学的社区建设发展规划和工作计划，并付诸实施。而城区范围内最具权威的社区组织是城区政府，这些决定了城区政府在全区性的社区建设工程中处于主导地位。

行政推动具有组织发动、指导评估、管理控制和资金保障四个方面的作用。

3.3.1 组织发动

1. 加强舆论宣传

城区政府运用大众传媒等多种手段宣传社区建设的重要意义和基本知识，创造有利于社区建设的舆论氛围，培养和提高社区居民、企事业单位、机关、团体对社区建设的责任意识和参与意识，逐渐形成"共筑社区，共建社区""社区是我家，建设靠大家"的良好局面。

2. 发动社区主体参与

城区政府通过各种形式，发动各类社区主体积极参加社区建设活动。

3. 构建社区建设组织体系

在城区政府的主导下，建立一整套社区建设的组织体系。政府通过建立区域所有成员（自然人和单位法人，或称为自然居民和单位居民）参加的社区建设联席会议等组织形式，整合区域社会所有成员和资源的力量，协调区域内各种群体的利益关系，并服务于各种群体，使辖区内社区建设的行为趋向和谐统一，促进社区建设目标的实现。

3.3.2 指导评估

1. 宏观政策规划指导

政府通过制订长短结合的社区建设规划，明确社区建设的目标，指导社区制订实现目标的措施和方法。同时，政府通过制定一系列社区建设的政策、法规，引导、扶持社区公益事业的发展，规范社区的行为，宏观指导社区建设按照既定的目标不断推进。

2. 服务指导

一方面，服务指导是指政府根据国家的相应法规，指导、帮助社区依法建立社区自治组织，指导社区依法履行自治组织的职能，指导社区依法制定自治规章制度，指导社区管理步入规范化、法制化的轨道；另一方面，服务指导表现为中央、省、市各级政府对在其辖区内的高校的社会学系、社区工作系高度重视，加大投入，帮助社区培养社区工作者，同时对在职的社区工作者进行再培训。

3. 社区建设示范引导

社区建设示范引导是指通过兴办全区性的社区建设骨干项目和启动社区建设的示范工程，引导、带动全区性的社区建设向纵深发展。

政府的评估作用主要表现为通过调查研究，及时发现问题、解决问题。

3.3.3 管理控制

政府对社区建设的管理是其发挥主导作用的重要表现。政府应建立一个社会化的、统一的、规范的、有序的社区管理系统。

1. 统一

统一就是以城市街道为中心，组建一个具有综合性管理职能的社区组织机构（如政府负责人挂帅、多部门参与组成的社区管理办公室）。其职能涵盖经济、文化、行政、财政、金融、公安、司法、城建、环保、土地、社会服务等各个方面，统筹规划居民社区建设的一系列问题，将社区活动的政府行为、群众参与行为纳入一个有机整体。例如，辽宁省沈阳市就设置了专门指导社区建设的市、区社区建设指导委员会。

2. 规范

规范就是把社区的各个机关、团体、组织的活动纳入规范化、法制化轨道，做到有法可依、按章办事，使基层群众自治与政府职能部门的工作相协调。

3. 有序

有序就是不断完善社区组织系统，形成社区建设的合力，优化社区资源配置，力争资源共享，建立一个高效率的、社会化的、运行灵活的社区发展软环境系统。

同时，城区政府还要对社区建设过程中可能发生的偏差行为实施有效的预防、控制，即规范社区建设中的不适当行为，鼓励有效行为，对社区建设中的不良趋向、不良行为或已经出现的问题要及时采取纠偏措施，以保证社区建设始终不偏离正确方向。

3.3.4 资金保障

社区建设必须建立在一定的经济基础之上，但就目前来看，社区建设资金长期没有稳定的来源，这已经成为社区组织机制缺乏活力的一个重要原因。随着城市居民生活水平的不断提高，社区建设越来越需要更多、更好的"硬件"设施来为居民群众服务，这就需要更多的资金投入。因此，深化社区建设，必须建立起相应的资金投入体系，这是社区自身无力解决的重大难题，需要政府在资金保障上做足工作。

（1）政府应建立起以政府财政为主导的社区建设投入体系。社区具有协助政府管理社区事物的义务，但社区自治组织在社区建设的视野中不再只是政府的下级部门。因此，政府需要社区协助完成其自治职能之外的工作时，要维护社区自治组织的利益，确定"费随事转"的范围，即在要求社区自治组织协管的工作中，有一些项目政府部门要"付费"。例如，协助民政部门办理城市居民最低生活保障工作的经费，协助计划生育部门开展计划生育工作的经费，协助环卫部门管理环境卫生收取的居民卫生费，协助税务部门进行协税护税的补贴费，等等。党委、政府决定的需要社区协管协办的其他临时性工作，采取一事一议的办法，由相关部门落实经费。

（2）政府应通过积极倡导，帮助社区建立起社会捐助多元化的社区建设资金投入体系。可以采取合资、合股、合伙、股份制等形式，创办一些示范性强、社会效益好的福利机构，吸引更多的资金投入，推动社会福利社会化进程；还可以通过发行彩票或通过税收杠杆政策调节投资方向，动员、鼓励企事业单位、社会团体和个人以投资、捐资等方式，多种渠道筹集资金，为社区建设提供财政资金支持。

总之，社区建设是一项综合性的系统工程，涉及新旧体制的更新、利益的调整，困难多、难度大、责任重，必须上下左右协调联动。只有建立起"党委政府领导、民政部门牵头、有关部门配合、社区居委会主办、社会力量支持、群众广泛参与"的工作运行机制，才能把城市社区建设工作扎扎实实地向前推进。

小　结

1. 优化城市社区建设机制对于做好社区建设工作具有重要意义。
2. 社区建设运行机制主要包括社区参与、社区自治和行政推动三个方面。
3. 广泛参与是社区建设的本质特征和必要条件，需要社区内的居民、社区内的单位和社区中介组织的共同努力、共同参与来完成。
4. 社区自治是现代城市新型社区建设和发展的重要标准。社区自治包含人事选免、财务管理、社区教育、社区服务、社区事务管理和协助政府工作六个要素。社区具有自治、协助和监督三种职能。社区自治遵循依法自治、党领导下的自治、政府领导下的自治和社会参与下的自治的自治规范。
5. 行政推动即政府主导。它具有组织发动、指导评估、管理控制和资金保障四个方面的作用。

思 考 题

1. 为什么说广泛参与是社区建设的本质特征和必要条件?
2. 怎样为社区中介组织参与社区建设创造条件?
3. 为什么说社区自治是现代城市新型社区建设和发展的重要标准?
4. 社区自治的职能和规范有哪些?
5. 为什么政府在社区建设中具有主导地位?

实 训 题

1. 到社区的居委会进行社会实践,切身体会社区居民委员会在社区参与和社区自治中的作用,学习他们的经验,注意发现他们在工作中的问题与要求。
2. 某社区地处重工业区,下岗工人较多,社区想利用一处废弃的厂房建立一个下岗职工再就业基地,充分发挥工人们的技术特长。请你设计一个方案,为此社区的下岗职工再就业基地筹集资金。

第4章 社区治安防范

学习目标

通过本章的学习,了解社区治安综合治理的基本原则,掌握社区警务工作及其内容,熟悉社区突发事件的特点及处置方法。

引导案例

图4-1 社区治安防范

"每天13—15点是小区里人最少的时段,民警的巡逻时间能否作些调整,多在这个时段到小区来转转?""我们这里是老小区,通道多,是不是可以关闭几个通道,减少闲杂人员的进出?"1月9日上午,海曙区文昌社区居委会里,鼓楼派出所所长张继祥一边记录着居民代表的发言,一边频频点头,对大家的建议表示赞许。

第4章 社区治安防范 87

　　鼓楼街道是海曙的中心城区，作为派出所所长，这几年张继祥和民警们都感到肩上承受的治安压力一年比一年大。虽然去年辖区没有发生过重大恶性案件，但入室盗窃、偷盗自行车和街头诈骗等案件还是呈现高发势头。眼看着春节就要到了，怎样才能遏制案件多发？张继祥想听听居民群众的意见和建议。于是，他特地来到了新老小区相结合的文昌社区，请这里的居民一起来出出主意、想想办法。

　　住在乌含巷的马师傅第一个发言。他说，去年他们小区的一幢楼发生了一起入室盗窃案，事后了解到，小偷是从后阳台爬进去的。马师傅说，要是居民能在后阳台放些会发出声响的瓶瓶罐罐，这样小偷一旦进来，主人就能闻声而动。居民包阿姨接过话头说，居民们晚上睡觉时，常常习惯将皮包、手机等贵重物品随手放在客厅，这样很容易被小偷顺手牵羊。要是能将这些东西放在卧室里，再在卫生间、厨房安装反锁的插销，小偷就是进来了，也不能直闯客厅和卧室，能起到防盗的作用。住在孝闻小区的潘师傅说，小区通道太多，如果能够在晚间封闭几个通道，小偷就不容易进入小区了。他还建议，物业保安要加强对小区僻静处的巡逻。居民徐阿姨说，"平安冬季"行动开始后，派出所民警的巡逻次数确实多了，要是除了加强对热闹街面的巡逻，民警还能多到小区来转转，那就更好了。

　　发言的居民一个接着一个，张继祥和社区民警都听得非常认真。张继祥说，公安工作连着千家万户，社会治安离不开老百姓的参与。居民们对自己生活的社区最熟悉，大家的建议都说到点子上了。

　　下午，张继祥和社区干部、物业公司领导来到居民反映的几个防范薄弱处，进行了现场整改。并在小区里张贴了社区居民安全防范常识歌谣等宣传海报（图4-1）。

（资料来源：警周刊，2011-1-12）

阅读以上材料，请回答：

你对于社区治安防范有哪些积极的措施建议？

4.1 社区治安综合治理概述

　　社区安全是社区居民安居乐业之根本，也是社区建设的重中之重。一个缺少平安的环境，任何努力都无从谈起。根据社区自身及周边环境开展社区治安综合治理，通过人防、物防和技防措施开展安全防范，在社区警务力量的指导和辅助下，加强社区安全防范，及时妥善处理社区公共危机，是社区安全防范的重要环节。

　　1991年，中共中央、国务院和全国人民代表大会常务委员会先后发布了《关于加强社会治安综合治理的决定》。2001年，中共中央和国务院又颁发了《关于进一步加强社会治安综合治理的意见》。这些文件的颁发，表明了党和国家对社会治安综合治理的一贯态度和决心：关注全国的治安形势，注重社会治安稳定。搞好社会治安综合治理始终是全党和全国人民关心的头等大事，社会治安治理的成效"关系到党和政府在人民群众心目中的形象，关系到改革发展稳定的大局，关系到国家的长治久安，关系到党的执政地位的巩固"。这是一项长期的复杂的系统工程,要依靠全党、全社会各单位各部门、全民的力量才能取得实际效果的工程。

4.1.1 社会治安综合治理的含义

社会治安综合治理是在党和政府的统一领导下,全社会共同参与,采取多种手段和措施,防范和打击违法犯罪,预防各种治安灾害性事故发生,维护社会治安稳定的一项系统工程。社会治安强调社会秩序稳定的状况,综合治理则强调寻求社会治安稳定的手段。对社会治安实行综合治理,从本质上说,就是动员和依靠全社会的力量,消除社会治安隐患,降低和消除产生社会治安问题、影响社会稳定的诸多社会矛盾和社会消极因素,最大限度地预防、控制和减少违法犯罪,维护社会秩序良好和社会治安的稳定。

社会治安综合治理的提出,最早于1981年中共中央批转的《京、津、沪、穗、汉五大城市治安座谈会纪要》中。当时的社会治安形势异常严峻,青少年违法犯罪十分严重,为解决青少年违法犯罪问题,中共中央宣传部、教育部、文化部和公安部等八家单位联合组成调查组,就青少年违法犯罪情况作了调查并提交调查报告,提出了解决问题的六项建议,要多渠道、多角度、多部门参与,进行青少年违法犯罪的预防和教育改造工作。1981年6月,中央对政法委的《京、津、沪、穗、汉五大城市治安座谈会纪要》作了批转,指出:"争取社会治安根本好转,必须各级党委来抓,全党动手,实行全面综合治理"。此后,这一提法被媒体广泛引用,成为新时期治理社会治安的指导思想。

1991年,中共中央、国务院颁发《关于加强社会治安综合治理的决定》,自此,对社会治安综合治理开始了系统的理论研究,提出了社会治安综合治理的基本任务、工作要求、主要目标和工作范围,确定了社会治安综合治理的基本原则。

社会治安综合治理的基本任务是:在各级党委和政府的统一领导下,各部门协调一致,齐抓共管,依靠广大人民群众,运用政治的、经济的、行政的、法律的、文化的、教育的等多种手段,整治社会治安,打击和预防犯罪,保证社会稳定,为社会主义现代化建设和改革开放创造良好的社会环境。具体而言,就是做到以下几点:

(1) 打击各种危害社会的违法犯罪活动,依法严惩严重危害社会治安的刑事犯罪分子。

(2) 采取各种措施,严密管理制度,加强治安防范工作,堵塞违法犯罪活动的漏洞。

(3) 加强对全体公民,特别是青少年的思想政治教育和法制教育,提高文化、道德素质,增强法制观念。

(4) 鼓励群众自觉维护社会秩序,同违法犯罪行为作斗争。

(5) 积极调解、疏导民间纠纷,缓解社会矛盾,消除不安定因素。

(6) 加强对违法犯罪人员的教育、挽救、改造工作,妥善安置刑满释放和解除劳教的人员,减少重新违法犯罪。

社会治安综合治理的工作要求是:各级党委和政府都要把综合治理摆上重要议程,健全社会治安综合治理的领导机构和办事机构,定期研究部署工作;各部门、各单位齐抓共管,形成"谁主管谁负责"的局面;各项措施落实到城乡基层单位,群防群治形成网络,广大人民群众的法制观念普遍增强,敢于同违法犯罪行为作斗争。

社会治安综合治理的主要目标是:社会稳定,重大恶性案件和多发案件得到控制并逐步下降,社会丑恶现象大大减少,治安混乱的地区和单位的面貌彻底改观,治安秩序良好,群众普遍有安全感。

社会治安综合治理的工作范围确定为:"打击、防范、教育、管理、建设、改造"六个方面。"打击"是综合治理的首要环节,是落实综合治理其他措施的前提条件"。"防范"是减少各种违法犯罪活动和维护社会治安秩序的积极措施"。"教育"特别是要加强对青少年的教育,是维护社会治安的战略性措施。"管理"是堵塞犯罪空隙、减少社会问题、建立良好社会秩序的重要手段。"建设"主要是加强基层组织建设和制度建设,是落实综合治理的关键。"改造"工作是教育人、挽救人、防止重新犯罪的特殊预防工作。

4.1.2 社区治安综合治理的原则

1. "谁主管谁负责"的原则

"谁主管谁负责",就是地区、部门和单位的领导要对所主管的地区、部门和单位的综合治理工作负责。一个地区、一个部门或一个单位的综合治理工作出了问题,就要追究该地区、该部门和该单位领导的责任。

落实"谁主管谁负责"的原则,是实现社会治安综合治理的核心。这项原则适用于所有党政军各部门和各人民团体。各部门都要根据社会治安综合治理的任务、要求和工作范围,主动找准自己的位置,明确本部门、本系统的职责,切实承担起共同维护治安的社会责任。根据该原则,各部门、各单位要根据本部门、本单位的职责范围,结合自身业务特点,认真抓好本系统参与社会治安综合治理的工作,切实加强内部人员的思想教育和各项安全防范工作,在本部门、本单位内部杜绝治安隐患,防止出现破坏社会治安秩序的情况发生。

具体而言,根据社区综合治理工作实际及驻区各单位和商业企业情况,其参与社区治安综合治理的职责各有侧重。

2. "属地管理"原则

1991年12月,中央社会治安综合治理委员会通过了《关于社会治安综合治理工作实行"属地管理"原则的规定(试行)》。在该规定中,明确指出:社会治安综合治理工作实行"条块结合,以块为主"的属地管理原则,由各级党委和政府统一领导,社会治安综合治理领导机构组织实施,各部门、各单位各负其责。各级党委、政府负责维护好管辖地区的社会治安。

社会治安综合治理的"属地管理"原则,是解决"条条"和"块块"责任划分的一个重要原则。所谓"条条",是指按不同工作性质划分的、隶属于不同系统的各个行业、部门及其所属的单位;所谓"块块",是指按地域划分的行政管辖区,如省、市、县、乡(镇)、街道等。

属地管理是指在社会治安综合治理中，按行政区划划分的各级党政机关和社会治安综合治理领导机构，依照有关法律、法规，对所辖区域内的综合治理工作全面负责、全面管理。各机关、团体和企事业单位都要服从所在地党委、政府的统一领导。在治理社会治安中存在的各种问题时，各部门、各单位既要按照"谁主管谁负责"的原则抓好本部门、本单位的社会治安综合治理工作，又要积极协助地方党委、政府搞好综合治理工作；既要执行上级主管部门的部署，又要服从所在地社会治安综合治理领导机构的领导、督促和检查。具体而言，在打击刑事犯罪、调解民间纠纷和矛盾、开展社区治安防范、保护妇女儿童和老年人的权益、管理流动人口、安置帮教刑满释放和劳动教养解除人员、保护校园安全等方面，要严格执行所在地党委和政府的统一领导、安排和部署，履行应尽的职责和义务，以维护当地治安环境，创建平安社区。同时，积极协助地方政府做好综合治理工作的调研、先进经验的总结和推广工作，不得以隶属关系不在当地为由而拒绝统一领导和安排。

3. 领导责任制原则

1993年1月，中央五部委颁布《关于实行社会治安综合治理领导责任制的若干规定》。该规定对领导责任制予以阐述并规定了领导相关的责任。要把抓好社会治安综合治理工作，确保一方平安，作为各级党委、政府和各部门党政领导干部的任期目标之一，并同党政领导干部的政绩考核、晋职晋级和奖惩直接挂钩。党政领导干部要把开展社会治安综合治理工作作为年度工作计划和述职报告的一项重要内容。

这一原则是指，社会治安综合治理这一项工作达不到标准或者发生重大治安问题的，由相应的机关否决责任单位和责任人的评先晋级资格，即"一票否决"。

一票否决权是对领导责任制的考核激励机制，是社会治安综合治理目标管理的一项重要内容。一票否决权由县级（含县及相当于县级的单位，下同）以上的各级社会治安综合治理领导机构行使。乡镇、街道及各部门所属的县级以下单位的社会治安综合治理领导机构有"一票否决"的建议权。

"一票否决"主要针对以下具体内容：县（市、区）乡镇、街道以及机关、团体、学校、企业、事业单位评选综合性的荣誉称号；上述单位的主要领导、主管领导和治安责任人评先受奖、晋职晋级的资格。

4. 法制化原则

社会治安综合治理法制化原则即依法治理的原则。这一原则要求所有的综合治理措施要尽可能纳入法制的轨道，任何一项社会治安管理行为都要于法有据。

法制化包括两层含义：一是法制，即法律制度。通过建立完备的法律制度，使社会主体的权益得到法律保障，一切社会活动有法可依。二是法治，即依法治理。通过实行依法治理，使社会主体做到"有法必依，执法必严，违法必究"，使人民的民主权利能够充分实现。

社会治安综合治理的法制化原则主要体现在以下两点：

一是国家通过法制建设的过程，将社会治安综合治理任务、原则、范围、工作手段等通过法律确定下来。最近二十年来的大量立法活动就是法制化进程的体现。

二是在法制化过程中,国家通过法律宣传、依法追究有关责任主体的法律责任,推进综合治理工作的开展。

5. 专门机关和群众路线相结合的原则

这一原则体现了社会治安综合治理的显著特点。它要求在治理社会治安中,政法机关既要充分发挥自己的职能作用,依法行使职权,又要坚持走群众路线,最大限度地依靠和取得人民群众的支持和协助,充分调动人民群众的力量,打击和预防违法犯罪。社会治安综合治理工作中,群防群治工作是这一原则的重要体现。群防群治是指在各级党委、政府领导和专门机关指导下,发挥企事业单位和其他群团组织的作用,把群众组织起来,预防和治理违法犯罪,维护所在地区或单位的治安秩序。

专门机关主要是指"公检法司"等几家承担打击违法犯罪、维护社会秩序、预防违法犯罪的司法行政机关,根据社会治安综合治理委员会成员单位的职责,负责社会治安综合治理中的司法行政职责。它们根据法律的规定,专司维护治安的职能。具体职能前面已有阐述,在此不再赘述。

群众路线是指在综合治理中,"公检法司"等几家专门机关不能只依靠自身的工作职能规定,还要依靠社会其他部门和各界力量的大力支持,把专门工作与群众力量紧密结合,才能完成综合治理的任务。

专门机关与群众路线相结合的方式具体为:一是在机构职能上,根据综合治理委员会的规定,各自承担职能任务,负责分工范围内的综合治理工作;二是在人员协调上,要相互配合、大力支持;三是对于预防性的工作,要在党委、政府的统一领导下,各部门在各自的职能工作范围中,相互配合,协同作战,齐心协力,共同创造良好的治安环境。

4.1.3 社区治安综合治理中各部门、各单位的相关职责

根据"谁主管谁负责"原则,在社区综合治理中,驻区的各部门、各单位要认真按照综合治理的职能划分,根据本部门、本单位的本职工作特点和要求,将综合治理工作纳入工作计划中,履行应尽的职责。

1. 政府各有关部门的职责

(1) 公安部门的主要职责。严厉打击各种危害社会治安的违法犯罪活动;加强对社区实有人口的治安管理;加强社区公共秩序的治安管理;加强公安消防管理,预防和减少火灾,维护公共安全;加强对企事业单位内部保卫机构、社区治保会等基层群众性治保组织的检查指导,协助基层组织组建各种群防群治组织;参与安全社区创建活动;开展社区矫正工作,等等。

(2) 社区教育部门主要职责。在开展思想政治工作和法制宣传教育的同时,加强对学生日常行为的教育和管理,会同公安、城管、工商等部门加强校园周边环境的治理工作,创建"安全文明校园"。要注重青少年的身心健康,注重日常行为规范养成教育;积极引导学生在思想意识上走健康发展之路,降低在校学生的违法犯罪比率。

（3）民政部门的主要职责。加强对基层群众组织建设的指导，推行民主政治，实行民主选举、民主决策、民主管理、民主监督；调动群众自治组织在解决基础群众矛盾方面的积极性，发挥其维护社会稳定的作用；加强对社会团体的管理，依法查处非法社团活动，维护政治稳定。

（4）劳动和社会保障部门的职责。在政府安置就业环节中，组织并积极开展职业技能培训，为失业人员和企业下岗职工提供基本生活保障，做好再就业服务；及时调解和处理劳动争议和劳动纠纷，维护劳动力市场的正常秩序；加强对企业用工的监督检查。

（5）工商部门的主要职责。工商行政管理部门要根据本区域范围内的环境和需求，加强对社区内从事生产经营活动主体的监督管理，维护良好的交易秩序，制止非法经营活动；依法查处各种非法经营案件；为下岗职工和新生劳动力从事个体经营活动，提供政策咨询和业务服务；配合有关部门整顿、取缔无照经营。

2. 企事业单位的职责

依据社会治安综合治理的职责要求和《企事业单位内部治安保卫条例》，企事业单位在社会治安综合治理中的法定职责主要有：

（1）开展治安防范宣传教育。单位内部治安防范工作贯彻的方针是预防为主、单位负责、突出重点、保障安全，而预防的首要环节是宣传教育。治安防范的宣传教育主要包括防盗、防人身伤害、防破坏、防突发事件等内容。宣传教育的形式可以多种多样，突出宣传教育的实际效果，注重趣味性和科学性。要增强本单位职工的职业素养和法律观念，树立牢固的法律意识，严密防范，杜绝违法犯罪的发生。

（2）建立健全并落实治安防范制度。建立健全治安保卫制度，是做好单位内部治安保卫工作的基本建设和根本保证。严密的治安保卫制度，是保障生产、科研和开展保卫业务活动必须遵守的行为准则，也是防止犯罪分子进行破坏，防止特大治安灾害事故发生的重要措施。应该建立完善的规章制度主要有：门卫、值班、巡查制度；工作、生产、经营、教育、科研等场所的安全管理制度；现金、票据、印鉴、有价证券等重要物品使用、保管、储存、运输的安全管理制度；单位内部的消防、交通安全管理制度；治安防范教育培训制度；单位内部发生治安案件、涉嫌刑事犯罪案件的报告制度；治安保卫工作检查、考核以及奖惩制度；存放有爆炸性、易燃性、放射性、毒害性、传染性、腐蚀性等危险物品的安全管理制度；等等。

（3）检查登记进入本单位人员的证件、出入的物品和车辆。对进入本单位的内部职工和外来人员要严格履行门卫制度。执行凭证入内和登记通行的管理，对往来人员进行认真检查，防止无关人员和嫌疑人员进进出出。同时，对出入的车辆及携带的物品，要进行登记、查验，特别是外来的车辆，要逐项、逐人进行登记，对携带的物品要有有关部门签发的出入证，发现可疑人员和物品要及时报告。对冲闯单位门卫的人员要及时报告，妥善处理。

（4）开展治安防范巡逻和检查，建立巡逻、检查和安全隐患整改记录。对单位内部的重点部位和重点场所，要制订巡逻路线和检查要求，对巡逻、检查情况和安全隐患整改都应当作出记录备查,并将情况及时反映给有关单位和部门。

(5)维护治安秩序,制止违法行为。单位内部的治安秩序主要是指生产、科研、教学秩序等,主要包括生产秩序、交通秩序、危险物品管理等关乎企事业单位生产工作顺利进行的秩序。对于破坏企事业单位工作秩序、阻碍车辆通行、拒绝执行危险物品管理相关规定的有关人员,要及时报告保卫部门;情节严重构成违法犯罪的,要及时报警,交由公安机关依法处理。

4.2 社 区 警 务

社区警务是依托社区而建立起来的立足社区、依靠社区、服务社区的新型警务体制,与社区建设相辅相成。开展社区警务建设,是公安机关主动适应社会经济发展和城市化进程,加强公安基层基础工作,全面提高公安机关控制社会治安能力的重大战略,是城市社区建设的重要内容,也是社区建设和发展的重要保障。通过加强社区警务建设,能够有效落实社会治安综合治理措施,为社区发展创造一个安定的社会环境;能够更加有效地促使民警扎根社区,切实把精力用于治安管理、安全防范和服务群众上,进一步密切警民关系,充分调动广大居民群众参与社区管理和社区建设的积极性。

4.2.1 社区警务的含义

社区警务是新的历史时期公安派出所民警立足社区、依靠社区、服务群众、确保一方平安的警务工作新路子。那么,社区警务是怎样一种警务模式?它与传统的警务模式有哪些区别?

社区警务起源于 20 世纪 70 年代的英美等西方国家,后被德国、日本、法国等国借鉴创新。我国从 20 世纪 80 年代中后期引入"社区警务"这一概念。"社区警务"的英文全称是 Community-oriented Policing 或 Community Problem-oriented Policing,中文直译为"社区导向警务""社区问题导向警务"。"社区警务"是在发案之前,以社区问题为导向,由警察与社会公众共同研究存在于社区中的社会治安消极因素并提前介入,事前进行社区防范,从而降低社会治安问题的发案率,消灭各种安全隐患,预防违法犯罪的发生的一种警务方式。

国内对社区警务含义的表述,有以下不同版本:

有学者认为,社区警务是指以社区为范围,以警民联手协作为手段,通过立足社区,与社区建立合作伙伴关系,形成以社会为主体的预防与控制网络,旨在提高社区居民的生活质量,有效维护治安秩序和社会稳定的警务关系。

有学者指出,社区警务是一个集合概念,它具有三重含义:一是一种警务理论;二是一种警务发展战略;三是指警察在社区的工作,即操作层面上具体活动内容。

还有学者认为,社区警务是指存在于警方和社区之间的一种相互作用的过程,旨在共同发现和解决社区治安问题及其他社会问题,提高社区居民的生活质量。

社区警务被引入我国，表明一种理念，旧有的传统的警务模式被一种新型的警务模式所取代。这种警务模式突出警民一体，强调警务工作与社区工作的一体化，而不是一种单纯的警务工作。它符合当前社会治安综合治理的指导思想，符合我国当前开展社区建设的要求，更符合社会治安防控的大形势的需求。它强调了社区建设与警务工作的有机结合，二者是不可分割的统一体。

不论是国内的还是国外的，社区警务都围绕一个中心：通过警民互动，缔造良好的警民关系，打造一张积极的治安防范网，在事前预防各种违法犯罪的发生；通过警民联动，调动社区居民的治安防范的主动性，提升社区居民的整体生活质量。它反对单纯的强调社会治安工作的专业化，而通过社区警务体系打造一个全民参与的治安防范体系；它排斥治安防范的专门化，而倡导建立一个由社区全体居民与警务人员共同策划、共同实施、共同防御的社区防范队伍。它强调社区防范要治本而非单纯性的治标；强调通过警察与社区居民的融合，警民合作，密切警民关系，重建良性、融洽的警民关系。它通过对一种习惯认识的否定——打击、控制违法犯罪只是专门机关的职责，倡导了一种新型的治安防范发展趋势——从根本上控制和解决犯罪问题有赖于全社会力量的积极参与，这样才能提高警务工作效率，有力地打击、预防犯罪。因为抑制犯罪的关键在预防，预防的关键在社区参与，各部门齐抓共管。要在民警的主导下，使居民群众认识到：①治安问题是社会（社区）问题；②社会问题不能仅由警察处理；③社会问题与自己有关；④自己是社会（社区）的一员；⑤自己有责任参与社区工作，与警方合作；⑥参与和合作是自己力所能及的，并不是代替警方；⑦自己的参与和合作是有效（益）的。

社区警务在全国的推进，为增加警民合作创造了新的机会。实施社区警务战略，社区民警不再把自己视为社区之外的独立力量，他们的一言一行都与社区建设息息相关；公众也不再把社区民警当成外人，警民共建才能确保社区平安。这种建立在同一个社区的基础上的新型警民关系，促进了警民之间的理解与合作，从而形成了在社会背景下以广大社区居民为主体的强大的制约犯罪的力量，形成了一个全社会积极参与社会治安防范的系统工程，形成了全民皆警的新格局。在这种格局下，社会治安防控工作已不再是某一个专门机关的职责，而是社会全体居民共同参与、共同努力、共同实现的一个共同的目标。

4.2.2　社区警务的指导思想

公安部在2006年颁发的《关于实施社区和农村警务战略的决定》中指出：实施社区和农村警务战略的指导思想是，以邓小平理论、"三个代表"重要思想和科学发展观为指导，以维护社会稳定、服务人民群众、实现执法为民为根本任务，以实现"发案少，秩序好，社会稳定，群众满意"为工作目标，贯彻专门工作与群众路线相结合的方针，坚持实事求是、因地制宜、积极推进、务求实效的原则，立足辖区、依靠群众，优化警力配置，规范警务运作，切实做到警力下沉、警务前移、强化基层、夯实基础，警民携手、共保平安，逐步建立与新型社区管理体制、社会主义新农村建设相适应的社区、农村警务工作新机制，为推进城市社区和社会主义新农村建设、全面建设小康社会、构建社会主义和谐社会创造良好的治安环境。

4.2.3 社区民警的职责任务

社区民警在社区警务工作中，主要承担以下五项职责任务：

1. 开展群众工作

群众工作历来是公安工作的一项重要的业务工作，群众工作的好坏与社区治安工作的成败有着至关重要的影响。

（1）社区民警要主动深入群众之中，认真倾听群众意见，努力了解群众疾苦，想群众之所想，急群众之所急，力争为群众办好事、办实事，切实做好服务群众、组织群众、宣传群众的有关工作。

（2）要及时受理报警求助，在规定时限内办理群众申办事项，及时处各种治安案件和刑事案件。

（3）积极参与排查、调处民间矛盾纠纷，力争把不稳定因素化解在基层、化解在萌芽状态，防止事态的扩大，防止矛盾的淤积；定期向居（村）民代表报告自身社区的警务工作，自觉接受社区居民群众和社区组织的监督。

2. 掌握社情民意

（1）在辖区内，社区民警要及时收集、上报涉及社会政治稳定和治安稳定的各类信息，对可能导致矛盾升级、激化的各种苗头性的倾向要注意认真观察、分析，一旦事情出现转化，必须及时上报处理。

（2）要定期排查、分析社情动态和突出的治安问题，对辖区的治安情况和不稳定因素要随时掌握，把握其发展动向和趋势，特别是与社会稳定有关的重大信息，更要注意其点滴细微的苗头倾向。

（3）将收集、掌握的各类情况信息录入计算机，进行积累、分析、比对，切实做到基础工作信息化。

（4）对于社区范围内居民关心关注的重大治安问题、突出的治安现象，要及时与社区居民沟通，掌握居民的意向，为制订社区治安防范战略奠定基础。

3. 管理实有人口

（1）全面准确地登记辖区实有人口，了解、掌握基本情况。辖区实有人口不仅包括户籍登记地与实际居住地相一致的人口——常住户口，还包括户籍登记地与实际居住地分离的人口——流动人口。对辖区实有人口的熟悉和掌握是社区警务工作得以开展的基础，也是搞好社区治安防范的重中之重。对人口的管理以户籍登记为基础，在此基础上，配合入户调查、走访群众、办理暂住登记等工作，了解和熟悉并随时掌握实有人口的基本情况和变更情况，要特别注意动态的人口信息。

（2）熟悉可能违法犯罪的高危人群，重点掌握其现实表现，开展监督管理和帮教工作，落实工作措施。对于社区内服刑的罪犯，要严格依法执行监督管理，随时掌握其思想动态，特别要配合司法部门做好社区矫正工作；对有违法犯罪嫌疑、可能铤而走险违法犯罪的对象，要与社区组织密切配合，利用社区治保会的群防群治的力量，观察其行动动向。

（3）掌握出租房屋和暂住人口的动态情况。依法从严管理房屋租赁，严格执行国家关于房屋租赁的相关制度，是减少外来流动人口管理失控的有效措施。公安机关要严格掌握社区内房屋租赁的实际情况，根据租赁房屋登记项目掌握辖区内外来人口的相关信息，予以登记在案，并以此开展外来人口的信息调查工作。同时，根据房屋租赁中承租人情况的变更，掌握外来流动人口信息情况的变化。公安机关要对出租房屋进行日常治安管理，监督检查出租房屋履行登记手续的情况，对违反规定的不登记、私下出租房屋、不履行出租义务的违法行为，依法严肃查处，并将违法行为人双方的人口信息记录在案，以便掌控常住人口和流动人口的违法信息。

4. 组织安全防范

（1）充分依靠基层组织，大力开展安全防范宣传教育，增强群众的自我防范意识和能力。在社区安全防范中，社区民警要结合社区多发案件和易发案件的特点，提醒社区居民注意掌握防范要点，有针对性地利用板报、网络、宣传栏和社区讲座等形式开展宣传教育；积极组织居民进行治安防范技能的培训，组织开展社区安全课堂教育；对社区或当地行政区域内的治安情况及时向居民通报，便于社区居民加强防范。

（2）指导治保会、保安队、义务巡逻队等群防群治力量的治安巡逻和邻里守望活动，形成严密的群防群治网络。社区公众是防控犯罪的主要力量。实行警民合作，构筑群防群治防控体系，使社区警务防范工作全民化、网络化，是加强治安防范的根本出路。社区民警可与社区治保会、物业公司的保安队及驻区单位的保卫部门共建群防群治组织，如治安联防队、邻里守护队、义务巡逻队等，积极发动社区治安积极分子参与到群防群治工作中来，建立起多层次的群防群治网络和治安防控体系，增强全社会预防和控制能力。加强对内部保卫机构、治保组织、治安联防队伍的检查指导，并定期组织进行治安业务和技能的培训，提高其自我防御能力和发现犯罪、妥善处置的能力。

（3）广泛利用辖区资源，动员群众使用技术防范、物理防范设施，提高治安防范水平。要积极推广现代科技防范产品，使居民和驻区单位了解、掌握高科技的技术防范产品的性能和作用，推进技术防范水平的提升；在城市改造过程中，结合城改的推进，引入防范观念，对治安防范中的死角要彻底清查并予以改进，力争在亮化、美化中贯穿安全理念。

5. 维护治安秩序

（1）严格辖区公共场所、娱乐场所、特种行业、商贸市场、出租房屋和危险物品的治安管理，开展经常性的治安检查。根据国家关于公共娱乐场所和特种行业等法律法规的规定，严格对其进行治安管理，杜绝非法经营。对行业的经营情况要定期开展检查、指导，严防出现治安违法问题。

（2）督促、指导辖区治安保卫重点单位建立健全安全防范制度，落实安全防范措施，

第 4 章 社区治安防范 97

预防、减少各类案件和治安灾害事故的发生。对驻区单位的经营情况，要掌握各种相关信息；对经营过程中的危险物品和可能出现治安灾害性事故的单位、部位，要严格制订各项规章制度并遵章执行，不得违规操作或违法经营。

（3）协助办理辖区各类治安行政案件，为侦破刑事案件提供线索。对社区内发生的各类治安案件、刑事案件及治安灾害性事故，要积极协助有关部门妥善处理，根据社区工作中所掌握的信息和情报，及时提供线索，为尽早破案提供帮助。

（4）对社区内的群体性事件和大型集会活动，要密切关注。若出现违法苗头和事端，要及时上报给有关部门及时处置。坚决打击非法邪教组织。

4.3　社区突发事件处置

自 20 世纪 90 年代以来，我国社会进入了一个快速增长和转型的时期，由此引发的各类矛盾和问题急剧增加，各类突发事件频发。为最大限度地预防和减少突发公共事件及其造成的损害，保障公众的生命财产安全，维护国家安全和社会稳定，促进经济社会的全面、协调、可持续发展，国家出台了相关的法律法规和规范性文件。面对这些发生在社区范围内的各类突发事件，社区组织如何在各级政府的指导下积极预防并妥善应对，如何在短时间内控制事态发展，降低其给社区居民生产、生活造成的负面影响，是重点要关注和解决的问题。

【案例】　阜新市一小区自来水受污染致千余人中毒

2008 年 1 月的一天，阜新市太平区高德街高德花园小区发生自来水受污染事件，造成该小区千余居民出现上吐下泻的中毒症状。该事件涉及 2636 户居民，阜新市太平区立即启动了突发公共卫生事件应急预案，当天就有 6 辆消防车向小区居民运送生活饮用水。

"头晕、腹胀、呕吐、腹泻，一天要上几十次厕所。"高德花园小区居民陈文喜（化名）描述自己的中毒症状。1 月 8 日下午，陈文喜感觉自己"闹肚子"了，于是到小区卫生所治疗。"好几十人都在医治，病历上都写着呕吐、腹泻。"卫生所医生判断"可能是食物中毒"，并向市政府报告。居民反映，中毒可能和自来水有关。9 日下午 6 点起，小区社委会挨家提醒："不要再饮用小区自来水。"

1 月 9 日，阜新市自来水总公司、卫生部门派人赶赴现场进行勘查，发现该小区下水管路排水不畅造成污水返流，而小区内自来水二次加压蓄水池溢流管道止水阀失灵，致使污水返流到蓄水池，使池内生活饮用水受到污染。

事发后，阜新市政府启动应急措施：对受污染蓄水池进行排空和清洗消毒；组织 6 辆消防车为居民供水，发放矿泉水，保障居民生活用水；为中毒居民予以免费治疗。

（资料来源：南方都市报，2008-1-17，有删节）

4.3.1 突发事件的概念及特点

我国各类突发事件频发，而这些事件的发生给国家的生产、百姓的生活带来了巨大的损失。2006年，国务院发布了《国家突发公共事件总体应急预案》（以下简称《总体预案》）。2007年，国家出台《中华人民共和国突发事件应对法》（以下简称"应对法"），完善应急管理相关法律制度和措施，以更好地维护社会的生产、生活环境安全和秩序。

4.3.1.1 突发事件的概念

国内关于"突发事件"有不同的称呼，如"公共危机""灾难事件""紧急事件""突发性危机"等。对于突发事件的概念，专家学者表述不一。学者周晓丽认为，公共危机是指那些危害国家安全、损害公共利益、扰乱社会秩序、威胁公民生命财产安全，需要社会相关各部门作出紧急处理的事件。学者张成福认为，危机是这样一种紧急事件或者紧急状态，它的出现和爆发严重影响社会的正常运作，对生命、财产和环境等造成威胁、损害，超出了政府和社会常态的管理能力，要求政府和社会采取特殊措施加以应对。我国《应对法》第三条第一款对突发事件的定义为："突然发生，造成或者可能造成严重社会危害，需要采取应急处置措施予以应对的自然灾害、事故灾害、公共卫生事件和社会安全事件。"本书所指的突发事件是指突然发生，造成或者可能造成重大人员伤亡、财产损失、生态环境破坏和严重社会危害，危及公共安全的紧急事件。

社区突发事件处置中研究的重点是在社区范围内发生的侵害社区整体公共利益，对社区全体居民和驻区单位的生产、生活造成或可能造成重大危害的突发事件。

4.3.1.2 突发事件的分类

根据突发事件的发生原因、过程、性质、机理和危害对象，我国将突发事件主要分为以下四类：

1. 自然灾害

自然灾害主要包括水的旱涝灾害、气象灾害、地震灾害、地质灾害、海洋灾害、生物灾害和森林草原火灾等由自然因素所致的灾害。

2. 事故灾难

事故灾害主要是由人的违法、违规行为所致，包括工矿或商贸等企业的各类安全事故、交通运输事故、公共设施和设备事故、环境污染和生态破坏事件等。

3. 公共卫生事件

公共卫生事件即由自然原因和人为因素共同所致引发的灾害，包括传染病疫情、群体性不明原因疾病、食品安全和职业危害、动物疫情，以及其他严重影响公众健康和生命安全的事件。

4. 社会安全事件

社会安全事件一般由一定的社会原因诱发而生，主要包括恐怖袭击事件、民族宗教事件、经济安全事件、涉外突发事件和群体性事件等。

4.3.1.3 突发事件的分级

为便于对突发事件进行监测、预警、报送消息、分级处置，以及根据事态发展情况进行有效处置，我国将自然灾害、事故灾难、公共卫生事件，按照其性质、严重程度、可控性和影响范围等因素分为四级：Ⅰ级（特别重大）、Ⅱ级（重大）、Ⅲ级（较大）和Ⅳ级（一般）。按照突发事件发生的紧急程度、发展势态和可能造成的危害程度，其预警级别又可分为一级、二级、三级和四级，分别用红色、橙色、黄色和蓝色表示，其中一级为最高级别。而对于社会安全事件，由于引发事件的原因涉及多方面因素，事件自身性质复杂等多种原因，目前还没有予以统一分级。

4.3.1.4 突发事件的特点

纵观现实生活中的各类突发事件，其表现形态各异，但一般都具有事发突然、原因复杂、扩散迅速、危害严重、影响广泛的特点。同时，往往各类矛盾相互交织在一起，一旦处置不当，就会产生连环反应。

1. 突发性

突发事件往往是在人们无法预料、没有准备的情况下发生的，事件发生的时间、地点、规模、发展态势及其带来的危害都难以预料，且超乎人们的正常心理接受限度和社会的正常运行状态，往往让人措手不及。突发事件一旦爆发，其破坏性的能量就会被迅速释放并迅速蔓延，如果不及时采取应对措施，将会造成更大的危害和损失。例如，道路施工中挖断了城市供水主干线，造成城市部分地区供水中断，对社区居民生活而言，就属于始料不及的突发事件。2005 年，吉林爆炸事故污染了松花江水源，也是典型的突发事件。

2. 危险性

突发事件的发生会带给社区深层的影响和破坏，可以在短时间内造成重大的损失：生产停止、设备损坏，生命安全受到威胁，社会秩序受到冲击，也可能在瞬间带来人们思想上的恐慌。这些有形或无形的损失会使社会生产造成停滞，给当地形象带来负面影响，还有可能给当地的人们在心理上和精神上造成重大伤害、产生消极影响。而这些影响可能是短期的，也可能是长期的；可能是显性的，也可能是隐性的。有些影响是长时间难以消除的。例如，松花江水源污染事件的危险性不仅是现实的，而且是长期的，直接影响了其供应水源的哈尔滨地区居民的生活供水，并且在今后相当长的时间内造成农村供应水源的农业用水和生活用水的不便。

3. 紧迫性

突发事件事发突然，完全超乎社会管理常态，而事态一旦控制不住，后果将难以设想。为此，在事发当时，控制事态发生、防止事态蔓延、减少事件对社会造成的损失，显得尤为重要。各级政府部门必须采取果断措施，在第一时间作出反应，及时捕捉、分析突发事件的各种信息作出应急处置。

4. 不确定性

由于事件的突发性和非常态性，事发原因不详，其发生具有偶然性和随机性，且事发后周边的环境因素也会致使事件瞬息万变,因此,对事态的发展趋势及程度难以准确预测和把握。突发事件的不确定性主要表现为引发事件的原因、事态变化的方向、可控制事态的因素、后果等各方面都呈现出无规律性和可变性。而这种发展的不确定性又使得人们在事件面前无所适从,茫然或难于迅速地作出判断和决策。

4.3.2 突发事件应急预案

"预案"在《现代汉语词典》里解释为:"就是为应付某种情况的发生而事先制订的处置方案"。社区突发事件应急预案,是指应对自然灾害、事故灾难、公共卫生事件等可能发生的重大事件或灾害,为保证迅速、有序、有效地开展应急与救援行动,降低事故损失,而预先制订的有关应急管理、指挥、救援的计划或方案。应急预案主要包括应急组织管理指挥系统,应急工程救援保障体系,综合协调、应对自如的相互支持系统,充分备灾的保障供应系统,体现综合救援的应急队伍等几大系统。它明确了在突发事件发生之前、发展过程中以及刚刚结束之后,谁负责做什么、何时做,以及相应的策略和资源准备等。通过应急预案,人们可以做到有备无患、防患于未然,尽量化解可能导致发生突发事件的风险隐患,未雨绸缪,从而最大限度地避免、减少突发事件的发生及降低事件发生后所造成的损失。

社区突发事件应急预案的内容一般包括如下几个部分:

(1)应急预案的适用对象和范围。

(2)应急预案的组织体系,包括工作领导、指挥系统;应对突发事件的各部门及分工合作关系。

(3)与政府有关部门的统一领导、协调关系,包括信息情报的调查、汇报,接受有关部门的统一指挥、安排。

(4)突发事件发生后的应急处置与救援,包括信息报告、先期处置、应急响应、应急结束、恢复与重建、信息发布等几个环节。

(5)应急预案的培训和演习,各级应急机构的指挥人员、抢险队伍、企业职工应了解和熟悉事故应急的要求和自己的职责。

社区组织制订的突发事件应急预案一般作为政府部门应急预案中的一个分支部分,承担一部分应急职能。要服从当地政府对应急预案的统一安排与指挥,不得与政府的总体预案相冲突。

4.3.3 社区几种常见突发事件的处置

4.3.3.1 社区公共卫生事件处置

社区公共卫生事件主要是指突然发生的,造成公众健康严重损害及其他严重影响公众健康的事件。例如,重大急性传染病爆发流行、群体不明原因的疾病、新发传染病、重大食物中毒、重大环境污染、放射污染和辐射事故等。社区发生公共卫生突发事件时,社区组织要配合政府有关部门做好以下几个方面的工作:

1. 情况报告

对于在工作中发现或群众反映的突发事件的苗头或倾向，要认真组织有关人员进行调查、分析，随时监控事态发生、变化。对符合上报条件的有关情况、信息，要及时向上级政府有关部门报告，并将事态的详细情况，包括发生、现状、可能原因等一切掌握的情况准确无误地报告给有关部门。

2. 事态监控

对已发生的突发事件在政府部门采取相应措施期间，要根据政府有关部门的指示、安排随时监控事态的发展趋势，对情况有蔓延趋势的突发事件更要严密监控。

3. 妥善处置

对在辖区范围内发生的各类公共卫生事件，要及时、妥善地进行先期处置并提醒居民采取自我保护措施。例如，对饮用水引发的不明原因的腹泻，在卫生管理部门未到场处置之前，可先告知居民停止饮用小区内水源，改为饮用桶装水或瓶装水；腹泻的居民可在家中采取相应措施，对排泄物进行灭杀。

4. 协助政府做好相应组织工作

公共卫生突发事件一旦发生，政府往往会采取强制检查、强制隔离、强制治疗和强制封锁等强制制度及紧急征用措施，社区组织要认真协助政府做好居民的组织与管理工作，教育居民服从政府在紧急状态的管制措施。

5. 及时告知事态

突发事件一旦发生，关乎社区居民生活大事，政府会及时将事态处置的过程、进度及相关情况通报给居民。社区组织要积极协助政府向居民群众通报情况信息。

4.3.3.2 社区煤气泄漏事件处置

社区煤气泄漏事件一般是指由于设备老化、管线被挖掘、使用不当而引起煤气泄漏，从而诱发或可能诱发火灾、中毒等灾害性事故的事件。煤气泄漏事件在社区突发事件中所占比例较高，危险较大。发现辖区煤气泄漏后，社区组织要做好如下工作：

1. 向有关部门报告

对社区内发生的煤气泄漏事件，社区要根据事态状况及时查找原因。对属于居民使用不当造成的阀门忘关或关闭不严的情况要进行提醒；对属于管线泄漏或断裂造成煤气大面积泄漏，空气中煤气浓度较高的事件，在提醒居民注意的情况下，要及时报告煤气公司和公安消防部门，有人员伤亡的要通知医疗部门。

2. 组织疏散居民，对周边地区进行警戒

对室外大面积煤气泄漏的地区要组织居民及时疏散到安全地带，同时在周边安排人员拉起警戒带，防止围观并严禁烟火和使用电器设备，等待有关部门处置。

对于室内煤气泄漏的，要打开门窗保持通风并切断气源。同时，在疏散居民的过程中，要采取防护措施，如：戴上防毒面具或用水打湿毛巾捂住口鼻；阻止人员进入室内，等待专业救援。

3. 现场救助中毒人员

对现场煤气中毒的人员要积极展开施救。应将中毒人员撤离现场，转移至安全地带，必要时进行人工呼吸；对地处偏远、来不及等待救护车辆的，可自行组织车辆送往医院抢救。

4. 协助相关部门做好救援工作

在配合专业救援队伍做好组织、疏散工作的同时，还要及时与物业单位联络，做好人员通行疏散、房屋图样备查、设备维修资料等的准备工作。

4.3.3.3 社区火灾事故处置

火灾是指在时间上或空间上失去控制的燃烧所造成的灾害。2009年春节时，武汉汉正街批发市场发生的那场大火所造成的损失令人至今难忘。对于火灾事故，要采取果断措施积极应对。

1. 组织居民火场逃生、自救

遇到火灾，居民应根据周边环境，利用安全出口（紧急出口）、楼梯间、紧急疏散通道，避开危险地段和路线，迅速选择逃生路线。在火场中，要采取措施避免窒息：打湿毛巾折叠后捂住口鼻，待逃离至安全地带后再拿开；如果房间被火势封住，逃脱不掉，应紧闭房门减少烟雾、火焰进入，并用水浇湿房门，将床单、毛巾等打湿后堵住门缝，防止烟雾进入房间。

2. 及时报告火警

及时、准确地报告火警需注意以下几点：优先使用固定电话拨打"119"火警电话；讲清火灾单位或个人的详细地址，包括街道名称、门牌号码、周围的明显建筑，高层建筑要讲明楼层等；讲清起火物、火势情况及有无人员被困；报警后安排人员到街道口等候消防车，指引消防车前往火场。

3. 进行火灾初期扑救

根据燃烧的条件和火情，选择适当的方法进行灭火，如隔离法、窒息法、冷却法和抑制法。一般来说，家居灭火时最常用的是窒息法和隔离法。要根据常用灭火器的种类及使用方法，合理选择灭火器材进行火灾初期扑救。

4.3.3.4 社区群体性事件处置

社区群体性事件的起因有多种：农村征地、城市拆迁、国企改制、城市出租车行业的经营管理不善、企业拖欠工资或劳动条件恶劣、转业或复员军人待遇、教师权益得不到有效保护、腐败现象或安全事故等。由于事件的起因不同，处置方式和方法也不尽相同。

1. 及时向有关部门反映社区居民的合理要求

群体性事件的治本之计在于"构建权利和利益的表达机制，权利和利益主体对话、沟通与妥协的平台"。群体性事件的参与者往往是因为其利益诉求缺乏正当、合理的方式表达，才会采取聚众闹事、围观、静坐等极端手段。为减少社会矛盾的集聚，疏通社会管理的相关环节，社区组织要及时将掌握的社区居民的正当的呼声和要求向政府有关部门反映，便于其事前妥善处置，防止矛盾升级转化。根据事件的类型不同，社区组织反映群众合理要求的政府部门主要有民政、劳动、土地管理、城管、国资委等部门；不清楚职责、管辖的，可直接向信访或各级人大反映。

2. 及时疏导社区居民，化解矛盾

群体性事件的引发原因多种多样、纷繁复杂，但群众缺少正确的解决途径是其中的主要原因之一。社区组织积极协助社区居民向有关部门反映其呼声、为其权益建言的同时，也要向其宣讲法律法规，引导居民走合法的解决途径。对于那些处于初期的事件，通过及时疏导，引导居民走合法的法律救济途径，可以避免矛盾扩大，从而避免对社会治安产生重大不良影响。疏导居民可以通过普及非法行为应承担的法律后果、提供合法的解决途径等方面进行。

3. 协助政府有关部门做好信息沟通

在政府处置群体性事件的过程中，社区组织要认真配合政府做好信息沟通工作。在事件处置中，要及时根据有关部门的要求，提供参与事件的有关人员的准确身份信息、家庭成员及主要社会关系和在社区的一贯表现等情况，不得推脱不报，更不能隐瞒不报，以利政府及时妥善处置事件；对那些在幕后进行组织、策划人员的信息，更要及时报告。

小　结

1. 社会治安综合治理是在党委和政府的统一领导下，全社会共同参与，采取多种手段和措施，防范和打击违法犯罪，预防各种治安灾害性事故发生，维护社会治安稳定的一项系统工程。在社区综合治理中，驻区的各部门、各单位要认真按照综合治理的职能划分，根据本部门、本单位的本职工作特点和要求，将综合治理工作纳入工作计划中，履行应尽的职责。

2. 社区警务是以预防犯罪、减少犯罪，降低各种案件、事件和治安灾害性事故的发生为主要防范目标，把警务工作重点转移到事前预防上来的一种新型警务模式。社区警务强调以警民互动缔造一种良好的警民关系，调动社区居民的治安防范的主动性，积极打造全民预防、全民皆警的治安防范网络，进而从根本上解决社区治安问题。

3. 社区突发事件是指突然发生，造成或者可能造成重大人员伤亡、财产损失、生态环境破坏和严重社会危害，危及公共安全的紧急事件。对于社区突发事件的处置，要依法进行。社区常见的突发事件主要包括公共卫生事件、煤气泄漏事件、火灾事故和群体性事件等。

思　考　题

1. 什么是社会治安综合治理？其原则是什么？
2. 在社会治安综合治理过程中，各单位、各部门的主要职责是什么？

3. 社区警务的内涵是什么？社区民警在社区警务工作中如何履行自身职责？
4. 什么是突发事件？突发事件有哪些类型？
5. 社区组织如何处置各种常见的突发事件？

实 训 题

1. 阅读案例，回答问题：社区警务探索的是怎样一种警务模式？社区居民在新型警务模式中有何作用？

社区"坝坝会"，民警支高招

4月26日晚上8点，猛追湾派出所社区民警深入辖区新鸿路303号居民院落，针对治安防范热点问题举行了一场别开生面的"坝坝会"，几十名居民群众与社区干部围坐在一起，倾听民警讲解日常防范高招。社区民警通过"坝坝会"的形式与居民群众面对面的交流，增强居民自我防范意识，维护自身安全，改善社区治安环境。

"坝坝会"上，社区民警用发生在辖区内活生生的案例，深入浅出地分析讲述了发案原因、小偷作案手段、作案工具及危害性。派出所范所长温馨地提示居民们："对上门维修、送货、送礼的人，要查明其确切身份，要教育自家的小孩不要轻易给陌生人开门；家中尽量不要存放现金和贵重物品，晚上睡觉要把衣服放在离窗户较远的地方……"

随后，社区民警向到会的居民们发放了防范自行车（电动车）被盗的宣传资料，回答了群众的提问。居民们纷纷发言表示："我们这里要创建平安和谐社区，社会治安环境要得到改善，除了靠社区、警察外，自己的防范意识也需要加强，大家都要提高警惕性。社会治安人人有责，只有群防群治，才能有良好的治安环境。"

会后，派出所民警与社区干部共同现场检查了该片区的防盗设施，拉响了夜间居民防盗电铃，清脆的铃声为居民群众再一次敲响治安防范的警钟。

（资料来源：成都市成华区人民政府网站，2010-05-11）

2. 阅读案例，回答问题：在下面这起社区突发事件处置过程中，都有哪些组织应承担相应的责任？根据综合治理的相关原则，应该由哪些部门对这起因燃气泄漏而引发的火灾承担责任？

望京一小区燃气泄漏引发火灾

29日凌晨1点半，朝阳望京西园四区内的一座燃气调压房漏气引发火灾，距其不到1m的塔楼居民被紧急疏散。4h后，堵漏完成，该楼随后恢复供电，被疏散的约500名居民得以回家。

4层住户李女士说，当时，她看到卧室外红光闪现，探出窗口才发现楼下公共区域内的燃气调压房起火了,火苗蹿起3m多高,同时楼道内传出嘈杂的脚步声和呼喊声。就在这时,保安敲门,告知楼下燃气泄漏着火。李女士得知险情后,和家人迅速撤离到楼下。其间,她看到几名保安在挨家挨户拍门通知居民转移。

半小时后,该楼160户、约500名居民全部被安全疏散。

据了解,四区有20多栋楼,每栋楼均有一座燃气调压房,起火的是距离一栋20层的居民楼不到1m的调压房,并引燃了两户居民家的空调室外机。

在疏散该楼居民的同时,小区保安们和望京西园社区居委会的人员合力用灭火器灭火。凌晨2点,当所有居民已安全转移,酒仙桥消防中队的4辆消防车抵达时,他们已经自行将火扑灭。

在抢修的4h里,约500名居民被疏散到望京西园社区居委会的办公室和社区俱乐部内休息。

据居委会工作人员介绍,为了安置被疏散的居民,居委会临时召集所有工作人员,"我们搬来练体操的垫子,还在俱乐部和办公室里铺上毯子,连热水器都搬来了,就是希望居民们能安心休息。"

一名居民说,当被允许回家时,这些工作人员还在楼门口告诉他们:"回家后不要动燃气设备,今天下午3点前家里一定要留人,经过燃气集团复查之后才能用燃气设备。"

为了感谢居委会工作人员,居民们联名送去感谢信。70多岁的崔大爷说,当时居委会工作人员还特意给老人们搬来电视解闷,"生活在这样的社区,我们很放心。"

据了解,下午1点左右,该楼恢复燃气供应时,物业为防止再出现意外,派出20多名保安在每层值守。

(资料来源:京华时报,2011-8-30,记者肖岳,有删减)

第5章 城市社区文化管理与服务

📖 学习目标

掌握社区文化的内容及社会功能;理解社区文化管理的必要性、内容及途径;了解社区文化建设取得的成就,社区文化建设的新背景、新理念。

📖 引导案例

东方社区信息苑是适应上海城市文化建设、城市信息建设和未成年人思想道德建设的需要打造而成的新型的公益性数字文化综合服务平台(图5-1)。

图5-1 东方社区信息苑

1. 社区公益性信息化阵地

东方社区信息苑是以"天罗地网"方式,直接建在社区里,面向社区居民,运用互联网技术,提供以文化、信息、便民服务为内核的新型公共文化设施和服务平台。它是社区公益性文化信息化阵地,是政府信息公开、社区电子阅览、全国文化信息资源共享工程、社区档案服务、青年志愿者社区服务、市民(青少年)信息服务、社区校外数字课堂等多个项目的集成平台。东方社区信息苑的主要服务对象是持有《东方社区信息苑公益活动卡》或《东方社区信息苑少儿活动卡》的社区居民。两卡均采用实名制,由各街道(乡镇)向社区居民发放。凡持有社区信息苑公益卡、少儿卡的社区居民,均可在信息苑享受免费、安全上网服务。信息苑对网页采取过滤措施,对不良信息多层屏蔽,确保绿色健康,并有工作人员进行上网指导。其中,少儿卡实行家长授权制,可限制每天上网时间 1~2h。家长通过已经开通的"追踪热线",可以迅速了解孩子上网的即时位置和时段。

2. 贴近市民和服务百姓

上海市信息化发展的核心思想是贴近市民,普及市民信息化程度,让百姓享受到信息化带来的便捷,缩短政府与百姓沟通的距离。而立足社区、辐射全民的社区公益性信息服务终端——东方信息苑正在将这一核心思想付诸实际。上网是老年人的一大难题,而东方社区信息苑的建设为老年人群带来了福音。信息苑为老年人开办培训班,指导老年人上网。许多享受信息苑服务的老年人表示,虽然家里有计算机,但孩子们没有耐心教他们,在信息苑里,工作人员会十分耐心地教他们使用计算机。现在,这些老年人不仅可以上网看报,还可以自己制作贺卡、发电子邮件,觉得生活充实了很多。

依托东方社区信息苑,居民能够方便地在网络上寻找就业机会,查找各种职业信息和就业政策。据统计,东方社区信息苑现已对外办理公益卡、少儿卡 3 万多张,接待社区居民 90 万人次,培训 1481 人次,对外服务时间超过 15 万 h,其中青少年、老人、妇女、社区就业援助者、大龄失业人员占总数的 79%,真正体现了社区公益性阵地的服务性。

(资料来源:顾建键,现代社区管理概论,上海:上海人民出版社,2012)

阅读以上材料,请回答:

1. 社区文化的功能有哪些?
2. 社区文化建设的重要性具体可以分为哪些方面?

5.1 社区文化的内容和社会功能

5.1.1 社区文化的内容

这里的社区文化是广义的社区文化,即"大文化"概念,所以它的外延也非常广泛。从外延来看,社区文化建设(图5-2)至少应当包括以下八个方面的基本内容:

1. 公益文化

公益文化是社区文化中最核心、最受公众欢迎的内容。公众的文化消费在目前阶段大都依赖于公益文化。公益文化通常以各种文化设施和场所为依托而开展,其中最有代表性的是各类公共图书馆、博物馆、纪念馆、文化馆、美术馆、科技馆等。例如,现在绝大多数居委会建立的老年活动室就对丰富居民文化生活起着举足轻重的作用，许多离退休人员都把居委会老年活动室作为首选活动场所。

图 5-2　社区文化——绿色住区建设的灵魂

2. 营利性文化活动

社区公益文化是社区文化中非营利的部分，但社区文化要发展，不能只靠政府的支持，还要走产业化的道路。因此，社区文化中有一部分是营利性的。就目前的发展来看，营利性社区文化一般分为三种类型：演出文化、娱乐文化和商业文化活动。

演出文化是专业性的文化演出活动，它是文化产业的核心部分，通常以各种表演艺术如戏剧、歌剧、音乐会、演唱会、歌会、舞蹈、马戏、杂技等为代表。演出文化主要是由专业队伍进行的，一般来说，公众很难直接参与。但演出文化在营利的同时也给社区公众带来了丰富的文化生活内容。尤其是一些高雅文化艺术，只有演出文化才能提供，它对提升社区文化的档次至关重要。与公益文化以及群众性的自娱自乐的活动不同的是，演出文化一般都有较高的水准，有利于高雅文化与通俗文化的互补。随着社区经济的发展以及社会整体的进步，一些上档次的专业演出文化必将越来越受欢迎，在人们的文化消费中所占比例必然会不断提高。

娱乐文化一般以社区内的公园、游乐园、歌厅、舞厅、酒吧、卡拉 OK 厅、健身房、保龄球馆、电子游戏机等娱乐场所及其经营活动为代表。虽然它跟演出文化一样以营利为目的，但同样为丰富社区文化生活提供了不可缺少的选择。没有娱乐文化，社区文化就会很贫乏。而社区娱乐文化设施能否满足社区民众的相关文化需求，通常是体现社区文化发展程度的重要标志。

商业文化活动是企业贸易、商业促销所兴办的文化类宣传活动，从而形成独特的商业性节日文化活动。此类活动具有商业与文化的双重性，对丰富社区文化内容起到不可忽视的作用。近年来，这样的专题活动日益增多，如旅游节、茶文化节、酒文化节、服饰文化节等，应有尽有。而有些专题文化活动已成为定期的群众文化活动。文化与商业结合可以形成独特的"文化搭台，商业唱戏"局面，这样一方面可以弥补社区文化活动经费不足的问题，另一方面可以极大地推动有关工商企业和整个社区的经济发展。有的社区已经把专题性的商业文化活动作为相对固定的文化活动形式。随着市场经济的发展，这种专题文化活动将越来越普遍地被用来制造商机，它很可能会在未来的社区文化活动中扮演重要的角色。

3. 社区节庆活动

社区节庆活动是社区政府与文艺团体、文艺公司兴办的社区性或社会性的民俗、文化、艺术类节庆活动。民俗文化主要是由具有民族特色和地方特色的习俗、风俗性聚会等文化活动所组成的。民俗文化通常同传统节日文化活动相联系。传统节日主要是指春节、元宵节、清明节、端午节、中秋节、重阳节等一些从古代就已形成的节日。这些节日往往包含许多传统的群众性文化活动形式，而且当今人们进行这些活动时，融入了新的社会意义，体现了社会主义精神文明的新观念和新风尚。例如，在重阳节时为老人提供理发、洗衣、送糕团等各种服务。除了传统节日的文化活动外，社区节庆活动还包括近年来我国的和外国的新兴节日的文化庆典，包括建国以后新出现的各种纪念节日，如元旦、国庆节、妇女节、劳动节、建党节、教师节，以及圣诞节、感恩节等；还包括各种文化节日，如艺术节、电影节等。

4. 社区居民文化休闲方式及家庭文化形态

现在许多社区兴办"胡同图书室"，虽然大多十分简陋，但老年人非常喜欢就近卖报看书，结合时事政治开展读书小组讨论，这对消除老年人的孤独、丰富老年人的生活起到很好的作用。随着居民生活水平的提高，人们的休闲方式也开始多样化起来，除了看书读报、旅游和娱乐文化消费之外，还大量参与其他各种休闲文化活动，如养生保健、鱼鸟宠物饲养、插花养花、盆栽盆景、家庭绿化、集邮下棋、书法爱好等。许多休闲文化与其他文化形式的不同之处在于，它既可以个人参与，也可以集体参与，每个人都可以加入到一定的休闲文化活动之中。

5. 企业文化

工商企业是社区的一部分，它要依靠社区才能发展，反过来，它的发展又推动社区的发展。因此，工商企业与社区的发展息息相关，许多工商企业也确实十分注意开展丰富多彩的文化活动，并积极参与同社区一起组织各种文化活动。不少企业不仅在硬件上成为其所在社区的标志性景观，而且一些大型企业还独立开展各种文化活动，成为其所在社区文化生活的亮点。随着现代观念和商业观念的转变，企业将逐渐成为"社区公民"，而不是社区的独立部门。在这种情况下，企业参与社区建设，社区依赖于企业发展并推动企业发展，将成为不可避免的趋势。于是，企业文化在社区文化中占有的地位必将日益重要。企业和社区会逐渐融为一体，从而使得企业文化成为社区文化发展的重要标志之一。

6. 科普体育文化

科普知识今天已经成为提高社区人口素质和市民家庭生活质量的关键因素之一。科普文化活动的目的正是大力宣传和普及现代科学技术知识，用科学的思想引导人，用丰富的知识培养人，用文明的行为规范人，用高尚的情操陶冶人，促进本社区精神文明建设。随着社会的发展，科普文化将在整个社区文化系统中占有越来越重要的地位。体育文化活动在城市的各区、各街道、各新村也非常广泛,如文艺宣传队、体育队等。这些文体组织在社区精神文明建设中发挥着越来越重要的示范带动作用。各类剑、球、拳、操队和广场舞队长年累月活跃在小区健身广场和各健身点,形成了全民健身的亮丽风景线。这些自发组织的活动既对居民的精神生活充实度有很大的提高,同时也丰富了整个社区所有公众的文化生活内容。在21世纪,社区将得到进一步发展,其中最明显的是居民的社区意识应当明显增强。而提高社区公众的社区意识,在很大程度上要靠调动他们参与各种各样的社区活动来实现。科普体育文化活动参与度提高,参与者的社区意识必然能够增强。

7. 观念文化

观念文化是指文明、先进的思想观念和道德风尚以及良好的人际氛围。这是一种"无形"的文化,但它对人的素质、生活质量都有着重要的影响。观念文化可以体现社区生活以及社区居民的理念和价值观。观念文化中还包括心态文化,也就是健康的心理状态。心态健康在今天同生理健康一样重要。特别是我国正处于变迁和转型过程中,部分人可能会因心理状态调整不过来,出现心态不平甚至失常。为此要通过心态建设,加强心理疏导,形成健康的心理状态,从而为社会主义市场经济建设创造良好的心理氛围和软环境。观念文化建设的任务正在于此。随着21世纪的到来,知识经济日益发展,科技革命的狂潮不断席卷每个角落,观念文化显得日益重要。如果观念跟不上,必然导致整个思想和行为的落后,这对社区文化建设是极为不利的。

8. 人文景观

人文景观构成一种环境文化,内容主要包括历史遗迹、古典建筑、博物馆、绿地、雕塑、壁画等。近年来随着城市居民生活质量的大幅提高,民众对居住环境的要求也越来越高,不仅要求房型、面积,而且越来越重视居住环境的文化品质,如生活园区的公共空间、树木绿地、建筑小品、文化体育设施等。房产开发商要使自己的楼盘旺销,也无不以此招揽顾客。目前,许多居住区为了提高人民群众的生活质量,以可持续发展思想为指导,结合文明社区创建活动,从整体上规划生态小区建设。首先是搞好社区环境绿化,营造自然环境和人工环境融为一体的生态环境。组织居民广泛开展义务植树活动、保护树木花草的护绿活动,提高社区居民爱绿护绿、参与绿化的社区意识。其次是创建优美的小区社会环境,使小区的社会环境能与小区的自然环境、人工环境相协调。在这种优美的环境文化中,居民们才会真正热爱自己居住的社区,产生强烈的社区认同感和归属感。

综观我国社区文化的发展,社区文化从原初的群众文化工作和民俗文化,越来越成为宽泛的大文化概念。这是当前社区文化基本面貌。从近十几年的发展情况来看,社区文化活动的商品属性借助市场经济体制得以发展,可以说已经取得压倒性的地位,社区文化娱乐市场、社区的商业文化活动因此获得了强大的活力。

5.1.2 社区文化的社会功能

无疑,社区文化的发展决定了社区的发展。随着社会的不断进步,社区文化的功能也在逐步扩大。进入 21 世纪，学者们都在积极探讨社区文化潜在的社会功能，希望通过不断地探讨和实践，开发社区文化的重要意义。社区文化的重要意义来自于人的生存发展及社会进步所产生的功能。这种功能主要包括两个方面：社会生活功能和社会价值功能。

5.1.2.1 社区文化的社会生活功能

具体来说，城市社区文化的社会生活功能体现于三个领域：社区的家庭生活、社区的日常交往活动和社区的日常休闲活动。

1. 城市社区文化对于社区家庭生活的功能

社区是人们日常生活的聚居地，而家庭生活是构成人们日常生活最重要的部分。家庭是建立在婚姻关系、血缘关系或收养关系基础上的亲密合作、共同生活的初级社会群体，是社区生活的基本单位，是社区中个体生产、生活的主要场所。社区就是由一个个家庭组成的，所以，家庭在社区的发展中处于重要的地位。在现代城市社区中，一方面，社区文化为个体生命的展开提供了优越的物质条件。在社区内，方便齐全的生活设施、良好的卫生条件、充裕的商品供应、周到的生活服务，使人的健康状况有了较好的保障，并感受到城市家庭生活的舒适。另一方面，现代城市中的社区文化也为个体生命的发展提供了所需的精神资源。由社区文化所传达的科学知识、价值观念、人文氛围，从小就浸润着社区内的每一个个体，成为他们思想之旅的第一处驿站。家庭成员的生命质量因此而获得提高，人类的繁衍因此而远离动物性。

2. 城市社区文化对于社区日常交往活动的功能

社区内的生产、生活必须在人际交往的基础上进行，即在日常交往的基础上进行。社区的日常交往是社区关系中的一部分，邻里交往是社区日常交往的一个主要部分，是仅次于家庭成员之间交往的一个重要组成部分。它一般表现为日常琐事上的联系和交往，如公共资源的使用、公共环境的保护、生活习惯的相互尊重、生活上的互助、情感上的相互沟通等，个体间基于一种天然的情感而进行交往。在除却血缘关系之外，仅靠这种天然的情感来维系的社区日常交往是脆弱的。在城市社区交往的根基处，必须添加一些理性的价值和规范。这一任务是由城市社区文化来完成的。城市社区文化内含的人际平等、尊重个人及家庭私密性空间、公共责任均摊、公共资源共享等理念，从深层次上改变着社区人的心理意识，影响着社区的日常交往行为，从而使城市社区的日常交往活动在一条更具理性的轨道上运行。

现代社区中，邻里关系已经在不知不觉中发生着变化，工业化的生产使家庭成员走出家庭，走向社会。人们的活动空间更加扩大，交通通信的发达，使人们的社会联系更加广泛。邻里间的生产、生活上的互助功能，日益被社会化的生产和社会化的家庭服务所削弱，尤其是城市社区，居住条件的改善正在使邻里共用的厨房、走廊、庭院，以及"开门一家，关门各家"的四合院、大杂院成为过去。生活方式和居住环境的变化使邻里关系淡化了，有的同住一个社区、同住一幢楼数年都互不认识，邻里间渐渐变得疏远、冷漠和戒备。对此，城市社区文化将发挥其沟通、亲和功能。各种社区组织，如志愿者（义工）组织、各种娱乐协会、小区的业主大会等，不仅能使社区的个体树立"在家"的主人翁感和责任感，而且为他们提供了互相交流、沟通的场所。社区所组织的各种活动，如联谊、体育比赛、社区自我管理活动等，也加强了社区居民之间的情感联系，沟通了隔阂的人际关系。

总之，城市社区文化建设通过经常性的文化行为，形成了社区日常生活图式的自然性、经验性和人情化的文化模式，以及日常交往实践和思维的重复性，从而给社区居民提供了安全、熟悉的交往空间，使他们找到了所必需的熟悉感、安全感和"在家"的感觉，在社区内营建了一种和谐的人际关系，使城市社区真正成为居民的情感寓所。

3. 城市社区文化对于社区日常消费与休闲活动的作用

（1）社区的日常消费活动。社区的日常消费活动是指社区内衣食住行等以个体的生命延续为宗旨的日常生活资料的获取与消费活动，是人类为了满足最基本的生存需要而进行的活动。它是社区内日常生活的最基本的部分，也是人类日常生活世界的最基本层面。社区的交往活动、社区的日常家庭生活都要在社区日常消费活动的基础上进行。

首先，社区文化对于人居住环境的考虑，包含了营造健康、舒适的消费环境的内容。社区中的消费"硬环境"的建设渗透着社区文化的理念。商场、酒店、书店、影剧院等物质、文化消费场所，一方面，会因为社区文化的渗透而提升其文化品位，另一方面，不同社区的这些消费"硬环境"会具有本社区的特色，甚至成为本社区的形象标志。社区文化对于社区日常消费活动的"软环境"的意义更为重大。通过各种文化媒介和文化活动，社区文化不仅可以传播具有本社区特色的消费观念，而且可以推动本社区的消费时尚、消费习惯的形成和革新，还可以积累社区所需要的物质和文化消费品的生产能力和生产经验，为社区的日常消费活动提供丰富的隐形资源。

其次，社区文化的重要内容之一就是它的消费文化。这种消费文化反映了社区消费的如下特征：①丰富性，即消费品的品种和数量的丰富性，它为居民消费提供了广阔的选择空间；②自主性，即社区文化并不给出消费行为的一定之规，消费行为是在宽松环境中的居民的自主选择，尽管这种选择会受时尚的影响；③多元性，消费选择空间的广阔和选择自主，使个人和家庭根据自己的需要、生活情趣和审美观点进行消费活动成为可能，从而社区的日常消费行为呈现多姿多彩的面貌；④享乐性，物质生活的富裕使大多数居民不再局限于解决温饱问题，享受生活成为这种消费行为的主要内容；⑤审美性，社区居民对于日常消费品（物质的和精神的），不仅仅要求其实用，而且要求其具有满足审美需求的功能；⑥发展性，社区居民的日常消费活动也不仅仅是维持简单的生存，还承担了提高主体的科学文化素质，促进主体事业发展和人生境界提升的功能目标。在这种消费文化的影响下，社区居民消费观念正朝上述特征变化，其消费活动也越来越明显地具备了上述特征。

（2）社区的日常休闲活动。构成社区日常生活最基本部分的除了社区的日常消费活动外，还有社区的休闲活动。社区的日常休闲活动是指社区居民在社区内消遣、娱乐以放松身心，摆脱工作所带来的疲乏及获得精神享受的活动，它最能体现社区日常生活的自在、自然状态。

社区文化对于社区日常休闲活动的功能主要体现在以下几个方面：

首先，社区文化为社区休闲营造优越的环境和氛围。某些社区由于其地理环境因素，一般没有自然山水风光，于是就会着意创造一种安逸的人文氛围和优美的生活环境。如，社区中修建假山、湖泊、花草树木，俨然一个花园，力图使社区居民在一种美丽高雅的环境中度过休闲时光。

其次，社区文化为日常休闲提供了多姿多彩的活动方式。娱乐功能是社区文化的基本功能。在传统社区中，居民日复一日、年复一年的日常生活，以重复的思维方式复制着每一天。而社区文化的娱乐功能能够调节枯燥乏味的社区日常生活，尤其是在传统社区向现代社区转型时，社区文化的娱乐功能是必要的。现代社会中，人们的生活节奏加快，工作紧张，社会竞争强烈。紧张了一天的人们回到生活的社区，需要精神上的松弛，对精神生活有较高的要求。社区文化恰恰在很大程度上可以满足人们对精神生活的需求，通过最活跃、最生动、最具有吸引力、最易被人们接受的娱乐活动方式，使社区居民在社会紧张劳动之外的休息和娱乐中，得到精神上的调剂，获得精神享受。随着科学技术在社会生活中日益广泛地应用，劳动生产率的提高，人们自由时间的增加，社区居民往往可以通过对艺术的创作和欣赏，选择旅游等方式去体味生活中的乐趣，寻求高雅的精神享受。除此之外，就是社区中的较小领域中的休闲，即家庭休闲、读书、旅游、家庭影院等。

最后，城市社区文化的建设不仅使社区日常休闲的内容更为丰富，也使其更为健康和有品位。社区文化建设得好的社区，其日常休闲活动常能寓教于乐，使人们在放松身心、休养生息的同时，增长知识、强健体魄、调整心理状态、陶冶道德情操、提高艺术修养，得到美的享受。

5.1.2.2 社区文化的社会价值功能

社区居民不可能脱离日常生活，但也不能被困于日常生活之中而丧失意义和追求。社区文化的社会价值功能就体现在，它能为局限于日常生活中的人提供超越性的意义世界和价值导引，提升人的生存境界。

社区文化由于脱胎于社区的日常生活中，从本质上讲，它具有群众性、世俗性、密切联系现实的特性，即它贴近群众、贴近生活、易于被民众所接受。这是它区别于其他文化的特征，也是它所具有的其他文化所不可比拟的优势。社区文化来源于社区的日常生活，但又高于日常生活。社区文化是一种自觉的精神生产，可以对人们的自在观念进行评价、指导、超越，使之升华。这是社区文化的社会价值功能的可能性之所在。社区作为日常生活的主要寓所，个体不可避免地要被打上日常生活的烙印。从社会的基层——社区开始，对生活其中的个体进行改造，使其由自在、自发状态进入自由、自觉状态，培养个体的主体意识，提升个体的价值自觉，应成为当前我国社区文化建设的新内涵，也是我国当前精神文明建设的迫切问题。这是我国城市社区文化价值功能的必要性之所在。

5.1.2.3 社区文化的其他功能

社区文化还具有教育功能和传承功能。其中，前者显示社区文化对其核心对象——人的塑造作用,这一作用贯穿于社区文化社会生活功能和社会价值功能的始终,是这两种功能赖以实现的条件;后者体现社区文化自身的历史发展与演变,是社区文化获得历史资源、实现有规律进化的条件。

1. 社区文化的教育功能

社区个体的科学文化素质、思想道德素质的提高,以及现代社区的现代化要求,是以人的素质的现代化为标志的。但就社区居民而言,他们改变现有的思维方式、行为模式、生存方式的推动力来自于一种全新的生活方式或活动模式的触动或冲击。例如,随着市场经济对传统社区的冲击,社区也呈现出开放态势,社区与社区之间的交流,随着大众传播媒介在高科技的推动下向生活的全方位渗透,社区居民对新的生活用品的采用、对一种新的生活环境的接触等,都会潜移默化地改变人的行为模式,从而逐渐激发起社区居民在其生存中发挥出创造性和自由自觉性。然而,靠这种自发的方式来改造社区居民的思维方式、行为模式,其过程是极其漫长的。因此,发挥社区文化的教育功能是必不可少的。

社区文化教育与学校教育及专业性、职业性的成人教育不同,它属于社会性的自我教育。它不是以说教为形式,而是通过渗透方式或直接传授方式,发挥社区文化的群众性、密切联系现实的特点,把现代科学知识和科学思维以通俗易懂的多种形式传输给社区居民,使社区居民受到启发和感染,弥补其他教育方式的不足。社区文化的教育一方面注重塑造人的基本品格,另一方面注重实效性,即对社区居民的直接影响与改变。实际上,这种教育往往直接融于社区居民的日常休闲、交往活动之中,组织起来的社区文化活动在某种意义上既是居民的日常活动,又是社区文化的教育活动。从社区文化教育的这些特点来看,其教育功能是独具特色、不可替代的。

2. 社区文化的传承功能

社区居民在长期的日常生活过程中形成的风俗、习惯、价值观念、生活方式,经过祖祖辈辈的创造、加工、充实和发展,成为集中体现社区居民价值观念、情感因素和审美心理的社区文化。它是对社区日常生活的超越,既具有日常生活所赋予的特性,又具有社会文化的特点。它必然会在社区内传播、保存,并作为社区内的文化遗产,通过风俗、习惯以及相对稳定的社区价值观念和生活方式等途径,代代相传。正是社区文化的传承功能,才使社区居民所创造的文化成果得以保存并发扬。社区的文化传承是社区精神文明建设的重要依据,同时也使得精神文明建设更有深度。

社区文化所具有的这些功能,使其在当前我国精神文明建设中具有不可替代的作用和意义。停留在日常生活水平的个体无法适应现代化的发展,在我国由传统社区向现代社区的转型时期,社区文化担负着改造传统日常生活的任务,转变日常生活带给个体的惰性思维方式,激化个体的创造性思维,以适应现代社会的需要。因此,我国由传统社区向现代社区转型的成功应以社区个体素质的现代化为标志,这也是当前我国社区文化建设的主要任务。

5.2 社区文化管理

5.2.1 社区文化管理的目的

社区文化管理的根本目的是要通过发展社区的文化教育事业，丰富居民的文化生活，提高社区居民的综合素质和社区的文明程度，树立良好的社区形象。为此，必须要注意社区文化建设的参与性和广泛性，了解广大居民的文化需求，并采取各种群众喜闻乐见的形式，调动广大居民参与社区文化建设活动的积极性。社区文化建设的主体是社区居民，只有努力吸引广大居民自觉地参与社区文化活动，使其在参与中受到教育和熏陶，才能将社区文化建设事业不断推向前进。所以，社区文化建设要在居民的参与中求生存、求发展、求繁荣，把居民的参与程度作为衡量社区文化建设成就的一个重要标志。

与此同时，还要注意社区文化建设的知识性、娱乐性和教育性的统一。社区文化建设和管理既要将"俗文化"作为发展的重点，满足大多数居民的文化消费需要，也要着力于"雅文化"的发展，提高广大社区居民的文艺鉴赏力、审美情趣和文化品位，真正做到雅俗共赏、寓教于乐。同时，要充分利用社区的文化资源（包括优秀的文化传统、健康的风土人情、著名的文化遗迹等），发展具有独特风格的社区文化。例如，广东省许多城市为了丰富社区居民的假日生活而开展的广场文化，就收到了较好的效果。肇庆牌坊广场自1996年11月建成以来，有关部门精心组织，周密计划，采取有组织的业余演出和专业演出相结合、普及与提高相结合的方式，做到每个周六晚上、重大节日和有纪念意义的日子都举办文艺演出，至今已演出了200多场，犹如春风化雨，催开了一朵朵社区文化之花。全市许多社区的居民、企业、行业都积极参加演出，自创、自编、自演节目，既活跃了居民的文化生活，又树立了行业、企业的形象。同时，广大社区居民既当观众，又当演员，既享受娱乐，又给大众带来娱乐，为整个城市社区的精神文明建设作出了重要贡献，被评为广东省"十佳文化广场"。

5.2.2 社区文化管理的内容和措施

1. 制订科学的社区文化发展战略，促进社区精神文明建设

社区文化事业作为城市社区精神文明建设的一个重要方面，对社区经济的发展、社会的稳定和居民素质的提高都具有重要的作用。要搞好社区文化管理，首先必须要制订科学的城市社区文化发展战略，明确一定时期内社区文化发展的目标、方向、重点，要紧紧围绕提高社区居民的综合素质这一目标，吸引广大社区居民自觉参与社区的文化建设和管理；同时，要注意遵循社区文化发展的内在规律，充分发挥社区特有的文化资源优势（包括优秀的文化传统、健康的风土人情、著名的历史遗迹等）来发展具有特色的社会文化。因为社区精神文明建设的一个根本目标就是培育适应社会主义现代化要求的一代又一代有理想、有道德、有文化、有纪律的公民。这既是一种理想目标，也是一种现实要求。就当前开展社区精神文明建设而言，直接目标则是要提高社区居民素质和提高社区文明程度。从社区的角度来看，社区是居民生活与发展的空间场所，社区的文明程度在一定程度上反映并影响着本地居民的素质。通常来说，社区文明程度越高，越有利于居民素质的提高；反之，社区文明程度越低，则越不利于居民素质的提高。而从居民素质的角度来看，居民素质的高低则是一个社区文明程度的内在标志，是一个社区文明程度的本质反映。居民参与文明社区建设的自觉性与积极性，在一定程度上又影响着社区的文明建设。所以，提高社区居民的素质，从某种意义上讲，就是提高社区的文明程度。

2. 加强社区形象建设，树立良好的社区形象

社区形象是社区文明程度的直接标志，反映的是一个社区的内在本质和灵魂，它是社会公众和社区居民对一个社区的具体印象和总体评价。树立良好的社区形象，对于一个社区的发展具有特别重要的意义。它不仅可以满足居民提高生活环境质量的需要，而且有利于提高社区的吸引力，促进社区经济的发展。当然，社区形象的建设不是一朝一夕的事情，需要全体社区居民经过长期不懈的努力，把社区各方面的事务管理好，才能逐步形成和完善起来。尤其是一个社区的形象一旦受到破坏，要想重新树立一个好的形象，需要花费更大的精力。所以，在社区文化建设和管理中，必须注意社区形象的建设。

社区风尚也是社区文化建设和管理的一项重要内容，是社区形象的一个重要方面。社区风尚虽然看不见、摸不着，但却实实在在地存在于每一个社区中，对社区居民素质的提高和社区文明程度的提高产生着巨大的影响。如果一个社区能够形成一种邻里互助，友好相待，敬老爱幼，爱护公物，居民讲文明、讲礼貌、讲道德的风尚，必然有助于促进社区的发展；反之，则会妨碍社区的发展。

3. 加强社区道德建设，树立文明新风

道德建设主要是指以集体主义为基本原则的社会主义基本道德规范建设。它不但规定了精神文明建设的性质，而且是精神文明建设的核心。树立良好的社区风气和社区形象具有特别重要的意义。社区道德建设的目的是提高居民的思想道德素质。具体说来，要求居民在思想素质方面，拥护党的基本路线，在不同岗位上为建设有中国特色的社会主义作出自己的贡献；在道德素质方面，能以集体主义原则正确处理国家、集体和个人三者之间的利益关系，遵守社会公德，文明礼貌，遵纪守法。所以，社区道德建设应从社会公德、家庭美德、职业道德入手，重点搞好社会公德建设。

每个人由小家庭进入大社会，都要遵守公共生活的行为规则，社区是居民走向社会、学习培养社会公德的第一课堂，能够帮助居民适应城市化、社会化的生活需要。社会公德教育在社区文化建设中至关重要，应将强化公德教育作为社区文化建设的一项重要任务来抓，使广大居民积极参与进来，采取多种形式，相互教育，逐步形成良好风气，维护好社区的公共秩序。

4. 做好社区思想政治工作，用真情凝聚人

思想政治工作历来是我党的特有优势，已取得了很大成绩。但是，由于种种原因，我国的社区思想政治工作却一直比较薄弱，而在改革开放和发展社会主义市场经济条件下，社区在整个社会发展中的地位越来越重要，因此，加强社区思想政治工作已成为一项刻不容缓的工作，也是社区文化建设的一项重要内容。它不仅有利于化解社会转型、体制转轨时期的各种社会矛盾，提高社区居民的思想文化素质，而且有利于用社会主义思想占领社区的思想阵地，促进社区的精神文明建设。

但是，社区思想政治工作与其他领域的思想政治工作相比，既有相同之处，也有其自身的特点。尤其是在思想政治工作的环境、对象、任务、内容和渠道都发生了很大变化的今天，社区思想政治工作如果还是简单地重复过去的老方式、老办法，那么，就难以收到好的效果。所以，要积极探索社区思想政治教育的新途径、新方法，把思想政治教育与社区建设和社区管理结合起来。

（1）在指导方针上，要贯彻疏导的方针。社区思想政治工作的对象几乎涵盖了不同年龄层次、不同职业、不同价值取向的社区居民。面对社区特殊的教育对象和社区思想政治工作的特殊矛盾，绝不能简单用事，要采取耐心细致的说服、解释、疏通、引导的办法。

（2）在教育内容上，要有针对性和时效性。社区思想政治工作的根本目的是提高社区居民的思想政治水平，解决社区居民对马克思主义的信仰、对共产党的信赖、对建设有中国特色社会主义的信心问题。所以，开展社区思想政治工作，除了要注意加强社会公德、职业道德和家庭美德教育，还要用社会主义思想占领社区思想阵地。否则，那些反马克思主义和反科学的东西就会乘机蔓延。

（3）在教育方法上，要突出多样性和灵活性。社区思想政治工作要注意因人而异、因地制宜，根据社区中不同社会群体、不同年龄层次、不同文化修养的居民的具体情况，使思想政治上定位到人、到户、到类型，逐步形成一套符合时代特点、适合社区特点的思想教育方法。除了要采用环境熏陶、榜样示范、座谈交心等一些传统的方法之外，还要注意通过社区服务、居民间的相互教育和自我教育等方法，使之贴近生活、贴近群众。不仅要帮助人们释疑解惑，理解人、尊重人，而且要把解决思想问题与为群众办实事结合起来，为居民排忧解难，关心人、温暖人，尤其要注重以生动的思想政治教育引导人，以先进的典型激励人，以良好的干部形象鼓舞人，以健康的文化陶冶人，以优美的环境改造人，不断激励和鼓舞人们去创造、去奋斗。

（4）在教育途径上，社区党组织要发挥主导作用。社区党组织是社区思想政治工作的组织者和领导者，也是搞好社区思想政治工作的依托。在加强社区思想政治工作的过程中，社区党组织要认真贯彻党中央关于"思想政治工作是思想宣传和精神文明建设的重中之重"的基本精神，不仅要制订社区思想政治工作规则，建立健全思想政治责任制，而且要帮助、指导和协调社区行政部门及居委会、工会、共青团等群众组织，根据各自的职责和特点，开

展思想政治工作，做到齐抓共管，建立起社区思想政治工作的立体网络。

5. 搞好社区文化设施的建设和管理，为社区文化建设提供物质基础

社区文化设施主要包括图书馆、展览馆、博物馆、书报亭、影剧院、歌舞厅、青年宫、少年宫、老年人活动中心、俱乐部、游艺室、录像室、体育场（馆）等各种益智健身的场所。社区文化设施不仅具有认知的功能，能满足居民求知的需要，而且具有健身娱乐的功能，能满足居民锻炼身体、陶冶情操的需要。所以，从某种意义上来说，一个社区所拥有的文化设施的数量、种类和分布状况，既能反映出该社区乃至整个城市的经济实力和社区建设的成就，又能体现出该社区的风貌和居民的文化素养、审美趣味。

改革开放以来，我国城市社区的文化设施得到了迅速发展，许多社区的文化设施比较齐全，不仅拥有桌球室、乒乓球室、健身房等各种体育运动设施，而且有图书阅览室、计算机培训室、钢琴舞蹈室等各种文化设施；不仅有老年人活动室，而且有儿童游戏室。居民在闲暇时间，能挥几下球拍，体会运动生活；或翻阅书刊杂志，感受书墨飘香；同时，给孩子们创造了一个良好的课外教育场所，弥补课堂学习的不足，促进综合素质的提高。

但是，社区文化设施的发展还很不平衡，存在不少问题，具体体现在：社区文化设施的数量、容量、规模与社区人口规模不相适应，难以满足广大居民日益增长的文化消费需要；同时，文化设施的分布不太合理，往往集中于城市社区的繁华地段，而且许多文化设施的设计不科学，用途单一，利用率低，造成不必要的浪费；另外，对文化设施的管理不善，未能发挥其应有的功能，文化设施被蚕食、被出租他用的现象屡有发生，如广州市天河体育中心就被用来开餐馆、办商品展览等，人大代表和广大居民对此意见很大。所以，必须要加强社区文化设施的规划、建设和管理。

（1）要规划好社区文化设施。科学的规划、设计是搞好社区文化设施建设和管理的前提，而要搞好社区文化设施的规划、设计，必须要结合社区的实际情况，注意各类文化设施的配套，修建大小不同、功能多样、各具特色的社区文化中心，使社区文化设施的数量、种类与社区居民的规模、密度达到平衡协调，满足不同年龄、不同文化层次的居民的不同需要。同时，要注意社区文化设施布局的合理，使其选址、用地、区位结构符合社区长期发展的需要。尤其是在文化设施的具体设计过程中，既要注意继承、发扬优秀的民族传统，体现出民族风格，又要注意不断创新，体现出鲜明的时代特征，还要处理好文化设施与周围环境、各种建筑物之间的关系，使其做到和谐协调，真正设计出众多融实用性、思想性、艺术性于一体的文化设施。

（2）要建设好社区文化设施。为了改变我国城市社区文化设施的落后面貌，必须采取多渠道的投资形式，增大社区文化设施的资金投入，加快社区文化设施的建设步伐。同时，在建设过程中，一方面要注意加强工程施工管理，以便降低成本，提高效益，确保工程质量；另一方面，要注意分清主次、统筹兼顾，使社区文化设施的建设与整个社区建设，乃至整个城市建设协调一致。

（3）要管理好社区现有的文化设施。对于绝大多数经济实力有限的社区来说，要想一下子增加许多资金投入来建设文化设施，显然是做不到的。所以，必须要加强对社区现有文化设施的管理，充分挖掘潜力，提高社区文化设施的利用效率。尤其是要加强与社区各个单位的共建工作，使他们自建的各类文化设施也能逐步向社会开放，充分发挥其应有的作用，以弥补社区文化设施的不足。

6. 加强社区文化市场的管理，繁荣社区文化市场

自1980年广州市东方宾馆出现全国第一支轻音乐乐队和开办音乐茶座以来，我国城市社区文化市场得到了迅猛发展，初步形成一个多层次、多形式、多元化的城市社区文化市场。

（1）社区文化市场是文化市场消费种类的多样化。目前，社区文化市场已不再是影视剧和"老三摊"（书摊、报摊、民间卖艺摊）的简单卖方市场，而逐步形成了图书报刊（包括图书报刊的销售、字画装裱等）、音像制品（包括录音带、录像带、VCD、DVD、CD等）、文艺演出（包括专业的和业余的）、大众娱乐（包括歌舞厅、卡拉OK厅、酒吧、台球室、电子游戏、时装表演、业余艺术培训等）、文物美术等几大类市场。文化市场的不断拓展使居民文化生活的选择性空前增强，形成了立体化的文化消费结构，出现趋新求异的消费特点。

（2）社区文化市场是文化市场经营形式的多元化。城市社区文化市场的发展吸引了越来越多的投资者、经营者投身其中，国家、集体、个体、中外合资等多种所有制形式并存互补，形成多渠道、多层次、多体制办文化的局面，改变了以往文化市场单一、市场竞争机制先天不足的缺陷，给整个文化市场的发展带来了新的生机与活力。

（3）社区文化市场是文化市场参与主体的社会化。社区文化市场，特别是新兴的文化娱乐市场，以其独具的服务性、参与性，形成了强大的引力，吸引着不同年龄、不同职业、不同兴趣和不同教育程度的众多消费者去参与和投入，充分体现了其社会性。

社区文化市场的发展不仅极大地丰富了居民的文化娱乐生活，提高了居民的文化素质，而且起到了传递信息、促进改革开放、增加国家税收来源、分流社会消费资金的作用。但是，文化市场毕竟不同于一般的商品市场，因为文化市场上用来交换的是精神产品，而不是一般的商品，它对于整个民族精神、社会风气及人们的文化素质，具有广泛的、潜移默化的熏陶作用。所以，必须要加强管理，而不能只限于市场调节，任其发展。除了城市政府及其职能部门要加强宏观管理之外，社区组织也应积极配合，确保有关的法律法规能在本社区得到很好的执行，及时清除那些不健康的、黄色淫秽的文化垃圾，使社区文化市场的管理朝着科学化、法制化、规范化的方向发展。同时，要注意研究居民的文化消费心理，加强对社区文化市场的调查预测，积极引导居民逐步向高品位的文化消费转变，并通过优质的文化消费服务和高尚的、健康的、雅俗共赏的文化产品，来满足居民不同的文化消费需求。

7. 搞好科普宣传，普及科学知识

在社区中搞好科普宣传，广泛普及科学知识，不仅有利于培养居民的科学精神，提高居民的科学素养，形成尊重科学、实事求是的社会风尚；而且有利于教育广大群众掌握科学方法，破除迷信，提高认识世界、改造世界的能力；还有利于人民群众增强创新意识，形成文明、健康、科学的生活方式,提高文化生活的品位。因此,加强社区文化管理,必须要搞好科普宣传工作。

就我国目前的状况而言,搞好社区科普宣传的指导思想应以邓小平理论和党的十八大精神为指导,面向社区全体居民,深入普及科技知识,大力弘扬科学精神,宣传科学思想,传播科学方法,反对愚昧迷信和伪科学,引导广大群众树立科学的世界观、人生观和价值观,全面提高居民的科学文化素养。具体说来,要抓好以下几项工作:

(1)采取多种形式,普及科学知识。社区组织可开办业余科技学校,开设科普讲座,建立科普教育基地,设立科普画廊,开展科技交流活动,展示科普成果,为居民提供各种科技文化活动场所,形成一种学科学、讲科学、用科学的社会风气。

(2)要建设好一支科普宣传队伍,宣传科学思想。要在社区中深入开展马克思主义唯物论和无神论的宣传教育,帮助居民树立科学的世界观,增强辨别唯物论与唯心论、无神论与有神论、科学与迷信、文明与愚昧的能力,营造一种崇尚科学文明、反对迷信愚昧、抵制各种歪理邪说的良好氛围。

(3)坚持科学,反对迷信。要坚持用现代科学知识和科学精神武装居民的头脑,帮助他们正确分析和认识各种社会现象,旗帜鲜明地同封建迷信和伪科学作斗争,提高居民的科学文化素养,并引导人们移风易俗,养成健康、文明、科学的生活习惯。

8. 搞好社区教育工作,提高居民的文化素质

社区教育不同于一般的基础教育、学历教育,它是面向社区全体成员的,旨在满足居民不断提高自己、完善自己需要的一种全方位教育体系。社区教育体现了教育社会化、社会教育化这一现代教育发展趋势,它以人的全面发展为核心,以人人接受教育、人人参与教育为宗旨,对提高居民的文化素质和社区的文明程度具有重要意义。

在我国,社区教育一开始是以青少年的德育教育社会化为契机,动员社区的力量,配合学校的德育教育,为青少年的德育教育创造一个良好的社区环境。但发展至今,社区教育的内容已非常广泛,涉及居民生活的方方面面,具体包括对青少年的课余教育,对老年人的保健教育,对失业者的再就业培训教育,对外来流动人员的文明教育、法制教育,还有各种家政教育、计划生育教育、艺术教育(如绘画、钢琴等)及其他技能教育(如烹饪、服装剪裁、美容美发等)。通过教育,能够培养居民的法制观念、环境意识和公德意识,树立正确的世界观、人生观和价值观。

社区教育的形式多种多样,可以通过开办社区学院、老龄学校、市民学校等这样一些教育实体,采取系统讲授,开设短期培训班、讲座、咨询、展览会、览参观等形式,促进社区教育的发展,满足社区居民的需要。

为了搞好社区教育工作,必须要注意拓展学校和社区的教育功能,开发和利用社区的教育资源,动员社区居民和各个单位积极参与。有关的政府机构则要根据社区需要和社区教育的特点,制定有关的社区教育法规,并对社区教育进行指导、协调、监督,充分发挥社区教育在社区精神文明建设中的作用。

9. 积极开展丰富多彩的社区文体活动，活跃居民的文体生活

发展社区文体事业，运用社区居民喜闻乐见的形式，开展多种健康有益、群众便于参与的社区文化体育活动，有利于提高社区居民的文化素质和身体素质，增强社区的凝聚力和吸引力。随着经济的发展、人民生活水平的不断提高，社区居民对文体活动的需求越来越多，所以，要配合全民健身工程的实施，为社区居民修建小型多样、就近方便的体育健身设施，解决社区居民健身活动场地和设施不足的问题。同时，要以青少年和老年人为重点，带动社区体育健身活动的开展。因为青少年时期既是积累知识的最佳时机，也是增强体质和习惯养成的最佳时机；而不断推出老年人的体育健身项目，宣传科学的健身方式，则能更好地发挥体育在丰富老年人生活和促进精神文明建设方面的作用。

为此，要加强社区文体队伍的建设，成立一些群众性的文体社团，如组织戏剧小组、合唱队、时装表演队、书画社、老年体育协会及各种球队、棋队等，并努力扩大参加者的范围。同时，要积极创造条件开展各种社区文体活动，如举办各种晚会、演唱会、展览会、趣味运动会、文化节、知识竞赛等活动，吸引社区居民积极参加，不断丰富社区居民的文体生活，为群众享受文化生活创造一个良好的空间，使其能够在娱乐、健身、益智的活动中，体验到一种健康向上的社区文化氛围。

例如，上海市的社区文化管理工作已初步形成了"以文明创建为目标，以发展科教文作为载体，以提高群众参与为突破点，以社区共建为重要形式"的完整格局。其文明创建活动形成了创建文明小区、文明单位、文明楼组、五好家庭及先进个人等一个完整的系列，同时，兴建了各种文化活动中心、社区图书馆、科普站等文化设施，组建了社区教育宣讲队、科普队、文艺演出队、体育竞技队等多种群众自愿参与的队伍，形成了厂街共建、校街共建、军民共建、警民共建等社区互助共建的局面。尤其是通过开展社区教育、科普、文体活动，增强了社区居民的社会责任感，培育了社区居民的社会服务观念，提高了社区居民的参与意识和互助精神，使精神文明建设真正落到了实处。

5.3 社区文化建设

在社会主义和谐社会的构建中，社区建设占有极其重要的地位，而文化建设则是社区建设的精神依托和灵魂所在。如何营造与和谐社区建设目标相适应的社区文化，为构建和谐社区提供良好的文化环境，是一个具有重大意义的课题。在新的历史条件下，正确认识社区文化建设的意义，探索科学的社区文化建设方法，确立健全的社区文化建设机制，以实现社区文化建设的健康发展，既是社区文化建设的重要任务，也是实现社区文化建设目标的重要保证。

5.3.1 社区文化建设取得的成就

1. 普及基础文化

为了达到满足社区居民崇尚知识、追求进步的文化需求的目标，社区大多围绕创建学习型社区的目标，大力普及基础文化。

（1）依托社区教育学校这一平台，增设教育培训的科目种类，扩大教育覆盖面。例如，在对上海市浦东新区塘桥街道的调查中显示，仅2005年上半年，塘桥街道就设立各类社区教育点24个，教育课程班220余个，接受培训的居民达近万人次，教育科目涉及基础教育、网络、英语、艺术、戏曲等20多个种类，被推荐为"全国教育科学'十五'规划重点课题——学习型社区建设与研究实验基地"。

（2）结合不同群体的需求，深入开展特色文化活动。例如，人们熟知的老年活动室、青少年"计算机爱好者协会"等，分别在充实离退休人员的夕阳生活以及正确引导青少年使用网络方面收到了很好的效果。

（3）建立健全学习型社区网络，形成社区终身教育服务体系活跃群众文化。一方面，依托社区文化馆，通过举办各种各样的培训、讲座、展览、论坛、演讲等主题鲜明的文化活动，吸引不同的居民群体参与；另一方面，结合重大节庆日，组织居民广泛开展各种纪念活动，进行爱国主义、理想信念和家庭伦理等传统教育，在潜移默化中加强先进文化对社区成员人生观、价值观的引导与规范。

在这种普及类的文化活动中，广场文化一直作为龙头居于首位。广场文化的蓬勃兴起，除了因得到各级政府和文化部门的重视外，也与这种形式贴近群众、参与性强、投资少、见效快有关。据了解，各地的广场文化规模不一，各具特色，活动内容丰富多样，形式活泼，如中老年舞会、"卡拉OK"晚会、小品、相声等。

（4）举办各种各样的培训、展览、讲座是社区普及文化活动的重要内容。以前，各级文化馆办培训班基本上是以艺术类辅导班为主，如针对少年儿童举办的书画、舞蹈、音乐培训班，针对老年人举办的书画、交谊舞、健身培训班等。近年来，随着现代化的发展，知识的更新换代也越来越快，人们更倾向于选择一种需时不多的培训式的学习方式，以满足自己对某一门技术的需求，于是计算机、广告、营销、股票等培训班或讲座应运而生。社区在举办培训班的同时，也开始兼顾到人们对知识的渴求，举办一些实用技术培训班，使每个人都可以根据自己的需求和喜好，参加适合自己的文化技术培训。

2. 引进高雅文化

各种普及型社区文化尽管点多面广，但相对来说活动内容比较简单，仍不能满足部分居民的文化需求。因此，各社区都应从居民实际出发，要求社区文化建设做到品味多元、雅俗共赏，开展各种类型的高品位的文化活动，既满足了相当一部分居民的文化需求，又推进了社区文化活动的深入发展。例如，上海市田林街道的高雅艺术（交响乐、打击乐等）进社区、徐家汇街道的专业艺术摄影小组等，参加者都具有相当高的文化、艺术修养，有的是离退休的专业艺术工作者，他们在社区不仅是老有所乐，也是老有所为，大大推进了社区文化的发展。高雅的艺术享受既营造了社区的文化气息，又提高了居民的素质。

3. 打造品牌文化

一个没有特色文化、没有品牌文化的社区，是一个苍白的社区，是一个没有魅力的社区。富有特色的标志性文化往往蕴含了博大精深的内涵，展示了整个社区的形象和风采。要充分认识到"打造自己社区的品牌"是如何重要，从打造"硬件"、培育"软件"两个层面来发展自己社区的特色，充分发挥文化品牌的示范、凝聚、影响作用。

（1）以居民需求为导向，充分发挥社区图书馆、社区教育学校、文化休闲广场、先进文化展示厅等功能馆室的作用。坚持以先进的文化思想、丰富的活动内容、灵活的服务形式吸引众多的参与者。

1）在构建社区和谐文化上狠下工夫，努力营造一个社区发展的良好环境。社区的建设既包括硬环境，即物质环境的建设；也包括软环境，即人文环境的建设。每个社区由于自身的条件不同，在硬环境建设上可能千差万别，但在软环境的建设上却可以因地制宜，发挥自身优势，创建多姿多彩的社区和谐文化。在这一方面，百步亭社区的做法和经验值得借鉴。百步亭社区通过多种方式来促进社区的软环境建设，例如，以中国"年文化"为载体，做足和谐社区大文章，连续七年的社区"千家宴"成为居民盛大的传统文化节目（图5-3）。"千家宴"上，居民们带来从各自家里所做的共3500多道各具文化内涵的菜肴，5000多人团聚品评，欢天喜地过大年。老百姓说，"千家宴"活跃了气氛，营造了人气，凝聚了人心，使大家有一种大家庭的感觉。社区还组织居民参加市民学校、老年大学、家庭教育学校，活到老、学到老；大力开展各种丰富多彩的文艺体育活动，表演长年不断、异彩纷呈。百步亭社区打破了很多小区中居民"老死不相往来"的局面，形成了以邻里亲情为特色的百步亭社区人文关怀文化，通过社区文化活动，增强了邻里之间的感情。社区党委组织开展"爱党爱国爱社区、亲情友情邻里情"的文化教育活动，开展"五好家庭"和"五好门栋"的评比活动，开展"人人争做文明市民"活动，在广播站和板报栏大力宣传社区的好人好事。社区形成了一大批亲情志愿者组织："关爱小组"以特困家庭、残疾家庭等弱势群体为

图5-3　社区"千家宴"

结对帮扶对象，"温馨姐妹"专门结对关爱空巢老人，"阳光姐妹"用笑声和邻里情化解孤独与寂寞，还有"家家亲门栋"、"邻里情门栋"和"心连心门栋"等。邻居互助，相亲相敬，互帮互助，营造了一种和睦相处的大家庭式的温馨和谐的氛围。总之，百步亭社区通过融合亲情的做法，激发了居民热爱社区、安心社区的深厚情感，打造出具有百步亭特色的社区文化，从而在整个社区形成了一种民风醇厚、积极向上的社区道德风尚，成为好人好事的强大孵化器。如果说百步亭和谐社区的软环境建设是一个亮点、一个闪光点的话，那么，它也是值得学习的要点和重点。

2）高度重视社区和谐文化建设。推进和谐社会建设，必须充分发挥和谐文化的功能，构建健康向上、协同进步的社区文化体系，营造和谐的社区文化氛围，用先进的和谐文化培育人、塑造人，丰富人们的精神内涵，提升人们的文化品位，使人们拥有良好的精神风貌、振奋的精神状态、高尚的道德情操，从而奠定和谐社区的精神基础。例如，百步亭社区在创建以共建共享为特色的社区和谐文化的过程中，始终注重社区文化品牌的打造，充分发挥社区文化品牌的示范、凝聚、影响作用，形成了环境优美、治安良好、管理有序、风气向上、尊老爱幼、人气和顺、文化高雅、特色明显的社区形象。百步亭社区坚持"以人为本、以德为魂、以文为美、以和为贵"的核心理念，真心为群众公益事业着想，建立文化体育设施，成立群众文化活动队，经常举办各种有益于群众身心健康的文体活动，创造了"千家宴"等一批群众文化品牌。通过和谐文化建设，树立了社区的良好形象，展示了社区居民的精神风貌，提高了社区的知名度、美誉度，增强了社区的吸引力、辐射力和凝聚力。

（2）充分发挥基层党组织的政治、组织优势，在鼓励社区文化体育团队积极开展活动的同时，引导文艺活动骨干重视活动品牌的原创性。例如，上海市梅陇社区充分发挥梅陇文化馆的作用，开展了一系列的文化活动。梅文艺沙龙是文化馆群文工作的一个亮点，现有沪剧、越剧、摄影、收藏和书画等沙龙团队。在充分利用和发挥社区各类文艺骨干的特长和积极性的同时，文化馆也热情支持各类沙龙活动的开展，使其每年皆呈现出有所发展、有所提高、有所进步的良性状态。近几年来，文化馆的各类沙龙活动可谓硕果累累：沪剧沙龙的20名成员在文化馆的资助下白手起家，成功地在馆内影院自排自演了一台长达2h的全本大戏《大雷雨》；收藏艺术沙龙2006年全年共举办了五期小型展览，其中成员张道华在馆方的支持和鼓励下，筹办了"红楼艺术"家庭收藏馆，将自己拥有的近千种、2万多件红楼藏品在其居室展览，免费接待市民参观，并吸引了电视台前来采访；摄影与书画沙龙也频频举办展览，且都具有一定的影响力。

4. 共建共享

各街道社区文化活动除了由街道自己主办外，应充分利用社区内企事业单位的各种文化资源（包括设施、人才等），采用共建共享的形式，举办各种文化活动。以上海市为例，枫林街道利用辖区内的上海医科大学、上海中医药大学等丰富的医疗卫生资源，开展多种形式的卫生保健活动，卫生保健也成了枫林街道的特色文化活动；徐家汇街道利用辖区内的科技资源，如上海交通大学、市气象局、徐汇软件基地等，开展多种形式的科技、科普活动，科技文化成为其社区文化的重要内容；田林街道则利用徐汇区文化艺术中心、社区内各类学校以及良好的绿化环境等综合优势，努力创造良好居住氛围。

5.3.2 社区文化建设的新背景

社区文化建设是整个社区建设的灵魂。加强社区文化建设，对于提升社区精神文明，构建和谐社区，不断满足居民日益增长的文化生活需要，有效解决社会转型期社区面临的一系列新问题，实现现代化城市管理机制的有效运作，无疑具有极其重要的意义。

（1）社区文化建设是构建和谐社区的精神依托。社区和谐是城市和谐的基础，在建设社会主义和谐社会的过程中，和谐社区的构建具有极其重要的地位，而社区的和谐度是与社区文化建设的状态紧密关联的，因为和谐社区需要文化的支撑，社区文化是构建和谐社区的灵魂所在。随着城市现代化进程的加剧，快速的生活节奏和相对封闭的居住空间限制了社区居民之间的交流，而社区文化建设能够促进居民之间的相互交往与沟通，使社区居民在形式多样的社区文化活动中通过心灵的交流建立互信与互爱，增强居民的社区认同感和归属感，有助于在一种彼此相知、相容、平等、友爱与和睦的关系中强化社区成员之间的亲和力和凝聚力。社区文化建设有助于提高市民的整体素质，培育居民的现代公民意识和健全的社区理念，使之以健康合理的心态审视自身、他人和社会以及三者之间的关系，从而确立关心社区和社区公益活动的强烈意识，以高度的社区责任感和强烈的集体主义精神来关怀社区，把社区视为自己生活的家园，形成"我为人人，人人为我"的社区风尚，营造出诚信友爱、互谅互助、和睦相处的社区人际关系。

（2）社区文化建设是满足居民日益增长的文化生活需要的内在要求。改革开放以来，随着社会经济的巨大发展，居民的物质生活水平有了很大程度的提高，随之而来的是文化生活需要的提升。这既是经济和社会进一步发展的客观需要，又是居民变化了的生活状况的内在要求。对科学文化知识、健美的体魄、富有文化气息的生活以及优雅生存环境的追求，已成为居民生活的主旋律。社区学校、社区科学教育普及基地、形式多样的文化活动以及创建文明小区的活动，都在一定程度上适应了社区居民的文化生活需要。通过对居民进行全方位的教育，社区文化建设能够为市民提供丰富的精神食粮，不断提高他们的科学文化知识水平和思想道德境界，使他们树立正确的世界观、人生观和价值观，强化自己的精神免疫力和在市场经济浪潮中把握自我的能力，形成科学、健康、文明的生活方式，自觉抵制各种不良行为、错误思想和迷信邪说的影响。社区文化建设的实践使社区教育化、教育社区化，从而把社区变成了一所没有围墙的大学，内容丰富、形式多样的社区文化活动正在为广大居民精神需要的满足和精神冲动的释放提供越来越好的条件。

（3）社区文化建设是解决社会转型期社区面临的一系列新问题的重要途径。我国社会正处在一个转型时期，人们在收入来源、利益取向、价值观念、生活方式等方面日益呈现出多元化的趋向，诸多因素的相互碰撞必然导致许多新的社会矛盾和问题，这些矛盾和问题在城市社区中必然有其表现，从而使社区文化建设面临新的任务和挑战。例如，随着企业体制

改革的深入，许多职工下岗待岗，社区文化建设的任务之一就是通过市民学校对他们进行再就业教育，不仅对他们进行行业技术教育，同时也对他们进行心理和思想教育，使他们在技能上得到提高，思想上得到充实，从而具有面对现实的心态、驾驭生活的勇气、锐意进取的精神和重新塑造自己的动力。这使许多人在下岗之后不但没有消沉，反而将生命的火焰越燃越烈。居民生活质量和医疗水平的提高，伴随着人口寿命的延长和老龄化趋势的出现，一般职工近乎 1/3 的人生是在退休之后度过的。社区开设老年学校，组织老年人学习科学文化知识，开展形式多样的体育健身活动和文艺娱乐活动，同时组织社会力量建立老年福利院，关心老年人的生活和归宿。这样的社区文化活动可以让老年人老有所学、老有所为、老有所乐、老有所养、老有所托。社区文化建设能够抵制拜金主义、享乐主义、个人主义和迷信思想对市民灵魂的侵蚀，为扫除封建迷信、赌博、吸毒、黄色文化制品等消极社会因素发挥极其重要的作用，同时也为社会稳定提供了坚实的文化保障。

（4）社区文化建设是现代化城市管理机制有效运作的重要条件。为了建设现代化文明城市，必须大力提高城市管理的现代化水平。社区是城市的细胞，社区管理现代化便成了城市管理现代化的基础和重要依托。现代化城市管理机制要求改变计划经济体制下专业化的垂直型的城市管理模式，在市、区、街道的三级结构中强化街道一级的综合行政管理职能。街道可以依据法律法规和区政府授权，行使相应的政府管理职能，对辖区内的城区管理、社区服务、社会治安、精神文明建设、街道经济组织行使组织领导、综合协调的行政管理职能，对地区性、社会性和群众性的工作进行全面负责。为了适应新的城市管理机制，必须实现社区管理观念的现代化，社区文化是建设社区管理观念现代化的催化剂：它能使管理者从改革开放、国家强盛的高度认识社区管理现代化的必要性和重要性；它能强化管理者的服务意识，把社区管理视为全心全意为人民服务的一项重要的政治任务；它能深化对新的城市管理机制的研究和探索，使之不断趋向理性的成熟；它能促使管理者解放思想、开拓创新。所有这一切，都是现代化城市和社区管理机制有效运作所不可或缺的。

5.3.3 社区文化建设的新理念

本书所指的社区文化建设的新理念，是以构建社会主义和谐文化为落脚点，依据社区文明建设的根本任务，体现以人为本的现实要求，推进社区文化建设向纵深发展的思想观念，主要表现为服务观和育人观。

1. 强调服务观

强调服务观，就是社区文化建设要确立以群众需要为标准的观念，把群众需要不需要、满意不满意、高兴不高兴、拥护不拥护作为判断工作优劣的标准，致力于群众文化生活质量的提高，而不是"一级做给一级看"，片面追求搞了多少活动、得了多少奖项。

强调服务观，与社会主义文化建设"坚持为人民服务"方针的要求是相符合的。文化建设为人民服务，在当前，就是为满足小康社会人民群众日益增长的文化需求服务。马克思主义认为，人不仅有生存需要，而且有享受需要和发展需要。改革开放前，我国城乡居民生活基本上处在温饱不足状态,农村还有约 2.5 亿贫困人口。改革开放以来,我国城乡居民生活水平从基本消除贫困,到解决温饱,再到实现总体小康,正在向全面建设小康社会目标迈进。30 多年来,我国城乡居民收入大幅提高:农村居民人均纯收入从 1978 年的 133.6 元增长到 2012 年的 7917 元,实际年均增长 8% 以上;城镇居民人均可支配收入从 343.4 元增长到 24565 元,实际年均增长 10.7%。我国城乡居民的消费结构也明显优化,恩格尔系数(食品支出占消费总支出的比重)显著下降,发展和享受型消费比重不断上升。我国农村居民家庭恩格尔系数从 1978 年的 67.7% 首次于 2012 年下降到 40% 以下,城镇居民家庭恩格尔系数从 57.5% 下降到 36.2%,人民生活水平明显提高。然而,文化建设的发展与人们日益增长的需求相比,仍存在着较大差距。具体表现为:尽管人们的消费水平提高了,但在消费结构中,文化消费部分只占 3%~4%,离 6% 的小康水平尚有差距;而在文化消费中,用于购买电视机、录像机、音像、VCD 等"硬件"的占 90% 以上,用于订报购书等"软件"的不到 10%。尽管人们的休闲时间增多了,可休闲方式比较单一,大多数人都是用一些简单的室内活动打发闲暇时光,如看电视、看书、听音乐、打牌等;在室外所选择的活动也多是一些不需要什么特殊设施或服务的活动,如散步、购物、打羽毛球等。这一方面反映了人们的消费观念存在着误区,休闲意识不够强,最终会影响个人的全面发展和获得必要的乐趣;另一方面也反映了社区文化的吸引力和参与度还不高,可以拓展的服务空间还很大。因此,强化服务意识,因地制宜创条件,用带有知识性、娱乐性的专题性活动吸引大多数人迈出居室的狭小天地,满足他们求乐、求美、求知的不同需要,是深化社区文化建设的关键所在。

2. 强调育人观

强调育人观,就是说社区文化建设要确立以群众文明素质的提高为标准的观念,把社区文化"软件",包括社区居民的价值观念、精神风貌、道德水平、公共意识的改善,作为评价工作成效的标准,而不是将视野仅仅局限于文化"硬件"的改善上。强调育人观与社会主义精神文明建设的根本目标要求——提高全民族的思想道德素质和科学文化素质相一致。提高全民族素质这一目标如何实现?必须通过每个社会成员素质的提高来实现。

以往社区文化建设的主要问题就在于重文化设施的建设、文化活动的开展,而停留在了表层文化层次上,忽视了深层文化,尤其是人的价值观、道德意识、精神面貌的建设。重表层文化建设是十分重要的,不搞活动,社区文化建设就缺少吸引力;不建设施,社区文化建设就没有物质条件的保障。但仅仅停留在表层文化的建设上是不够的,这必然导致社区文化建设缺乏深度和后劲。社区文化建设若不将着力点放在居民文明素质的提高和文明习惯的养成上,就很可能出现这样的情况:一方面,人们呼唤文明,渴望居住在优美的环境中,乐在多彩的活动中,融于良好的人际氛围里;另一方面,人们在行为方式上又不自觉地表现出冷漠、事不关己、不珍惜美、不崇尚善等不和谐现象。可见,群众的文明素质最终决定着社区文明的水平。有句话很形象:"让市民与文化一起成长。"这句话恰好点明了社区文化建设的主旨。

小 结

1. 社区文化建设至少应当包括以下八个方面的基本内容：公益文化、营利性文化活动、社区节庆活动、社区居民文化休闲方式及家庭文化形态、企业文化、科普体育文化、观念文化、人文景观。

2. 社区文化的社会功能主要包括两个方面：社会生活功能和社会价值功能。社会生活功能体现于社区的家庭生活、社区的日常交往活动和社区的日常休闲活动。另外，社区文化还具有教育功能和传承功能。

3. 社区文化管理的根本目的是要通过发展社区的文化教育事业，丰富居民的文化生活，提高社区居民的综合素质和社区的文明程度，树立良好的社区形象。

4. 社区文化管理的内容和措施包括：①制订科学的社区文化发展战略，促进社区精神文明建设；②加强社区形象建设，树立良好的社区形象；③加强社区道德建设，树立文明新风；④做好社区思想政治工作，用真情凝聚人；⑤搞好社区文化设施的建设和管理，为社区文化建设提供物质基础；⑥加强社区文化市场的管理，繁荣社区文化市场；⑦搞好科普宣传，普及科学知识；⑧搞好社区教育工作，提高居民的文化素质；⑨积极开展丰富多彩的社区文体活动，活跃居民的文体生活。

5. 社区文化建设取得的成就主要体现为：普及基础文化、引进高雅文化、打造品牌文化和共建共享。

6. 社区文化建设是构建和谐社区的精神依托，是满足居民日益增长的文化生活需要的内在要求，是解决社会转型期社区面临的一系列新问题的重要途径，是现代化城市管理机制有效运作的重要条件。

7. 社区文化建设的新理念，是指以构建社会主义和谐文化为落脚点，体现以人为本的现实要求，推进社区文化建设向纵深发展的思想观念，主要表现为服务观和育人观。

思 考 题

1. 简述社区文化的内容。
2. 简述社区文化管理的具体措施。
3. 论述加强社区文化建设的重要意义。

实 训 题

阅读以下案例，分析城市"万运会"的积极意义。

城市"万运会"人人乐在其中

金秋10月,天气凉爽宜人,最适合运动健身。以"健康生活、有爱同行"为主题的首届武汉万科社区运动会在中南财经政法大学体育馆盛大开幕(图5-4)。

图5-4 城市"万运会"

开幕典礼上,武汉万科总经理张旭先生宣布"万运会"正式开幕,西班牙风情、奥运风情、汉风古韵风情……八大社区代表团展示了异彩纷呈的方阵。现场共有8000多位观众。在举行完开幕仪式后,主持人汪涵从天而降,引得现场观众的一片欢呼。

"万运会"参照全国性赛事,设有球类、游泳、田径等多项竞技项目,还设置了袋鼠跳、蜈蚣跑、踢毽子、跳绳接力等趣味项目。参赛者既有六七十岁的老人,也有几岁的儿童,更有全家老少齐上阵。本次"万运会"在汪涵的主持下,举行得有生有色,在每个场地还举行了各种趣味活动,如袋鼠跳、宝宝爬行、拔河等。

1. "万运会"比赛项目:宝宝快爬

要说这"万运会"是全民总动员,那还真是一点不假——连小宝宝也成了参赛选手。瞧这个小宝宝还真有点运动员的天赋,心无旁骛、一个劲往前冲,一下子就爬到了终点。再看这个宝宝,东张西望、心不在焉——一旁的妈妈可急坏了,旁边的观众则是乐坏了。

2. "万运会"比赛项目:袋鼠跳

除了宝宝参加的项目,还有小朋友参加的项目。例如袋鼠跳——小朋友双腿套在麻袋里,看谁蹦得快。不过就是难度大了点,好多小朋友都在半路摔倒了,看来模仿袋鼠还真不是件容易事儿!

3. "万运会"比赛项目：众人拔河

孩子们会闹腾，大人花样更多：拔河、踢毽、跳绳……满头大汗不要紧，摔跤受累不要紧，大家在一起笑啊、闹啊，图的就是快乐！

共有1.2万户家庭参与了本次运动会，3000多名运动员代表各自所在社区在47个项目上争夺50余块金牌，这也是武汉市规模最大的一次社区运动会。万人参加的"万运会"在武汉热闹开场，参赛队员并不是专业运动员，而是来自武汉三镇十几个社区的居民，男女老幼、全民总动员，好一派全民健身的热闹景象！

（资料来源：火凤网）

第6章 和谐社区的环境建设

学习目标

通过本章的学习,了解社区环境污染的原因,提出相关的治理措施;熟悉社区绿化日常管理和社区绿色消费的主要内容;了解绿色家庭创建的标准;掌握开展社区环境教育的模式。

引导案例

一、"绿色家庭"应遵守国家法律法规,并有较强的环境保护意识,能够自觉学习、积极宣传有关环保知识,积极参与保护周围环境,倡导符合绿色文明的生活习惯、消费观念和环境价值观念(图6-1)。

图6-1 建筑节能之"绿色家庭"

二、"绿色家庭"具有较强的社会公益意识,积极参加社区各种环境整治、植树造林、养绿护绿、科普宣传等活动,并得到社区居民和有关部门的认可。

三、"绿色家庭"具有较强的绿色消费意识,使用环保节能产品、环保装饰材料、建筑节能材料等。

四、"绿色家庭"使用清洁燃料,节水(一水多用,使用节能水龙头)、节电(随手关灯,使用节能灯、太阳能热水器等)有相应措施。

五、"绿色家庭"不使用含磷洗涤剂,不使用一次性塑料制品和一次性筷子,外出购物买菜使用环保购物袋或菜篮子。

六、"绿色家庭"对垃圾实行分类倾倒,自觉将废旧电池等对环境造成危害的生活垃圾进行收集后上交有关部门统一处理。

七、"绿色家庭"积极栽植观赏性强的花卉苗木,绿化美化社区环境。家庭成员具有较强的清洁意识,家庭环境整洁、优美,无杂物堆放,室内空气清新,阳台上有至少三盆以上的观赏性强的花卉苗木。

八、"绿色家庭"能够做到节约使用能源,使用绿色家电产品,室外照明使用节能灯,尽可能利用太阳能。

九、"绿色家庭"如果是自建房的,使用节能材料建造。

十、"绿色家庭"具备买车的实力也不追求购买私家车的时尚,或不购买大排量汽车,或购买环保混合动力机动车。

(资料来源:东莞阳光网,www.sun0769.com)

阅读材料,完成以下内容:

试收集东莞"绿色家庭"考评细则,到附近小区实地考察,按评选项目、考评分值进行评分。

6.1 社区环境管理的原则和任务

社区是城市建设和管理的基本单元,也是城市功能的基本载体。城市发展的根本目的是改善人居环境。因此,社区发展状况不仅直接影响城市居民的生活水平和质量,也反映城市管理与经济发展的水平。伴随我国城乡一体化进程的加快,城市社区正在以前所未有的速度发展,同时,社区环境问题也接踵而来。要搞好社区环境建设,解决社区环境问题,首先要明确社区环境管理的基本原则和任务。

6.1.1 社区环境管理的基本原则

1. 环境具有价值的原则

环境是具有价值的,从使用价值来说,环境本身就是一种资源,以各种形式直接或间接地向生产者和消费者服务。例如,人们呼吸新鲜空气、观赏自然景色等,都是从优良的环境中获得的。进行环境管理,实际上是进行资源管理,是要付出劳动代价的,从这个角度来说,环境又是有价值的。这就要求遵守谁开发谁保护、谁污染谁治理、谁损害谁负担、受益与使用者付费、保护与建设者得利的原则。社区管理企业在社区环境管理过程中,应该充分利用价值规律的杠杆,通过加强经济核算等方法,调节生产效应与环境效益,从经济利益上使人们珍惜资源、保护资源、节约资源、保护环境。

2. 全局和整体效益最优的原则

应该把社区环境管理作为城市和社会经济建设中的有机组成部分来管理，它自身也是一个有机的整体。在制订社区环境管理方案和组织实施方案时，要正确处理全局与局部、局部与局部之间的关系，协调处理好社区区域内不同层次、不同部门之间的关系，统筹规划、合理安排、综合治理。

3. 综合平衡的原则

应把社区区域内的生态保护和环境污染纳入城市经济和社会发展计划，来协调和综合平衡城市社会经济发展与环境保护的关系。社区管理要具有预见性和长远性。在制订环境管理制度与措施时，既要考虑诸如大气、水体、土壤等环境因素，又要考虑社会、政治、经济、文化、科学技术、法律等方面的情况，统一决策、合理分工、协调发展。

4. 可持续发展的原则

可持续发展的原则是1987年4月由联合国环境与发展委员会提出来的，其含义是"既满足当代人的需求，又不对后代人满足其需求的能力构成危害的发展"。从环境管理的角度出发，可持续发展应当包括以下几个基本思想：

（1）可持续发展并不是否定经济的增长，而是提倡和追求一种"低消耗、低污染、适度消费"的经济增长模式。

（2）可持续发展要以自然资源、环境为基础，同环境的承载能力相协调。

（3）可持续发展承认自然环境具有价值，实施资源有偿使用的制度，体现当代人之间、各代人之间的公平性原则。

（4）可持续发展要以提高人类生活为目标，同社会进步、发展相适应。

对于居住类社区来说，环境管理的最终目的是为居民创造一个舒适、宁静、高雅、安逸的高质量的生活环境，并在此基础上创造一种从物质到精神具有现代风貌和个性特征的生活方式。与社会服务相结合的功能完善的社区管理，是以"社区"为中心的一个"微型社会"，即通过良好的环境管理，形成一个"陶冶情操，净化心灵，提升精神"的"小社会"。因此，良好的社区环境管理在充分保障业主、使用人的合法权益的同时，增强业主、使用人的睦邻友好意识，创造互相尊重、和睦共处的氛围，从而达到居住环境和社会环境的协调发展。

5. 政府干预和公共参与相结合的原则

在环境管理中，政府是环境管理的主体，要在政府制订的与环境保护相关的法律、政策和方针下进行。但是，要把政府干预和公众参与结合起来，必须有广大公众的参与，要充分发挥广大公众的积极性。通过开展环境教育，增强公众对环境价值的认识和对开展环境保护工作的紧迫感，激发人们自觉保护环境的热情，增强责任感，形成人人关心环保、人人参与环保的社会氛围，有效地监督违反环保事件的发生。由此可见，政府干预和公众参与相结合的原则对社区环境管理方案的实施有着十分重要的意义。

6.1.2 社区环境管理的任务

1. 社区区域的环境保护

社区区域的环境保护,是指通过执法检查、履约监管、制度建设和宣传教育等工作,防止和控制可能发生的社区区域的环境污染,如大气污染、水体污染、固体废弃物污染、噪声污染等,从观念上、制度上和日常管理上使业主和使用人树立高度的环境保护意识,自觉地行动起来,共同创造一个整洁、舒适、优美、文明的工作和生活环境。

2. 做好社区环境绿化工作

尽量扩大绿地面积和种植树木花草,不仅可以净化空气,调节社区区域小气候,保持水土、防风治沙,而且还可以消声防噪,达到净化、美化环境的目的。

3. 做好社区环境卫生管理工作

社区环境卫生管理是社区管理中的一项经常性的管理工作。良好的环境卫生不仅可以保持社区容貌的整洁,而且对减少疾病、促进身心健康十分有益,同时对社会精神文明建设也具有很重要的作用。

4. 清理社区区域内的违章搭建设施

违章搭建是对整个社区区域和谐环境的破坏,它既有碍观瞻,又影响人们的日常生活,还可能带来交通不安全的问题。物业管理企业一定要积极反映,并协助有关部门认真做好清理社区区域内违章搭建的工作。

5. 加强市政公共设施管理

市政公共设施是直接为业主和使用人的生产、生活和工作服务的重要公共设施,一旦遭到破坏或损害,就会极大地影响人们的生产、生活和工作。因此,物业管理企业一定要积极主动地协助城市市政、公用管理部门搞好社区区域内市政公共设施的管理工作。

6. 搞好车辆交通管理

车辆是人们工作、生产和生活所必需的交通工具。但是,随着人们生活水平的提高,车辆逐年增加,随之也出现了一些问题:停车场的建设跟不上或者疏于管理,造成社区区域内车辆乱停乱放、被盗案件时有发生、车祸不断增加,这样不仅给业主和使用人的生产、生活和工作带来不便,而且给业主和使用人的生命财产的安全造成一定的威胁。因此,一定要加强对社区区域内车辆交通的管理,建立良好的交通秩序、车辆停放秩序、安全看管秩序,确保业主和使用人的车辆不损坏或失窃,保证业主和使用人的安全。

7. 建设各种环境小品

环境小品具有美化环境、组织空间和方便实用的功能。社区环境小品的种类繁多,就其性质来说,可以分为:功能性小品,如休息厅廊、儿童乐园、电话亭、标示牌等;装饰性小品,如花架、花坛、水池、人工喷泉、假山等;分割空间小品,如围墙、栏杆等。应根据实际需要设计小品的种类、造型、规格、质地等。同时,注意不要强求应有尽有、样样俱全,力争用少量的投资和简易可行的材料,求得小品的新颖实用,达到美化环境的目的。平时要坚持对各种环境小品的保养和维护，以保证其性能完好，能正常发挥作用。

8. 抓好治安管理工作

社区区域的治安管理工作，就是指为防盗、防破坏、防流氓活动、防意外及突发事故，对所管社区区域进行的一系列管理活动。其目的就是使所管社区区域避免财物受损失、人身受伤害，维护正常的工作、生活秩序。治安管理在整个社区管理中占有举足轻重的地位。它是社区业主、使用人和受益人正常工作、安居乐业的基本保证，也是整个社区及社会安定的基础。同时，良好的社区治安环境能提高社区和物业服务企业的声誉。

9. 抓好消防管理工作

消防管理工作在社区管理中占有头等重要的位置，应做好社区消防设施和器材的配置与管理、消防宣传教育等工作，预防社区火灾的发生，最大限度地减少火灾损失，确保业主、使用人和受益人的生命财产安全。

10. 建立新型的人文环境

新型的人文环境应该是和睦相处、互帮互助的生活环境，互利互惠、温馨文明的商业环境，融洽和谐、轻松有序的办公环境，安全舒适、相互协作的生产环境等。新型的人文环境可以使人们焕发热情，提高工作效率，热爱生活，充满爱心，并对社会治安状况的好转有着很大的促进作用。

6.2 和谐社区的污染治理

6.2.1 社区环境污染与防治

6.2.1.1 环境污染的含义

环境污染是指人们在生产、生活活动过程中，由于有害物质进入生态系统的数量超过生态系统本身的自净能力，造成环境质量下降或环境状况恶化，使生态平衡及人们正常的生产生活条件遭到破坏。

6.2.1.2 环境污染的种类

根据我国的具体情况，环境污染的种类主要包括大气污染、水污染、固体废物污染和噪声污染。

1. 大气污染

大气污染是指向大气排放有害物质，造成大气的质量下降和严重恶化。造成大气污染的有害物质主要是燃烧含硫的煤和石油，有色金属冶炼厂、硫酸厂排放的硫氧化物气体 SO_2、煤尘和粉尘，CO，氮氧化物 NO、NO_2，还有光化学烟雾等。

2. 水污染

水污染是指人们在生产、生活活动过程中，将有毒、有害物质和液体排入水体，使水质下降，利用价值降低或丧失，并对生物和人体造成损害的现象。这些有毒、有害物质的来源主要是工业废水、生活废水、医疗污水等排入水体中的酚、氰化物、砷、汞、铅等有毒物质，油类、氯、磷等富有营养的盐类等。

3. 固体废物污染

固体废物污染是指人们在生产、生活活动过程中产生的废弃物、医疗垃圾、生活垃圾等对环境所造成的损坏现象。

4. 噪声污染

噪声污染是指排放到环境的噪声超过生态系统的标准或国家及国际标准，对人的工作、学习、生活等日常活动以至于人体健康造成妨碍和损害的环境现象。噪声的表现形式是指尖高、刺耳、杂乱和怪声。例如，汽车喇叭声、汽笛排气声、材料切割声、机器的轰鸣声、高音喇叭声，包括小贩的叫卖声、收买废品的吆喝声等。

6.2.2 社区环境污染的防治办法

根据造成环境污染的情况，环境污染的防治办法可以分为以下几个方面：

1. 空气污染的防治

空气污染防治的目的是消除或减轻社区区域内的二氧化硫气体、机动车排放的尾气以及扬尘。由于社区区域是城市的一个部分，城市整体的空气污染使得社区区域不可能幸免。防治社区区域空气污染能做到的是尽可能地消除扬尘，减轻社区范围内空气中二氧化硫气体和机动车尾气的含量。

空气污染的防治办法主要是：①教育住户和生产单位改变能源结构；②硬化地面，不能裸露地面是减少扬尘的一个重要措施；③绿化；④加强城市综合管理；⑤限制车辆驶入。

2. 水体污染的防治

水体污染的防治办法主要是：①减少污水排放量，降低所排污水的有害程度，加强废水处理环节，切断水体污染途径，教育广大群众不要把固体废弃物扔进水里，这就能有效地控制水体污染；②在社区区域的沟渠、池塘里饲养水草或种植荷花等，既能增强水体的自我净化能力，又能美化环境。

3. 固体废弃物污染的防治

固体废弃物污染的防治办法主要是：①对于垃圾，物业公司应建立垃圾的分类收集系统，做到从该社区区域及时输出或处理；有条件的可以自己处理，没有条件的应把垃圾送到城市垃圾处理中心集中处理；②加强对房屋装修的科学管理。装修垃圾是造成社区区域固体废弃物污染的一个重要来源，因此装修垃圾一定要堆放在指定地点，统一清运；③建立并完善城市污水处理系统；④对沟泥进行面液分离，提高无害化处理率。

4. 噪声污染的防治

噪声污染可以通过规划设计部门的合理规划设计得到减轻或控制。对于物业公司来说，噪声污染的防治办法主要是：①绿化；②限制车辆进入社区区域，限制进入车辆的车速，特别需要注意的是尽量避免车辆的过境交通；③加强精神文明教育，制订必要的管理办法。加强精神文明建设,就是要让业主、使用人和一切受益人懂得尊重别人就是尊重自己的道理,尽量减少生活噪声,如娱乐声、爆竹声等,这是防治噪声污染的积极的方法。同时,还要制订必要的管理办法,作为防治噪声污染的辅助措施。

5. 电磁波污染的防治

防治电磁波污染的有效办法是绿化。绿化能防止和阻碍电磁波的穿入,减轻其直接影响。

6.3 和谐绿色社区的建设

6.3.1 绿化的含义

绿化是指植树造林,意在变赤地为绿洲。随着社会的发展与人们对理想人居环境的追求,环境绿化的意义变得更为重要。

社区环境绿化是指在社区管理范围内,按照一定的原则及美学原理种植花草树木,使植物依附于室外地面、护坡、外墙、屋顶并装点阳台、室内等空间所形成的优美协调的有机体系。

6.3.2 社区环境绿化的功能

6.3.2.1 物理功能

1. 遮阳、隔声

树木可以遮阳隔声,尤其是落叶乔木,十分切合时令。在冬季,人们需要阳光的时候,树叶落了,让阳光洒满室内外;夏天,树枝上长满叶子,恰好遮住炎炎烈日,为人们提供凉爽,减少人们的暴晒之苦。灌木和乔木搭配种植可以形成一道绿篱声障,四季常青的针叶树效果更佳。

2. 改善小气候

绿化能使空气中的相对湿度增加,又可以调节气温,尤其是能使夏季的气温降低,减少炎热程度。在一般情况下,夏季树荫下的空气温度比露天的空气温度要低 3~4℃,而草地上的空气温度要比沥青地面的空气温度低 2~3℃。

3. 改善空气质量

植物通过物理吸附、过滤作用和生理变化的代谢反应(如光合作用),能吸收氯化氢、二氧化硫、二氧化碳、臭氧、氯气、氨气等有害物质,起到净化空气的作用。

4. 防风、防尘

树林具有明显的防风效果。当气流穿过树林时,受到阻截、摩擦和过筛,消耗了风的能量,起到降低风速的作用。绿化还能阻挡风沙、吸附尘埃,大面积的植物覆盖对防止尘土飞扬是十分有效的。

5. 杀菌防病

许多植物能分泌芳香的代谢产物，可以起到杀菌作用。

6.3.2.2 精神功能

1. 美化环境

园林绿化是美化社区环境的重要方式，是社区环境建设的重要组成部分。因地制宜地种植一年四季色彩富有季节变化的各种乔灌木、花卉、草皮，能让居民得到视觉上的享受，而且感到身心愉悦。

2. 分割空间

绿篱能很好地起到分割室外空间的作用，既能满足居民的私密性要求，又能满足社会性要求。

3. 形成消闲场所

绿地是人们休闲的场所，儿童在此游戏，大人在此娱乐、锻炼。历此，绿地能起到丰富生活、陶冶情操和消除疲劳的效果。

6.3.3 绿化建设的基本要求

1. 统一规划、合理组织、形成系统

根据功能和使用的要求，采取重点与一般，集中与分散，点、线、面相结合的原则进行布置，形成系统，并与周围环境相协调。

2. 节约用地

绿地布置必须充分利用自然地形和周边的环境，尽可能地利用劣地、坡地、洼地以及不适宜建筑的用地，以便节约用地。

3. 营造良好的社区景观

要合理选种和配置，力争做到花草结合，常绿树与落叶树结合，乔木、灌木相间，追求四季常青、鲜花常开的生活、工作环境。

4. 投资经济，方便管理

树种的选择及种植方式的确定，均应考虑投资经济性，同时还要考虑建成后日常管理的方便。

6.3.4 绿色植物选择和配置的基本原则

1. 以乡土植物为主，适当选用驯化的外来及野生植物

绿化植树，种花栽草，创造景观，美化环境，最基本的一条是要求栽植的植物能成活并健康生长，这就必须根据居住区的自然条件选择适应的植物材料。当然，为了丰富植物种类，弥补乡土植物的不足，也不应排斥优良的外来及野生植物种类。但是，它们必须是经过长期引种驯化，证明已经适应当地自然条件的种类。同时，还要注意防止外来物种的侵入。

2. 以乔、灌木为主，草本花卉点缀，重视草坪地被、绿色植物的应用

高大雄伟的乔木是城市绿化的骨架，是绿化的主体，也是景观的主体，但是丰富的色彩则来自多种多样的灌木和花卉。通过乔木、灌木、花、草的合理搭配，才能组成平面上的成丛成群，立面上层次丰富、灵活多变、色彩绚丽的植物群落，从而达到最大的景观效果和生态效益。

3. 速生树与慢生树相结合，常绿树与落叶树相结合

新建居住区，为了尽早发挥绿化效益，一般多栽植速生树，近期即能鲜花盛开、绿树成荫。但是，速生树虽然生长快、见效早，然而寿命短、易衰老，三四十年就要更新重栽。这对园林景观及生态效益的发挥是不利的。因此，从长远来看要选种一些慢生树。合理搭配速生树与慢生树，近期与远期相结合，做到有计划地用慢生树代替速生树。北方冬季长，缺少绿色，所以要多选用一些常绿树，以增加冬季景观；南方四季常青，缺少变化，所以要适当选用一些落叶树，以丰富四季景观。

4. 根据不同特点选择不同植物种类

居住区绿地是城市绿地系统中的重要组成部分，具有城市绿地的共性，同时又有自己的特点。总体上要求植物从姿态、色彩、香气、神韵等观赏特性方面有上乘表现，同时要能够抵抗不良环境，还要有利于人们的休闲、活动。既要有一些色彩淡雅、冠大荫浓的乔木，也要有一些色彩丰富的灌木、花卉，还可以栽植一些刺篱以达安全防范的目的。

6.3.5 社区绿化管理

社区绿化管理是指为美化和净化社区的环境和改进社区景观，而在社区范围内进行的绿地、花圃等地的养护行为，以及该类行为的计划与组织。物业公司一定要重视绿化工作，特别要重视绿化的管理工作。

1. 设立绿化管理机构

为了搞好社区区域的环境绿化管理，首先应当确定社区区域环境绿化管理模式，并在此基础上设置不同的环境绿化管理机构。绿化管理一般有两种方式：

（1）委托式。委托式即将社区区域的环境绿化管理工作委托给专业的绿化公司负责。社区管理企业一般采取承包的方式转包给专业的绿化公司。物业管理企业只需配备1~2名管理人员，根据承包议定书对绿化公司进行检查、监督和评议。

（2）自主式。自主式即社区区域的环境工作完全由自己负责。这种方法要建立自己的绿化管理机构，其规模大小要根据具体情况而定。如果社区区域规模小，绿化管理机构相对来说可以小一些，有一个绿化养护组就可以了；如果社区区域规模大、类型多、任务比较重，社区管理企业就需要建立一个比较完备的社区环境绿化管理机构。

2. 明确岗位职责

（1）办公室的职责。协助社区绿化管理部主管管理好社区区域的绿化管理工作；对内协调好各个部门之间的关系，督促检查各项工作完成的情况以及档案管理、资金管理、库房

管理等；对外处理好与其他各个部门之间的关系，并开展一定规模的对外宣传活动、经营管理活动。

（2）花圃组的职责。培育各种花卉苗木，不断学习和引进新品种，以满足居住区绿化的需要；负责种花、养花及节假日摆花、用花的需要，不断提高花饰技艺，用碧绿青翠的植物，带给人们清新高雅、美好的享受；妥善保管和使用各种工器具和材料；完成部门主管交办的其他相关工作。

（3）养护组的职责。负责绿地树木花草的保护工作，禁止人为地破坏、践踏或改变绿地的用途；负责绿地树木花草的养护工作，及时浇水、施肥、清除病虫害及补植、更新等；负责清除绿地的杂草、枯枝败叶，铲埋乔灌木树坑，处理草地鼠洞，扑杀草地蚂蚁，维护园林小品、雕塑及绿地设施完好；妥善保管和使用各种工器具和材料；完成部门主管交办的其他相关工作。

3. 制订严格的管理制度，强化绿化管理的职能

物业公司应当在调查研究的基础上，制订全面、严格的绿化管理规章制度，包括绿地营造、养护管理和巡视制度等。同时，按照我国《城市绿化管理条例》，对违章占绿、毁绿现象，加大管理和处罚力度，依靠法律法规和各项管理制度，保护绿化成果。

4. 加强绿化宣传，培养绿化意识

长期以来，绿化在一些人的头脑意识中总是公益行为、短期行为，一些公司、企业在植树节把植树任务当成走过场、赶时髦，而忽略了其真实的意义。在社区绿化中，一些公司人员对绿化的认识不足，一些居民对绿化成果非常不珍惜，随意破坏和占用。这些主要都是因为对绿化的宣传不够造成的。因此，物业公司要积极通过行使组织、协调、督导、宣传教育等职能，以及通过建绿、护绿等活动，培养公司员工和社区广大居民的绿化意识。

6.3.6 社区绿化日常管理的主要内容

1. 浇水

不同植物对水的需要各不相同，不同的季节对水的需要量也不一样，绿化部要根据具体的气候条件、植物品种或生长期等情况来决定浇水量和浇水次数，努力做好浇水工作。

2. 施肥

园林绿化种植的树木种类很多，有观花、观叶、观姿、观果等植物，又有乔木、灌木之分，它们对养分的要求各不相同。另外，植物在不同的生长期，需要养分的种类和数量也不相同。因此，绿化部要根据具体情况来施肥。

3. 修剪整形

修剪整形是栽培树木的一种养护措施。树木的形态、观赏效果、生长开花结果等方面，都要通过整形修剪来解决或调节。

4. 除草松土

除草是将树冠下非人植的草类清除，面积大小根据需要而定，以减少草与树木争夺土壤中水分及养分的情况发生，有利于树木生长。松土是让土壤表面松动，以达到保水、透气、增温的目的。

5. 防治病虫害

"预防为主、综合防治"，要充分利用抑制病虫害的多种因素，创造不利于病虫害发生和危害树木的条件，有机地采用各种必要的防治措施。

6. 管理

具体措施包括：

（1）涂白。冬季用石灰水加盐或加石硫合剂涂白树干，以消灭在树皮中越冬的害虫，防止爬虫上树产卵。

（2）立支柱。风速较大的地方或台风发生频繁的地区要立支柱，防止大风吹倒、吹斜树木。

（3）围护。临街临路的树木要适当加上围护，防止树木被撞伤撞倒。要加强宣传教育或派人巡视，防止人为毁坏。

（4）洗尘。人与车辆流动多，引起尘土飞扬，造成树冠污染，影响树木的生长和环境的美化。绿化部要经常用水对树冠进行喷洗。

6.3.7 加强绿色社区环境建设与管理的对策

1. 着眼长远，统筹规划

社区环境建设与管理是一项复杂的、事关社区居民长远利益的系统工程。在社区环境建设过程中，要把建设环境优美、舒适怡人的城市社区作为社区环境建设与管理的目标，做好各项工作。首先，要制订社区环境建设的长期规划。要在深入调研的基础上，根据城市建设的总体目标，吸纳国内外城市社区环境建设的先进经验，充分考虑未来城市发展的人口规模、发展速度及环境承受力等因素，集思广益，制订社区环境建设的长期规划。其次，要统筹兼顾，着眼长远。社区环境建设既要考虑各种类型居住小区的不同情况，制订不同的发展规划，又要注重对现有的各个居住小区的各种配套设施不断完善，做到统筹兼顾。同时，要着眼长远，不能只顾眼前利益。再次，要注重基础设施与配套设施的建设。要按照社区建设的总体要求，完善社区道路、活动场所、垃圾收容与处理等各项基础设施，同时也要搞好包括园林绿化、给水排水、垃圾处理、通信、电力等配套设施的建设。此外，还应注重社区绿化建设。在规划与建设小区时，要留足绿化用地，使绿化率达标。

2. 加强管理

（1）发挥好社区居民委员会的管理、协调、督促、监督等作用。

（2）发挥好小区业主委员会的作用。应充分调动业主委员会在小区环境建设与管理中的积极性与主动性。

（3）发挥好物业公司的作用。物业公司在社区环境建设与管理中具有举足轻重的地位。有关部门要依照有关法律、法规的规定，建立制度来加强管理。

6.4 主张绿色消费

6.4.1 绿色消费的概念

绿色，代表生命，代表健康和活力，是充满希望的颜色。国际上对"绿色"的理解通常包括生命、节能、环保三个方面。绿色消费包括的内容非常宽泛，不仅包括绿色产品，还包括物资的回收利用，能源的有效使用，对生存环境、物种的保护等，可以说涵盖生产行为、消费行为的方方面面。为了使人们有较系统的了解，一些环保专家把绿色消费概括成5R，即：节约资源，减少污染（Reduce）；绿色生活，环保选购（Reevaluate）；重复使用，多次利用（Reuse）；分类回收，循环再生（Recycle）；保护自然，万物共存（Rescue）共五个方面。

"绿色消费"的概念是广义的，主要是指在社会消费中，不仅要满足我们这一代人的消费需求和安全、健康，还要满足子孙万代的消费需求和安全、健康。它有三层含义：一是倡导消费者在消费时选择未被污染或有助于公众健康的绿色产品；二是在消费过程中注重对垃圾的处置，不造成环境污染；三是引导消费者转变消费观念，提倡崇尚自然、追求健康，在追求生活舒适的同时，注重环保，节约资源和能源，实现可持续消费。狭义地讲，"绿色消费"重点放在"绿色生活，环保选购"等直接关系到消费者安全健康方面的内容，社会监督的重点放在食品、化妆品和建筑装饰材料三个方面上。

6.4.2 社区绿色消费

1. 绿色社区的含义

随着社会的发展和人们生活水平的不断提高，人们关注自身健康的意识日趋增强，以环保、自然、卫生为特征的绿色消费逐渐成为时代发展的潮流。

绿色社区是指具备了一定的符合环保要求的硬件设施，建立了较完善的环境管理体系和公众参与机制的社区。绿色社区的含义，就硬件而言，包括绿色建筑、社区绿化、垃圾分类、污水处理、节水、节能和新能源等设施。而绿色社区的软件则包括一个由政府各有关部门和社会各界参与的联席会，一个垃圾分类清运系统，一块有一定面积和较好质量的绿地，一支起先锋骨干作用的绿色志愿者队伍，一块普及环保科学知识的宣传阵地和一定数量的绿色文明家庭。

2. 绿色消费社区的建设

目前，许多城市政府围绕创建安居乐业的生活环境，强化"绿色消费社区"建设。政府有关部门的工作内容主要是：在小区内向居民宣传培训食品安全法律法规，普及《消费者权益保护法》，让居民了解不合格食品的危害，并能够进行识别，掌握食物中毒应急处置方法，了解环保等相关知识；组建社区食品安全社会监督员队伍，配合执法部门监督社区内蔬菜和食品经营业户；在社区内增加便民设施，完善社区便民服务网络。

把绿色消费品引进社区，主要是重点做到"三个请进来"和"三个赶出去"：把政府规定的绿色食品厂家请进来，销售他们的绿色食品；把让利、让价的生产厂家请进来，让居民购买到便宜的食品；把生产过年、过节食品的商家请进来，为社区居民提供方便。同时，把游商浮贩从社区赶出去；把"三无"食品从社区赶出去；把过期变质、有公害的食品从社区赶出去。

唐山路社区居委会定期把绿色消费品送到孤寡老人和残疾人家，让无能力出门购买食品的孤寡老人和残疾人也能吃到绿色食品。某社区孤老户王同军老大爷感激地对记者说："居委会按时到家里来询问情况，给我购买想吃的食品，他们买的我吃起来放心。"据了解，唐山路社区免费为30多位老人和3位残疾人赠送绿色食品，使他们尝到创建绿色消费社区带来的甜头，享受到党和政府给他们带来的温暖。

创建绿色消费工作从娃娃抓起。每次举行大的宣传活动和绿色食品消费活动时，唐山路社区居委会都会与幼儿园沟通，给孩子们讲解简单的绿色食品知识，如该吃什么、不该吃什么，并且帮助他们的家长明白如何选择食品，给孩子选择有利于健康成长的食品。

社区邀请专家到社区开展绿色消费知识讲座，社区工作人员携带宣传展板和各种环保宣传资料，为社区居民们现场讲解日常环境污染是怎么造成的，什么是污染环境行为等与居民日常生活息息相关的环保知识，以便将可持续消费观念和绿色环保理念贯穿于居民的日常生活之中，提高居民的环境意识和公众环保参与意识，推动公众参与环保、支持环保的行为。通过讲座，社区居民们能够了解环境问题的重要性，认识到垃圾分类、选购节能产品这些生活细节本身就是在为环保做努力。

【案例】 湖北节能减排宣传进社区，倡导居民绿色消费。

"自觉使用环保袋，尽可能少用一次性制品，节约水电，安装节水马桶……"2008年6月5日是世界环境日，湖北省环保部门在武汉社区进行节能减排环保宣传，倡导市民绿色消费，从生活点滴做起，为节能减排、环境保护贡献力量。

在武汉市最大的居民社区百步亭花园社区内，环保部门为居民们赠送了1万个环保宣传购物布袋以及相关环保书籍和废旧电池回收箱，社区环保志愿者还向居民发出绿色消费的倡议。记者在现场看到，环保购物袋和环保书籍很快被人们争抢一空，许多人饶有兴趣地观看环保摄影展览，并参与到制作环保袋的活动中。

72岁的百步亭居民于大爷正聚精会神地翻看一本环保宣传册。他说，每个人都可通过生活中的点滴小事来减少污染，如节约纸张、少开空调、不乱扔电池、用废旧布料做鞋套等。"环保关乎老百姓自己的切身利益，我们都应该学习一些环保知识，为减少污染出一份力。"湖北省副省长赵斌说，小到每个家庭、社区，大到每所学校、企业，都是节能减排的重要力量。社会各界的环保意识、素质及习惯，直接影响到节能减排工作的实际成效。要让每个公民都积极投身到节能减排全民行动中来，营造人人爱护环境的社会氛围。

据了解，连日来，湖北省宜昌、荆门、随州、咸宁、仙桃等各地纷纷通过"废弃电池或废塑料袋换取免费环保袋"、宣讲环保知识、节能减排万人签名、环境知识竞赛、图片展览等多种形式开展节能减排环保宣传活动，引导市民拒绝白色污染，养成绿色消费习惯。

（资料来源：新华网，2008-6-5，记者魏梦佳）

6.5 营造绿色家庭

6.5.1 绿色家庭的概念

绿色家庭是积极参与社区环保活动、带头实施绿色生活方式的家庭。通过这些家庭影响和带动其他家庭选择绿色生活方式，能够使更多的家庭加入到绿色家庭的行列里。创建"绿色家庭"是实施绿色社区的一项细胞工程，绿色社区的每个家庭都应通过选择绿色生活来参与环保。

6.5.2 绿色家庭的标准

家庭是社会的细胞，每个人都生活在一定的家庭中。环境保护是每个家庭应负的责任。让绿色走进家庭，开展家庭环保活动，享受现代绿色生活，不仅是每一个家庭成员的执著追求和自觉选择，而且对保护环境、维护生态平衡、全面建设生态文明的小康社会也具有不可替代的重要作用。目前，我国已形成以宪法为基础、以环境保护法为主体的环境法律体系，环境保护已经建立在逐步健全的法制基础上，并不断促进环境保护的法制化、规范化和科学化。它对防止环境遭到污染和破坏，切实保护好环境，实施可持续发展战略起到了极其重要的作用，有力地推动了我国环保事业的健康发展。环境保护是一项全民的事业，涉及千家万户，但由于很多家庭正处在一个重要的变革和转折时期，正经历着由以家庭环境卫生为主向绿色生活建设为主的历史性转变，因此保障和加快家庭环保进程，坚持让绿色走进家庭，享受绿色生活，已成为进一步促进环保事业健康发展，最终实现以建设绿色生活为主的家庭环保道路，全面建设文明小康社会的自然选择。

6.5.2.1 绿色家庭的标准

（1）家庭绿化（室内、阳台绿化），认养小区绿色植物。

（2）垃圾分类处理。

（3）废电池回收。

（4）节水。节水要求：每人每日用水在 $0.36m^3$ 以下。

（5）使用无磷洗衣粉。

（6）不吃野生动物。

（7）至少有一名家庭成员参加社区环保自愿队伍，对违反环保的行为进行劝阻或教育。

(8) 降低家庭生活娱乐噪声。
(9) 参加社区举办的讲座等各项活动。
(10) 以下要求必须做到两条或两条以上：
1) 不使用一次性餐盒和筷子，外出购物、买菜使用购物袋、菜篮。
2) 不使用燃油助动车。
3) 选用绿色产品，坚持绿色消费，使用无氟冰箱、空调、节能电器。
4) 家庭禁烟。

> 【案例】 常州市开展创建"绿色家庭"活动倡议书
> 　　家庭是社会的细胞，妇女是家庭的基础，儿童是社会的未来和希望。妇女儿童携手把绿色时尚带入家庭，把绿色理念付诸行动，创建绿色家庭，对于提高全民绿化素养，对于常州实现全面建设小康社会的目标，有着十分重要的现实意义。为此，特向全市家庭提出如下倡议：
> 　　(1) 共同学习绿化知识，增强创园意识。
> 　　(2) 种植花草清新空气，绿化美化家庭。
> 　　(3) 实施生活垃圾分类，妥善处置废物。
> 　　(4) 提倡使用环保用品，保护生态环境。
> 　　(5) 参与爱绿护绿活动，创建绿色家庭。
> (资料来源：常州市园林绿化管理局网站，www.greencz.gov.cn，2004 年 8 月)

6.5.2.2 积极创建绿色家庭

环境友好型社会要求经济社会的方方面面必须符合自然生态规律，向着有利于维护良好生态环境的方向发展。社会的组成单位——家庭在建设环境友好型社会中的作用不可忽视，而"绿色家庭"就是环境友好型社会的示范者、促进者。

众所周知，人类需求的无限性与资源的有限性之间的矛盾已日益突出，保护环境、节约资源已经刻不容缓。我们应该清醒地认识到，小康生活不等于奢侈浪费，挥霍无度的生活方式只能给环境和资源带来更大的压力。如果每个家庭都能有科学的居家生活理念，一切从环境优良、生态绿色出发，坚持从身边的小事做起，节约每一滴水、每一度电、每一张纸，这样不仅减少了家庭开支，也带来了生态效益，从而造福于子孙后代。因此，"绿色家庭"也是对全社会的贡献。

1. 大力倡导家庭环保

随着绿色家庭建设和创建绿色家庭活动的深入开展，绿色家庭对生态资源的要求是多层次、宽领域、大范围、全面的，这就要求培育、管理和科学合理利用一切家庭生态资源，不断适应家庭生态建设的发展，满足家庭生态文明的不同需求。要实现以建设绿色家庭生活为主的创建绿色家庭的可持续发展道路，建设生态文明的小康社会，不仅需要宝贵的花草树木等生物资源，还需要从人们的生活起居、衣食住行等方面着手，进行家庭生态建设。倡导每个家庭重视家庭环保、生态建设和创建绿色家庭，使单纯的家庭环境卫生走向生活起居、衣食住行，走向绿色生活建设的历史性变革。

2. 树立家庭环保意识，不断扩大环保范围

在全面建设生态文明小康社会的实践中，对开展家庭环保、创建绿色家庭提出了更明确的要求，即树立家庭环保意识，扩大环保范围，改变过去仅仅限于搞好家庭环境卫生的片面思想和观点，要赋予整个家庭环保丰富的内涵，不仅仅是生活起居、衣食住行，还包括水、空气、工作、学习用具、生活用品、家具以及房屋装修等，所有家庭资源都是家庭环保的基础，都应该引起高度重视，走向家庭绿色环保，建设现代绿色生活。

3. 明确家庭环保概念，加快创建绿色家庭步伐

加快创建绿色家庭的最终目标就是要确立以建设绿色生活的家庭为途径来实现环保的道路，用绿色装饰和扮靓家庭，切实保护好我们生存的家园，使它真正成为每一个家庭成员的安乐窝和避风港，在家庭中享受现代绿色生活，全面建设生态文明的小康社会。只有当绿色生活成为千家万户家庭成员的执著追求和自觉选择，改善环境的曙光才会真正出现，并逐渐变成现实。

许多城市的"绿色家庭"的创建活动丰富多彩。据报道，2008年10月，湖南省株洲市积极开展创建"绿色家庭"活动，已产生18个市级"绿色家庭"、1个全国"绿色家庭"。这些"绿色家庭"成员带头不使用纸杯等一次性用品，节约用水用电，对各种物品充分利用，将垃圾分类存放，不使用污染环境的物品，主动参与环保志愿者行动，有力地促进了构建环境友好型社会。

【案例】 伍玉兰一家："社区节能减排家庭在行动"的典型

伍玉兰，女，1944年出生，西安石油勘探仪器总厂退休职工，家中共4口人，儿子在外地工作。

伍玉兰祖籍为水资源丰实的广西壮族自治区，在老家时，人们从不为用水发愁，用水很方便。1978年她调到西安石油勘探仪器总厂后，经常看到街上有人排队接水，厂里家属院也经常"闹水荒"，这让她认识到水的重要性，实属来之不易。从20世纪80年代起，伍玉兰就开始注意节约用水了。1985年，她感到家里马桶的水箱太费水，就不再使用，改用洗衣、洗碗用过的水冲厕所，这个习惯她一直坚持至今。1998年她退休后，更是不断地总结节水方法、窍门，对生活用水进行三次利用，使一家两口人的月用水量保持在 1.5~2m³。

伍玉兰家庭用水分三个方面：一是厨房用水；二是个人卫生用水；三是厕所用水。每一处用水，她都有一套独创的循环利用程序。

厨房用水中，伍玉兰把淘米水用来作为洗餐具、洗菜的头道用水。洗菜前，她先清除泥巴，再去掉黄叶。洗菜时把菜分为两类，先洗萝卜、土豆等，然后再洗叶子菜。干净的洗菜水还要再用来清洗拖把，就连晾拖把时滴下的水，也要接入盆里冲厕所用。

个人卫生用水是家庭用水的"大头"。伍玉兰说，淋浴的时间长，一般刚开始的时候水温比较低，往往要流好几升水温度才升起来。这些水可以用盆接起来再做洗衣、打扫清洁用。另外在淋浴时，可在脚下放个大盆，将洗澡水接起来，干净的水用来洗衣服，脏水则可洗拖把、冲厕所。而且在洗衣服时，洗衣粉的量要放得刚好够用就行，既可减少用水，还可减轻对环境的污染。

伍玉兰家不仅注意节约用水，对节约天然气和节约用电也很重视。她家的照明灯具全都使用节能灯泡，家里没有安装空调，只有2台电扇，电视机也才是21in的，并且家庭成员都已养成随手关灯的习惯。为了节约天然气，家中做饭都是用高压锅，经常是锅中煲汤、汤中蒸米饭，有时米饭上面再蒸菜。这样，汤、米饭和蒸菜同时做好，既省时省力又省能源。而且在做饭菜过程中，火候要把握得很好，需随时调整，不需大火时尽量开到最小，而每道菜做好后立即关火，把菜盛好，如果需洗锅，待锅洗好后，放在灶上再一次开火炒下一道菜。

伍玉兰在日常生活中节水、节电、节天然气，并非吝啬、小气、舍不得花钱。用她的话说："水是一切生命的源泉，若是有一天地球上没了水，一切生命活动必将结束，节约用水是我们每个人应尽的职责和义务。"这就是她节约的动力。

（资料来源：中国妇女网，www.women.org.cn，2011-11-26）

6.6　开展和谐社区环境教育

6.6.1　社区环境教育的含义

社区环境教育将环保知识寓于人们的日常生活，不仅达到保护环境，宣传环保理念的目的，还可以丰富人们的日常生活，达到"双赢"效果。最重要的是，社区环境教育因其涉及人群面广、内容丰富、地域性强等优势被看成是可持续发展能力建设的重要组成部分，受到全社会的青睐，被认为是未来社会环境教育发展的一种最有效的方法。

社区是人们生活所在地，也是环境污染的主要产生地，人们在社区中对生活垃圾污染的感受最深。同时，社区也是治理环境污染的重要场所，治理和减少生活垃圾污染应该从社区开始。

6.6.2　开展社区环境教育的目的

1. 从实际出发，改进人们的日常生活行为

通过社区教育可以改进人们的行为。生活中的环境污染与人们的日常生活行为直接相关，在社区中开展环境教育，可以将教育的内容同生活紧紧相联，有助于人们良好行为习惯的养成。

2. 改善社区环境，提高人们的生活质量

社区环境的状况直接影响人们的生活质量。在社区中开展环境教育，使居民认识到诸多问题的存在及原因，在改进自身行为的同时，也能够改善社区环境，提高人们的生活质量。事实上，正是由于在社区中开展环境教育具有很大的优势，社区教育在兴起之初就已经把环境教育作为其主要的内容之一，比如在社区中开展的"垃圾分类法""消除白色污染""家庭绿色装修"等活动。

3. 把环境教育作为社区文明建设的"绿色窗口"

在全民共同建设资源节约型、环境友好型社会的今天，必须重视环境教育的重要作用，通过社区这个环境教育的"窗口"，来营造和谐社区、文明社区、生态社区，让社区居民在良好的环境中学习、生活和成长。社区是若干社会群体聚集在一起的一个特定空间。社区中的群体生活在一个共同的空间之中，受一定行为规范和生活方式的共同影响，容易形成情感和心理上的认同感、归属感。因此，社区环境教育的特点是接受教育的人群面广、层次多，特别是有很强的地域性和现实针对性，易于突出重点、解决难点，对提高全民环境意识有着重要的作用。

6.6.3 社区环境教育模式

以社区居委会为主导的参与性模式，是社区环境教育的一种实践性强的模式。此模式是由社区居委会负责各项活动的策划和实施，这也是社区环境教育的主要形式。

其主要内涵为：社区居委会作为所管辖行政区域的社区环境教育组织者、实施者、监督者、协调者，以社区服务及社区文化为着眼点对社区居民进行社区环境教育。社区居委会在其过程中实行"社区带头、社会参与、双向服务"的模式，本身带有较强的行政管理色彩。就我国目前及未来相当长的时期内，社区应该责无旁贷地成为社区环境教育的主导者，因为它具有领导性、灵活性和非正规性等特点，在开展社区环境教育方面具有其他民政系统、教育系统等不可比拟的资源优势、组织优势和中介服务优势。

这种模式的主要特点为：首先是政府主导。社区居委会作为地方政府的派出机构，在社区环境教育中占据主导地位。社区居委会将社区环境教育工作纳入工作目标，并借助行政手段推进。其次是社会参与。社区居委会负责动员社区内居民参加环境教育活动，发挥社区内拥有的资源优势（如学校、社区学校、教育课堂），形成"共建、共管、共享"的格局。

这种环境教育模式的前提条件是社区要建立一个专门领导小组以确保各项活动的正常实施，社区居委会起中心作用，带领社区内居民积极参与到活动中来。主要从事的工作有：宣传阵地建设；社区法规建设；构建社区服务网络，重视媒体作用；环保教育实践活动等。

6.6.4 开展和谐社区环境教育活动

社区环境教育需要政府的参与。社区环境教育是社区建设的一部分，在社区中进行环境教育，政府的参与是社区环境教育工作有效开展的重要保障。政府的参与不是参加具体工

作,而是确定社区环境教育的总体目标和方针,并对工作进行指导。社区要依靠各级政府的支持,建立起社区环境教育委员会,聘请专家任委员,统筹指导社区环境教育工作,加强对社区教育社会工作者的业务培训,包括基本的理论培训和工作方法的培训,使他们能有计划、有组织、科学地进行环境教育活动。

为弘扬生态文明,普及环保知识,提升社区居民参与环境保护及和谐社区建设的自觉性,切实将环保宣传融入社区的文化生活当中,许多相关政府部门都为社区环境教育做出了努力。据报道,佳木斯市环保局于2007年11月下旬在佳木斯市九洲社区开展了"环保进社区"活动。该活动以环保流动展览图板为载体,以图文并茂的宣传形式,向社区居民宣传展示了环保法律法规、环保常识、环保警示教育、节约资源、保护水资源等方面的内容,进一步加强了社区居民的保护环境意识。为了使环境宣传工作在社区内深入持久地开展,环保部门还协助九洲社区建立了环保宣传组织机构,聘请了2名环保义务监督员。这次活动还设立了12369环保咨询服务台和法律服务咨询台,市环保局还联合东方医院为70余名九洲社区居民免费进行胆结石义诊,以此举倡导居民在生活中注意环保,提醒居民污染环境会给每个人的生活与健康带来影响。虽然天气寒冷,但九洲社区的居民还是争先恐后地来到宣传板前驻足观看,向环保人员咨询有关环保方面的知识、法律法规,提出自己关注的环保问题,环保工作人员都耐心地给予了解答。对于这次"环保进社区"活动,九洲社区的居民表示了极大的兴趣。大家纷纷表示,过去对于环保工作一直不是很了解,通过这次活动,老百姓更加深入地认识和了解了环境保护工作对人民生活的重要性,今后一定从自己做起,从一点一滴做起,爱护周围的环境,让生活环境更加健康、和谐。

小 结

1. 环境问题是社区的最基本的问题之一,社区环境对人的行为和精神以及生命和健康有着直接或间接的影响,环境管理得好坏,直接关系到社区单位和居民的工作与生活,影响到社区的整体形象。要搞好社区环境建设,解决社区环境问题,必须明确社区环境管理的基本原则和任务。

2. 加强社区环境保护、营造良好的社区生态环境已成为人们的共识,回归自然、创造绿色家园更是人们的追求。将人们的这一愿望反映到社区管理中,就是做好社区绿化建设。

3. 随着社会的发展和人们生活水平的不断提高,以环保、自然、卫生为特征的绿色消费逐渐成为时代发展的潮流。

4. 绿色家庭是环境友好型社会的示范者、促进者。如果每个家庭都能有科学的居家生活理念,一切从环境优良、生态绿色出发,坚持从身边的小事做起,不仅减少了家庭开支,也带来了生态效益,从而造福于子孙后代。

5. 社区环境教育被认为是未来社会环境教育发展的一种最有效的方法。在社区中开展环境教育,可以改善人们的生活方式,提高生活质量。

思 考 题

1. 社区环境管理的任务是什么?
2. 从环境的角度出发,可持续发展包含哪些基本思想?
3. 试述社区环境污染的防治措施。
4. 谈谈你对社区绿色消费的理解。
5. 创建绿色家庭主要做哪些工作?

实 训 题

1. 以某住宅小区为例,观察社区环境管理的工作内容。
2. 结合目前绿色消费社区建设的现状,根据某一典范小区绿色消费的情况,提出一些绿色消费的小建议。
3. 结合阅读案例,谈谈你自己家的"绿色家庭"建设情况。

第7章 城市社区健身环境管理

📖 学习目标

通过本章的学习,掌握社区健身环境的内涵及特点,熟悉社区健身环境的设计,了解城市社区健身的现状、社区健身环境的可持续发展。

📖 引导案例

图7-1 全民健身根基在社区

"做文明业主,塑城市精神"是每一个业主的分内事,但并不是每一个业主都能自觉做到的。物业公司每天与业主接触,如能从正面多加引导,从人情、人性、人心入手,举办一些能提高业主文明素质的活动,对于提高管理质量、建设良好的社区文化和精神文明将起到推进作用(图7-1)。

在小区内，有人因健身放音乐，有人因休息、学习需安静，这个矛盾摆在了物业公司面前，最好的化解办法就是疏导。

近年来，群众健身活动在各地掀起热潮，某物业公司管理的小区也活跃着一支中老年健身队。她们昨天学八段锦，今天练太极拳，明天跳健身舞，鲜艳夺目的服装、多姿多彩的动作成了小区一道靓丽的风景线。然而，健身活动中播放的音乐却不时扰民，成为业主投诉的导火索。物业公司收到业主投诉后，管理处经理多次亲临现场，一探究竟。

没想到，健身队也是一肚子苦水。小区中老年健身队的领队表示，自从退休回家，内心充满失落感和空虚感，身体也一天不如一天。自从她参加了晨练队伍后，心境开阔、筋骨活络，"老死不相往来"的新邻居成了情同手足的好姐妹。但是，健身活动遭到部分业主的反对，底楼业主把家里的音响、喇叭搬到窗口与健身队"对着干"，高层业主朝下扔蛋壳、泼水，健身队伍只好"打一枪换一个地方"。她们迫切希望物业公司想想办法，帮助她们解决难题。物业管理处经过实地调查研究，拟订了一套解决方案。

第一，寻找场地。小区中庭花园处在两幢高层住宅、一排多层住宅中间，虽然这里环境宜人，但正对着高层的南窗，加上早晨上学、上班时人来车往，无论是从安全角度还是不扰民角度，都不宜考虑。变电所门口有一块空地可以利用，但停在那里的十几辆遗而未弃的破旧自行车怎么办呢？管理处先张贴旧车招领启事，三天后，经理亲自上阵，将破车、旧车一辆一辆地进行处置，有的搬入地下车库，有的劝业主作为废铁卖掉，最终为健身队开辟出了一块健身宝地！同时，物业管理处还关照邻里之间要相互关心，晨练时尽可能地把音乐音量调到最低。自从皆大欢喜，投诉也不见了。

第二，及时沟通。小区业主的孩子高考前夕，女主人向物业公司提出，是否能让健身队停止音乐播放，让孩子安静的复习备考。管理处马上与健身队联系，请她们配合。后来，健身队决定停练三天。此举令这位女主人很感动，她激动地说："物业管理处能给予理解并满足我的要求，我永远不会忘记。"

第三，调整时间。物业公司经过与居委会、业委会多方协调，将小区健身队的晨练时间改在早上7:30—8:30，避开了上学、上班的高峰时间段；练功、学舞改在晚上7:00以后，且健身队不再随意调高音量，队员们在健身中还常常相互提醒，不要大声聊天影响别人。关于学习新的动作以及参加比赛前的排练，她们都会自觉去练习。最终，健身和扰民的矛盾终于得到圆满解决。

（资料来源：企博网，2012）

阅读材料，完成以下内容：
到小区现场考察或上网收集社区健身的相关资料，制作PPT并进行演示。

7.1　社区健身环境的内涵及特点

社区健身活动的开展适应了社会发展和城市建设的需要，起到了活跃城市居民文化生活，建立安定团结、健康文明生活方式和社会环境，以及促进社会主义精神文明建设的积极作用。人民生活水平不断提高，双休日、节假日使人们的闲暇时间增多，人们对生活质量、对良好人文环境和居住环境有更高的追求，对社区建设、对全面建设小康社会的奋斗目标也都提出了更高的要求。体育健身作为精神文明建设的重要组成部分和强身健体、娱乐身心的手段，对提高居民的身心健康水平，丰富和活跃社区居民的业余文化生活，沟通居民的人际关系，培养和巩固社区感情，增强社区的凝聚力，稳定社区的生活秩序，有着重要作用。通过开展社区健身活动，广大居民的体育意识得到增强，体育健身场地设施得到改善，体育社会化的路子得到拓宽，体育组织网络得到建立，基层开展体育活动的积极性得到提高，群众参与健身的热情日益高涨。社区健身活动的建设和发展由此步入了法制化、规范化轨道。

7.1.1 社区健身的内涵

社区健身是在街道办事处的辖区内，以自然环境和体育设施为基础，以全体社区成员为主要对象，以满足社区成员的体育需求、增进身心健康为主要目的，就地就近开展的区域性的群众体育。其核心思想是打破行业、单位的界限，为社区居民提供易于参与的体育条件，使居民能方便地在驻地附近得到满足，从而使体育健身生活化。

7.1.2 社区健身的特点

社区健身活动在时间特征上表现为个人余暇性，其衍生特点有：①高离散性。社区健身多属于个体行为，故而相对于社会余暇体育群域来讲，个人余暇体育的离散性较高。②低竞争性。由于个体之间联系不多，加之个人余暇体育水平不高，故而社区健身活动的竞争一向很少，但在社区中，对抗性游戏也不难寻找。③强自由性。人们在个人余暇时间一般按个人意愿做个人喜欢的事。④弱传习性。由于社区健身通常缺乏基本的系统学习条件，传授与学习运动技术通常没有运作主体。

7.2 社区健身的现状

目前，出于《全民健身计划》的影响以及群众自身的内在需求，居民对体育健身的热情与日俱增。以社会积极投资兴办为主体的多种所有制形式构成的体育健身业在经济较为发达的地区迅速发展，围绕群众健身消费的热点，健身房、武术馆、保龄球馆、台球房、轮滑场、水上乐园、垂钓园等各种健身娱乐设施呈现出强劲的发展势头，一方面有助于居民身体健康，另一方面也有利于推动体育产业的健康发展。

然而，由于种种原因，可以被群众用来进行体育锻炼的运动场地始终无法得到很好的解决。社区体育组织机构不健全、活动经费缺乏、内部管理无力、活动无计划、成员体育意识的不稳定和单一性都限制了社区健身活动的开展。所谓的社区健身组织不过是一些老年人自发的健身群体，且无场地和任何经费来源。人们的体育健身意识淡薄，也缺乏科学有效的健身方法。由于场地及专职人员的素质问题，社区的广大居民在从事体育健身活动中有很大的盲从性，对自己适合哪些健身活动、活动量是多大，根本就不知晓，只是凭着一时的兴趣或需要参与，这就使得健身的效果大打折扣，甚至适得其反。

7.2.1 社区体育健身发展现状分析

1. 社区体育健身向规范化发展

体育健身业作为一种产业，近20年来在发达国家发展迅猛，逐步进入一些国家支柱产业的行列，其生产总值一般约占国民生产总值的2%。在我国该项产业刚刚起步，但随着国外先进管理经验的不断输入，该项产业的发展逐步呈现出一种规范有序的特点。

2. 体育健身项目呈丰富多彩的特点

近年来，体育健身所包罗的经营项目繁多，从保龄球、网球等较高档的项目到太极、舞蹈、游泳、器械健身、健美运动、台球等较普及的项目应有尽有。这样的发展趋势，既丰富了群众的业务文化生活，又满足了不同层次人群的消费需要。

3. 社区体育健身促进了群众消费观念的转变

健身本身就是一种享受型的消费，一方面能够满足群众健康的生理及心理需求，另一方面能够促进服务产业的发展。这样的体育健身必然会推动消费业的持续发展。据国家体育总局的一份居民的体育健身消费调查结果显示，2008—2012年的社区居民体育健身消费基本是逐年上升的。

随着我国工作制度的不断调整，人们的闲暇时间相对增加，而伴随着生活节奏的加快，人们为了追求更佳的生活质量，必将更加积极地投入到健身运动中来。因此，社区体育健身具有很大的市场潜力。

7.2.2 解决社区体育健身问题的方法

1. 提供必要的健身器材，为居民创造健身条件

社区的健身消费应该具有公益性，政府部门应加大社区体育事业发展的投资渠道，以满足居民的生活要求。应该扩大群众的消费场所，加快社区建设发展必然有助于生活方式的社会化进程，使人们有更多的精力与空闲时间。人们精力越充沛、空闲时间越多，全面发展的机会也越多，城镇居民参加体育健身的机会也越多，进而促进体育消费市场发展，提高居民生活质量。

2. 强化健身意识，引导社区居民健身运动

随着大众体育事业的发展以及人们对健康的不断追求，人们越来越注重健康投资，越来越钟情于体育活动。这种新的健康理念既是社会进步、时代变迁的反映，又是推动体育消费发展的社会条件。城镇社区体育工作应紧紧抓住这一有利时机，大力宣传健康观、生活质量观和生活方式观，进一步强化健身意识，从而使更多的人加入到健身队伍中，为引导体育健身起到有效的促进作用。

3. 建立居民健身服务体系，拓宽居民的健身渠道

居民的体育健身必须有与之相适应的服务体系，以真正满足居民群众的消费需求。应以大众消费为主体，以个性消费为突破口，关注新的体育健身娱乐消费群体，实现体育健身娱乐产业的多层次、个性化，保证人们体育健身娱乐生活的丰富性和高档性。

总之，在社区体育健身过程中，一定要以理性的眼光审视该模式，探寻其对提高城镇居民生活水平的积极影响，为社区健身事业寻求更为广阔的发展途径。

7.3 社区健身环境的设计

在社区健身行为中，人是社区的主体。当人产生健身需求之后，就需要有一定的活动空间，而体育健身这种文化的特殊性之一就是其动作过程需要占有空间。因此，场地条件便成为开展社区体育的重要前提，而运动场地则成为社区的标志之一，也是社区必备的基本功能之一。因此，社区体育健身环境对社区居民参与体育健身活动有很大的影响。设计者在规划城市基础设施时就应该考虑到健身环境的必要性。

社区体育健身环境是指在城市社区范围内，在政府的资助和扶持下，为满足社区居民的不同体育需求而创建及设立的运动器械、运动场所和体育锻炼指导机构等人工要素的集合。社区体育健身环境属于人工环境，经过人类带有目的性、创造性的劳动而形成，有很强的社会属性。进行社区体育健身环境的设计，主要是通过规划设计，合理安排各种健身活动场地及设施。由于健身活动的参与者年龄层次差别较大，活动形式多种多样，因此应根据不同需求，有效组织各种活动场地及设施，在适用的前提下，做到经济合理、高效利用，提倡综合设计。

1. 以人的健身活动为核心

健身环境服务于人们的健身活动，其目的是增强居民的身体素质，改善心理素质，增进居民间的交往。在健身环境的设计过程中，要结合人体工程学、生理学、心理学等相关知识综合设计，既要满足量的要求，即场地数量、场地面积、器械设施的种类和数量等，又要满足质的要求，包括场地的平坦度、地面材质、色彩、场地的位置、周围环境以及安全设施、场地管理等，同时还要根据不同的参与者、不同的活动形式来具体考虑，尤其要分析不同年龄层次的心理需求。

2. 点、线、面相结合

以组团内部的简易健身场地及设施为点，以组团间的道路、绿地系统等提供的健身地带及设施为线，以住区内中心绿地系统、活动场地及设施为面，以点由线带面，构成整个居住区健身环境的覆盖面，从不同层次、不同角度激发居民的健身热情，真正做到在住区内持久地、全方位地开展全民健身运动。

3. 主次分明、重点突出

在居住区健身环境设计中，点、线、面不能一概而论，应做到主次分明、重点突出。要

以住区中心活动场地及设施为主,以组团之间及组团内部的活动场地及设施为辅;以少年儿童和老年人的健身场地及设施为主,同时兼顾中青年人的健身需求。但无论主次,都要做到精心规划、精心设计。这样,不仅组织管理方便有效,场地及设施利用率高,而且集中的健身场所有利于增进居民间的交往沟通,自然形成住区内的向心力、凝聚力。

4. 进行综合设计

随着城市的发展,城市用地日益紧张,为充分高效地利用土地资源,在居住区健身环境设计中,必须贯彻综合设计的原则,使健身环境与居住区的其他功能设施有机结合,从时间上、空间上提高其使用效率。

5. 充分利用居住区内现有的运动场地及设施

由于大众性的健身活动与学校的体育教学在时间上互不矛盾,因此,学校的体育教学运动场地及设施可兼顾居民健身活动之需,但在设计时要注意便于内(学校)外(居民)的使用与管理。

6. 与居住区内的小亭、绿化、铺地、广场等有机结合

广场铺地可兼作太极拳剑、交谊舞等场地,成片的树林可兼作练气功的场地,小亭榭的柱子之间可设置单杠、压腿杠,等等。

因此,社区健身环境设计应从人的健身活动需要出发,结合各种活动的行为特点,把相关因素集中,通过系统分析综合,最终找到合乎目标的最佳方案。

7.4　社区健身环境的可持续发展

社区体育健身环境的可持续发展是人类文明的一个全新的发展模式,是社会进步的必然要求。这种发展模式的一个重要特征是认为发展的目的是实现人的发展和社会的全面进步。在发展问题上坚持可持续发展,以人为本。社区体育健身环境的可持续发展是时代和社会发展对体育的要求,也是体育自身持续、健康发展的需要。同时,城市社区体育健身环境的可持续发展更应该遵循发展的规律。

1. 树立体育健身环境系统意识

把系统论中的木桶理论运用到社区体育健身环境中,即可说明社区健身环境的发展绝不只是体育部门的事,而应是全社会的事,是于国于民的大事,是多个部门综合协调、运作的结果。系统构建社区体育健身环境,首先要树立系统意识,以发展中国特色的社会主义体育事业为目的,统一管理和协调方方面面的环境资源和关系,实现环境资源共享和互补,从而提高外部环境资源与体育活动的适应性。

2. 加强体育健身环境管理,力争投入与产出的最优化

一般认为,在知识经济条件下,管理将成为第一整合力。因此,要真正创造一个良好的社区体育健身环境,必须有良好的体育健身环境管理体系作保证,这意味着管理在社区体育环境系统内部的资源与制度以及目标与效能方面的作用将是决定性的。任何一种管理追求的目标都是试图通过组织资源的有效配置,实现投入与产出的最优化,社区体育环境管理也不例外。加强体育健身环境管理,要从宏观整体管理着手,即确立社区体育环境管理目标,实施目标管理;确立社区体育环境管理的活动形态,实施过程管理,对社区体育环境管理进行监督、调节和评价,实施质量管理。从微观具体管理着手,即建立健全社区体育环境管理机构;抓好社区体育环境管理队伍建设;严格规章制度;制订管理行为规范;提高信息管理能力;形成网络管理。

3. 建立和完善法律保障体系

法律保障体系的建立和完善,不仅是一种新的体育发展理论和思路,也是新旧体育体制和体育运行机制的交替,必然伴随许多摩擦、真空、错位、扭曲等现象和不同利益集团冲突的发生。并且,市民的有效体育健身需求是决定体育发展的内容、方向、方式和速度的决定性因素。它一方面是客观体育需要的反映,另一方面又是人们对这种需要的主观反映。通过社会意识形态的作用,社会的有效体育需求折射为多元化的社会体育价值体系,在其可被认知的程度和范围内形成一定的理论形态,成为制定体育政策时的依据之一,然后又反作用于体育的发展过程。为了促进这些矛盾的解决,保证体育体制和体育发展方式转变过程的有序化,就必须健全社区体育健身环境运行过程中的法律保障体系和社会监督体系,使社区体育健身环境运行过程能够在法律的框架内有序进行,做到一切社区体育健身行为有法可依、有法必依。在保证宪法赋予公民和法人的体育权利不受损害的前提下,居民可以进行各种体育健身,享受社区提供的各种健身服务。同时,规范社区健身用地的标准、体育器械的合理搭配、体育资金的划拨等有关的法律法规,加大执法和法制宣传的力度,以促进社区体育健身环境的健康发展。还要加强新闻舆论对社区体育健身环境的监督力度,实现社区体育健身环境管理和运作过程的公开化,确保社区体育健身环境得以正常运转。

4. 建立指标体系与补偿机制

要实现社区体育健身环境的可持续发展,建立一套有关的可持续发展理论是必要的。一套完善的指标体系,既能反映社区体育健身环境的整体发展水平,又能反映该环境中体育资源及体育资源的利用程度,同时还能反映出社区体育健身环境的发展与社区发展的适应程度。建立公平补偿机制,也是实现可持续发展中的一个非常重要的方面,因为发展要付出代价,发展不可能齐头并进,优胜劣汰的自然规律也总是会扩大事物之间的差距。但如果对这些完全不加限制,积累到一定时候,就会加剧不同地区、不同社区之间的差距,最终影响整个社会的可持续发展。社区体育健身环境也同样如此,如果不能建立完善的补偿机制,就会造成社区体育健身环境内、外一些重要关系的失衡,进而影响社区体育健身环境的发展。

5. 发展地方特色的社区体育健身

地域和气候差异显著,由此而引起城市间发展不平衡、城乡发展不平衡,各地的发展有着明显的地方特色。在不同地域形成的长期民俗传统和社会生活中,本身就存在着许多合理的文化因素和丰富的资源,有着弥足珍贵的价值成分。在制定发展规划时,应充分重视其地域文明，在整体把握、全局关照的同时，发展具有地方特色的社区体育健身，并积极研究当地条件的优势和劣势，利用地方的独特资源，扬长避短，搞出特色，让不同地域的人民都能体会到社区体育健身独有的乐趣。

社区健身环境的进一步发展，为社区健身行为提供了物质基础保障。良好的健身环境能够提高社区居民参与体育健身的积极性与主动性。健身环境的进一步发展是全民健身运动计划得以开展的坚实基础。构建社区体育健身环境，树立健康第一的观念，以发展中国特色的社会主义体育事业为目的，以健全的法律保障体系和社会监督体系为依托，统一管理和协调方方面面的环境资源和关系，遵循自然规律与社会规律，实现环境资源共享和互补，以提高外部环境资源与体育健身环境的适应性，确保社区体育健身环境能够可持续发展，为人民身心健康服务。

社区体育健身业尚未到快速发展期，还属起步阶段，不系统、不全面，科技含量不高，经济支撑不够，且主要以提供场地为主。为增强人民体质，政府应把社区健身服务作为公益事业来抓，但可实行有偿服务，既要有优惠政策，也要有管理方法。各地政府更是以开展社区健身活动为切入点，加快城市体育的建设和发展，使之成为我国现阶段群众体育事业在新形势下，深化改革，寻求工作新突破的有益探索和积极实践，以及群众体育面向社会、贴近百姓、进入家庭的有效途径。

小　结

1. 社区健身是以自然环境和体育设施为基础，以全体社区成员为主要对象，以满足社区成员的体育需求，以增进社区成员的身心健康为主要目的，就地就近开展的区域性的群众体育。

2. 社区健身活动在时间特征上表现为个人余暇性，其特点为：高离散性、低竞争性、强自由性和弱传习性。

3. 社区体育健身发展现状体现在以下几个方面：社区体育健身向规范化发展；体育健身项目呈丰富多彩的特点；社区体育健身促进了群众消费观念的转变。解决社区体育健身问题的方法包括：提供必要的健身器材，为居民创造健身条件；强化健身意识，引导社区居民健身运动；建立居民健身服务体系，拓宽居民的健身渠道。

4. 社区健身环境的设计应做到：以人的健身活动为核心；点、线、面相结合；主次分明、重点突出；进行综合设计；充分利用居住区内现有的运动场地及设施；与居住区内的小亭、绿化、铺地、广场等有机结合。

5. 社区健身环境的可持续发展需要树立体育健身环境系统意识；加强体育健身环境管理，力争投入与产出的最优化；建立和完善法律保障体系；建立指标体系与补偿机制；发展地方特色的社区体育健身。

思 考 题

1. 社区健身环境的内涵及特点是什么？
2. 如何进行社区健身环境的设计？
3. 怎样才能实现社区健身环境的可持续发展？

实 训 题

阅读以下案例，分析城市社区全民健身的积极意义。

全民健身运动会 快乐健康动起来

运动会开幕式伊始，呈现在观众眼前的是开幕式文艺表演，以绚丽中国风开场。表演分为幸福乐章、神功绝技和奥运传承三个篇章。

在幸福乐章的篇章中，数百名健身者手持功夫扇，向在场观众展示功夫扇团体操表演。表演中，居民们将传统武术与时尚健身有机结合，通过流畅连贯、飘动不息的优美健身动作，完美地诠释了天地和谐、邻里和谐、社会和谐，充分抒发共创温馨家园的美好心声。

第二个篇章是神功绝技。在这个篇章中，来自武校的数十名孩子们通过精彩的式术表演向在场来宾展示了中华武术的博大精深。

纵观整场健身运动会，最吸引观众眼球的就要属奥运传承这个篇章了。在这个篇章中，来自各个社区的跳绳队、抖空竹表演队以及打花棍表演队分别给大家带来了绚丽的演出。

开幕式演出的最后，场上的所有健身运动员汇集成一个巨大的五环标志，象征奥运精神，全体运动员将以公正、坦率的比赛和友好的精神在本次运动会上相见。大家秉承着"更快、更高、更强"的奥运精神，将顽强拼搏、追求卓越、再创佳绩。

1. 七旬大妈推铁环

相比于其他竞赛项目，推铁环比赛是整个运动会的最后一项比赛，但同时也是吸引人数较多的比赛项目，尤其是小时候就玩过推铁环的中老年人。正是由于这个原因，推铁环女子组比赛项目出现了社区年龄最大的一位参赛选手——迟玉兰。

时间到了10:30，整场运动会的最后一个比赛项目推铁环比赛开始了。比赛分为男女各两组，推行距离为30m和50m。迟玉兰参加的女子组30m的比赛，只听裁判一声哨响，比赛正式开始，可能是由于紧张和体力不足，迟玉兰老人并没有展现自己的真实水平。

比赛完了，记者走到迟玉兰老人跟前，老人向记者说道："其实这个推铁环自己今天是第一次接触，以前也没玩过，就是临比赛的前两天才在社区练习过的。我今年已经78岁了，第一次参加社区健身运动会，也不在乎什么名次，就图个高兴，当锻炼身体了。"

2. 运动会上现"乔丹"

"好球，好球！""真准，坚持住，投得太棒了！"这些声音并不是来自于专业赛场上球迷的呐喊声，而是来自于社区全民健身运动会投篮比赛的场地中。

"唰！唰！唰！"连着三个空刷进球，参赛选手谢旭文神准的球技，点燃了投篮比赛场上的气氛。在运动场边的篮球场地中，正在进行的是定点投篮比赛，选手们站在罚球线上一个个进行投篮。谢旭文是来自55中学的老师，今年是他第二次参加定点投篮比赛了。两年前的比赛至今令他印象深刻，那届运动会他的成绩并不是特别理想。于是，经过两年多的努力，到了今天的运动会上，谢旭文大放异彩，在满分14分的定点投篮比赛中独砍12分，傲视群雄。

相比于其他比赛项目，篮球比赛是年轻人的最爱，这一点谢旭文也是如此。平日里身为体育老师的他经常参加学校举办的篮球比赛和各类体育项目，所以投篮手感和心理状态自然不成问题。谈到自己今天发挥的时候，谢旭文告诉记者："其实今天我自己也没有想到投得这么准，可能运气的成分多一些。今天很高兴跟自己的同事和其他老师们来参加社区健身运动会，希望大家也能坚持运动，多参与日常锻炼。"

3. 我是"小小运动员"

"今天我和姥姥一起来参加这个运动会，很开心，刚才我还帮姥姥扔了个沙包呢，呵呵。"来自社区的6岁半小朋友赵文昊拉着姥姥的手跟记者说道。

投沙包赛场上出现了本次运动会上最小的一个运动员，他就是来自社区代表队的赵文昊小朋友。别看赵文昊年纪小，劲儿可不小。在沙包投掷组，赵文昊主动帮助自己的姥姥曹玉英担任投沙包的比赛。三个沙包扔下来，虽然成绩不突出，但是赛后的赵文昊高兴地拉着姥姥又蹦又跳，原因在于这是赵文昊小朋友第一次参加运动会，从小就喜欢运动的他怎么也没有想到自己会成为运动员参与比赛。

比赛结束后，曹玉英跟记者说道："今天第一次参加咱们社区举办的健身运动会，目的就是来玩一玩、乐一乐，强身健体。看到今天这么多地区居民都来参加运动会，我也感到很高兴，希望大家平日里也能多投身到运动当中去，尤其是老年人，应该多锻炼锻炼，健康生活每一天。"

(资料来源：千龙网，http://bjsq.qianlong.com，2012-6-12)

第 8 章　社区管理与物业管理

📖 **学习目标**

通过本章的学习,熟悉物业管理与社区管理的共性、区别和关系,了解构建社区建设与物业管理的和谐关系的重要意义及实践探索。

📖 **引导案例**

图 8-1　社区管理与物业管理

社区管理与物业管理(图8-1)的工作重点应体现在四个方面:一是切实加强对构建工作的领导,要在研究制订工作方案和计划目标的同时,明确责任部门,进行有效协调;二是加强业务指导,采取办学习培训班、抓试点、树样板和现场办公、协调等多种方式,对物业管理和社区建设工作进行业务指导;三是营造舆论氛围,深入宣传加强物业管理、促进社区建设发展的重要性、必要性,引导广大群众积极参与这一社会系统工程;四是明确构建工作中各责任主体的角色定位,避免重叠与越位;督促社区居委会以管"人"为主,物业企业以管"物"为业。引导业主对社区建设和物业管理进行参与和评议。

几年前在物业管理社区,一个汉族居民与少数民族居民因风俗习惯不同,双方发生了纠纷,因言语过激,双方大打出手,并召集了大批人马,准备展开一场生死搏斗,好在社区居民及时发现并报了警,在社区工作人员及社区民警的多次协调下,问题得以顺利解决。

这件事情让社区工作人员深刻地认识到了巩固和发展社会主义民族关系的重要性。第二天,社区工作人员就带着真诚与微笑,迈进了少数民族居民居住的房舍、院落,与他们亲切地交谈。通过交谈,得知他们有的人在北仑找到了适合自己的工作:有做医生、当教师的,有在企业打工的,也有在市场闯荡干个体工商户的,一个个才华横溢,有着不错的经济收入。但有的人生活过得极其艰难,工作不稳定,生活无着落。看到社区工作人员,少数民族居民如同他乡遇故知,敞开心扉,讲述了他们身处异乡感受到的一些困惑,例如他们习惯在家乡的田野上蹦蹦跳跳、放声歌唱,但社区缺少类似的场地,也没有这样的氛围;他们找工作信息来源比较狭窄等一系列问题。在记录完60多岁藏族居民多吉一家的生活状况后,社区工作人员已是热泪盈眶。在调查完社区少数民族居民的基本情况后,社区工作人员迅速将这些情况向区、街道相关领导作了汇报,在区、街道领导的支持下,社区很快成立了"民族工作协调小组"和"民族联谊小组"两个组织,为社区开展民族工作提供了组织保证;并开辟了一条具有民族风情的文化长廊,作为社区少数民族居民交流、休闲、娱乐的专用场所。文化长廊打算开办一个少数民族生活艺术展,但限于资金短缺等原因,一时难以做到。当这一难题被少数民族居民知道后,他们纷纷将自己家里的服装、头饰、生活用具、乐器、装饰用品等免费赠送给社区作为展品,年轻的藏族同胞扎西贡嘎还把爷爷送给他的价值6万元的皮藏经书也拿了过来。2009年7月,一位叫古古基的少数民族居民想买辆集装箱车跑运输维持生计,因不懂办理手续等问题找到了社区,社区工作人员顶着骄阳,骑着自行车,陪他跑交警大队、公管所、办证大厅。在社区的帮助下,他终于如愿以偿。经过一年的打拼,他不仅衣食无忧,还买了三辆货车。

(资料来源:株洲政府门户网站,zzcity.gov.cn,2010-9-16)

阅读以上材料,请回答:

如何利用社区资源解决物业小区的相关问题?

8.1 社区管理与物业管理的联系

社区作为一个社会学概念,在1986年被我国民政部首次引入城市管理。社区管理立足社区,对区域内的居民、住宅环境、人文环境进行计划、组织、协调、控制,行使管理职能。在社区建设和社区管理中,物业管理扮演着重要角色,两者在职能上密不可分。

8.1.1 物业管理与社区管理的共性

1. 物业管理和社区管理的指导思想一致

物业管理和社区管理都以物质文明建设和精神文明建设为内容，以加强城市管理为重点，以物业管理区域和社区为载体，按照一定的规范，通过管理和服务，开展丰富多彩的活动，推动社会发展与进步。

2. 物业管理和社区管理的目标一致

物业管理和社区管理都要以人为中心，开展多种多样的活动，为人们的生活、工作、学习提供良好的空间。物业管理以完善的物业及周边环境为原则，为人们创造良好的环境；社区管理则以社区建设为原则，侧重于调整人际关系，为人们提供和谐的空间。

8.1.2 物业管理与社区管理的密切联系

1. 物业管理必须接受社区的指导和监督

物业管理必须接受社区的指导和监督，以提升服务，提升水平，服务于社区居民，促进社区建设，融入城市管理的大系统。同时，物业管理在社区建设，尤其在社区服务业的发展中具有重要作用，两者良性互动。

2. 社区建设与管理的内容要依托物业管理来实现和完成

物业管理密切融合在社区建设中，社区建设的诸多内容都要依托物业管理来实现和完成。这就决定了物业管理和社区管理在目标方向上的一致性，即都是以人为中心展开活动，为人的生存、发展、享受提供各种便利。但两者在服务范围上又各有侧重。物业管理是社区的硬件管理者和社区居民的服务者。作为市场经济的产物，物业管理要为社区居民提供高效、优质的全方位服务，主要从养护和完善物业及周围环境的功能来体现以人为中心，为社区创造清洁、优美、舒适、方便、安全的居住环境。而社区管理则着眼于协调人际关系，通过建立良好的人际关系来体现以人为中心的各项建设。通过社区文化建设、社区文明氛围的营造、社会生活服务项目的开展，以及社区意识的培养与精神文明建设等多种渠道，实现"拥有一个居住安定放心、环境优美舒心、生活方便称心、文化娱乐欢心"的生活家园的目标。

3. 物业管理是社区管理的子系统

社区管理是一个系统，是由互相作用的若干要素按一定方式组成的统一整体。在这个统一体中包含文教卫生管理、市容秩序管理、市政设施管理、社会治安管理、环境保护管理、计划生育管理、老龄人口管理、流动人口管理、物业管理等。物业管理作为社区管理的子系统，二者自然是整体与部分之间的关系。因此，物业管理离不开社区管理，必须服从社区管理，才能在社区管理中确定自己的地位。

因此，物业管理和社区建设与管理是相辅相成、相互促进的密切关系，良好的物业管理能推进社区建设与管理，为社区建设提供强有力的硬件服务支持。同时，规范的社区管理和优良的社区氛围又能对物业服务水平的提升起监督和指导作用，促进物业管理的进步。

8.2　社区管理与物业管理的区别

虽然物业管理与社区管理两者密切联系，但两者之间也存在较大区别，主要体现在：

1. 管理的主体不同

物业管理的主体是业主或使用人，以及接受业主委托的专业化物业公司，其管理主体双方共同行使业主自治管理与专业化物业管理相结合的管理方式；而社区管理的主体是政府指导下由社区成员参加的社区管理委员会，社区管理主要是由街道牵头、组织实施的政府行政行为。从这个角度看，两者是整体与局部的关系，社区管理需要物业管理，物业管理必须服从社区管理。

2. 管理的性质不同

物业管理是社会化、市场化、专业化、企业化管理，是业主委托物业服务企业本着自愿原则，建立在市场交换基础上的平等互利的市场交易关系，具有明显的市场属性；而社区管理作为城市管理系统的一部分，行使政府职能，政府行为在社区建设和管理中起主导作用，具有一定的强制性和鲜明的行政性。

3. 管理的内容不同

社区管理和物业管理在管理内容上虽都有一定的综合性，但在具体的管理内容上还是有较大区别的。物业管理主要是围绕"人的居住环境"的有关内容，即以物业为核心的专业化管理和服务，如各类房屋建筑和附属设备、设施的维修养护、物业环境的治安保卫、消防管理、保洁、污染防治、绿化及相关的家居服务等；而社区管理的内容不仅包括"人的居住环境"的有关内容，还包括"人的社会生活"的更广泛的内容，如计划生育、婚姻家庭、邻里关系、卫生保健、社区文化、商业网点、科技教育等。

4. 管理资金的来源不同

社区管理需要配备相应的机构与人员，在社区范围内开展工作，因而必须要有充足的资金来源保障。社区管理的资金主要依靠政府拨款，同时也可以开辟多元化的资金筹集渠道，如社区创收、社会和企事业单位捐款等；而物业管理是一种商业化的服务活动，其资金来源主要是业主所支付的物业管理服务费。

5. 运行方式不同

物业管理主要以业主自治管理与专业化的物业公司相结合的运行方式，即"共管式"来实施管理，如成立业主大会，选聘物业公司，签订委托管理服务合同，由物业公司实施统一管理下的综合服务和有偿服务等；而社区管理主要以行政管理、互助管理的运行方式来实施管理。

物业管理作为社区建设的重要组成部分，发挥着重要的支柱作用，两者之间既密切联系，又有所区别。搞清楚两者关系，可以明确物业管理的责任，理顺物业管理在社区建设中应承担的义务，并为进一步协调物业管理与社区建设的关系提供有益的借鉴。

8.3 社区建设的功能与物业管理良性运行的关系

物业管理与社区管理不仅地域重合、硬件共享，而且宗旨都是以人为本，优质、高效、便捷地服务于社区居民，建设管理有序、服务完善、环境优美、治安良好、生活便利、人际关系和谐的现代化社区。规范、优质的物业管理有助于社区居民享受方便、快捷的服务，使人身心舒畅，推动社区建设发展；良好的社区管理及文明小区的建立，对提高小区居民的素质，改善物业服务企业与街道办事处、与业主关系方面都有显著作用，能够推动和规范物业管理。两者在效应上能互相促进。

8.3.1 物业管理的运行有赖于社区功能的发挥

一些小区业主与物业公司之间经常发生矛盾冲突，这是业主素质及对物业管理的观念没有达到文明社区建设的要求，以及物业公司与业主之间沟通不够导致双方矛盾激化的结果。对此，可以从下列案例中得到很好的启示。

【案例】 北京银枫家园物业管理的波折

《中国青年报》2012年5月12日报道：位于北京首都机场高速路旁的一个高档住宅小区——银枫家园，业主里有许多文艺界和商界名人。在入住的几年中，业主不断跟开发商和物业公司发生纠纷，以致到市里请愿、静坐，找新闻媒体。2010年1月，物业公司未经业主同意，把地下车库停车费从每月350元提到450元，同时地面上又没有停车位，这引起了业主的强烈不满。于是，业主把小区行车道堵了，汽车一直拥堵到马路上，轰动了京城，也惊动了公安机关和外交部，因为有两个国家的大使住在跟该小区同门出入的银湖别墅。双方僵持了两天，眼看要闹成国际纠纷，最终开发商让步，同意所有业主无条件免费在地下车库停车。

堵车行动的组织者由此成了小区的维权英雄，其中几人后来当选为管委会（业主委员会）成员。但有的人进了管委会后，要么不干事，要么处处找物业公司和开发商的毛病。开发商提出让大家重新缴费，管委会开价每月270元，开发商无法接受，只得退出物业管理，找银达物业来接替他们。

银达物业新来的张经理非常敬业，为了把工作做好，以便能最终签成合同，每天晚上工作到很晚。自银达物业来了后，小区发生了根本转变，管理水平提高了。银达物业同意停车费重新降回每月350元，但谈判还是破裂了，管委会的理由是：350元与270元差距太大。

与物业"斗争"的"积极分子"中有相当一部分人不交物业费，并想方设法鼓动其他业主的不满情绪，以达到自己的目的。经过7个月的拉锯，银达物业多次劝告管委会进行认真谈判，甚至为了让管委会满意，撤职了十分敬业的张经理。然而即使这样，还是没有令部分管委会委员满意，于是银达物业借着合同到期从小区撤出，造成没有保安、汽车乱停、没有人收垃圾的灾难性局面。当时小区陷入既没有物业，又没有管委会的状态。到了年底，小区办、社区、开发商几方牵头，重新组织选举。北野成为新的业委会委员，并当选为主任。通过与物业公司沟通，84%的住户重新选择了银达物业，小区物业管理开始走向正轨。

（资料来源：《物业管理案例分析》，赵继新、刘晓春，等编著）

从上述案例看出，银枫家园小区业主与业主之间、业主与物业公司之间的关系是冷漠和僵化的，双方之间没有形成一体化的关心与被关心、服务与被服务的和谐关系，整个小区就像一盘散沙，缺乏起码的凝聚力和向心力，甚至在利益面前公认的价值观也被扭曲了，导致个人利益高于小区利益、冲突不断。究其根源，还是在于在当时的银枫家园小区没有进行有效的社区建设，社区管理的功能没有发挥出来。

在理论上，社区建设主要围绕服务功能、整合功能、凝聚功能和稳定功能四个方面进行，社区管理就是围绕这四方面功能的发挥去协调小区内各方关系，对各方进行服务、指导和实施监督。这四大功能的欠缺恰恰是形成银枫家园小区矛盾的根源，矛盾的解决也恰恰是逐步向完善这四大功能的方向努力的结果。

1. 社区建设的服务功能

服务功能是社区建设最基本的功能，是指在社区建设中把社区服务工作当成突破口，发动和组织社区内成员建立起人际间相互帮助的服务系统，就地消化和协调解决居民日常生活中出现的各种矛盾和难题，满足居民物质生活和精神生活的需要，保证居民安居乐业和生活质量的不断提高。

2. 社区建设的整合功能

整合功能是指通过建立社区规范，协调和调整社区中不同的矛盾、冲突和利益纠纷。这是社区建设的重点，通过整合功能可实现对业主的教育。整合功能还可以细化为以下几个方面：

（1）价值整合。由于业主价值观的差异，会产生不同的价值取向，也由此造成多种矛盾冲突和利益纠纷。如案例中涉及的乱停车、破坏绿地、不交纳物业费、煽动闹事等纠纷。因此，必须通过社区文化建设对小区居民进行教育，通过教育实现价值整合，提高全体居民的整体素质，使业主对小区、对邻里关系、对物业公司有正确的价值观和利益观，这样才会使整个社区的社会关系融洽，群体行为协调。如果案例中的小区重视价值整合，重视居民教育，就不会出现如此严重的冲突。

（2）规范整合。一个管理规范的社区应该有自己的行为和管理准则，这个准则就是社区规范，即根据法律规范和道德规范制订的维持社区秩序、调整人与人之间社会关系的行为准则，如社区公约、居民守则、居住区管理规定等。规范整合是价值整合的具体体现，通过制订规范，把社区各项活动和居民行为纳入一定的轨道和行为模式，是体现社区文化特色的重要方面。从案例中可以看出，小区物业管理之所以出现混乱局面，没有一个合理的社区规范可遵循也是重要原因之一。

（3）目标整合。社区建设的社会性，决定了它需要众多的相对独立而又彼此联系的单位和部门参与。为了使这些单位和部门在共同管理中步调一致，必须把它们的工作目标、社会责任与社区建设的长期规划和最终目标统一起来，进行目标整合，推动社区管理水平提升。从案例中看到，物业公司和业主之间的目标存在明显差异。业主在维权过程中过于关注自身利益而忽略小区整体利益，所以在谈判中开出非常低的价格使物业公司难以接受。问题的关键是双方没有从共赢的角度、从小区管理的目标出发理性地考虑问题，目标差异导致行为背离。

（4）利益整合。社区管理各方各有不同的经济利益，这些利益有可能成为社区管理的动力或者阻力，但不论经济利益如何分割，都应服从于小区整体利益。业主和物业公司、开发商之间的矛盾冲突往往在于在利益上没有进行有效整合，每个集团都坚持自己的利益，甚至为获取更大的局部利益而侵吞他人的利益，由此产生利益冲突，成为矛盾的焦点。因此，在社区管理中，有必要按照物质利益原则，进行相关的经济利益分析和整合，这也是社区建设的重要内容。

3. 社区建设的凝聚功能

凝聚功能是指社区成员在共同目标、利益和信念的基础上，通过共建机制，使社区各方力量相互作用、相互吸引，从而形成一种特有的集聚、凝结的社区合力和整体效应。以人为本，建设环境优美、人际友好、管理规范的社区应是社区全体成员的目标。在这一共同目标下，就利益和信念激发其认同感和使命感，形成目标的共同性、价值的共识性和情感的相融性，增强社区对居民的归属感和向心力。这样的凝聚功能才能释放出整体效应。

4. 社区建设的稳定和发展功能

稳定和发展功能主要是指通过社区建设协调社会关系，缓解社会矛盾，解决社会问题，维持政治、经济和社会的稳定。维护社会安定是全面建设小康社会的重要保障，而社区稳定是社会安定的基础。一个社会是否稳定，根本上取决于人心是否稳定。在社区稳定功能中，物业服务企业对于维护社区环境和秩序具有积极作用。从多年的实践看，物业管理在维护社区秩序，协助公安等有关部门防范刑事犯罪，防止可能发生的火灾、燃气泄漏、爆炸等恶性事故中起到了重要作用。同时，社区作为一个城市的构成单元，也是城市发展和进步的基础，社区居民精神文明建设直接影响整个城市的风貌。从另一个层面上，可以说社区的稳定和发展功能是前几大功能的成果，物业管理和社区建设效果如何要用其是否稳定和发展来衡量。

8.3.2 社区建设与管理离不开物业管理的支持和配合

尽管社区建设与管理属于政府职能，但离不开物业管理的支持和配合。在物业管理内容上，公共设施维护、环境卫生、绿化美化、消防治安、社区文化等，都是建立和健全社区几大功能所必需的。随着经济的发展和社会的进步，居民对社区建设的意识不断提高，参与意识不断增强，改善社区环境的要求更加迫切。尽管政府每年都投入相当的财力，但仍难以满足社区居民的需要。物业公司作为集管理、经营、服务于一体，寓管理和经营于服务之中的服务性企业，其经营服务内容与社区建设密切相关，理应扮演重要角色。因此，要提升社区建设与管理的水平和层次，必须依赖物业管理的大力支持和配合。请看两则案例：

【案例】 银枫家园小区的"顺风车站"

《北京日报》2010年3月19日报道：昨天一早，朝阳区酒仙桥银枫家园的胡大妈出门买菜，走到小区门口就站住了。一辆桑塔纳停在胡大妈跟前："您要去哪儿？""我去菜市场，能搭您车吗？""正好顺路，您上车！"原来，这里是小区新设立的一个"顺风车站"。

银枫家园是一个封闭小区，离小区最近的公交车站也有2km远，没有私家车的居民出行不便。今年年初，酒仙桥街道组织居民座谈，商量办法。有居民建议：小区内许多住户都有私家车，他们每天出行时，碰上顺路的居民，能不能让别人搭个"顺风车"？这个建议公示出来后，引来一片叫好声，有车的住户也纷纷表示赞同。2月底，在小区物业公司和中北路社区居委会的支持下，"顺风车站"在银枫家园亮相了。

记者在银枫家园看见了这个别致的车站：一块半米高的鹅卵石上，"顺风车站"四个红字赫然醒目，旁边的栏杆上还挂着一块牌子——《乘车须知》：①对帮助过您的人最好的回报就是去帮助更多的人；②如实告诉车主您去哪里，即使不能搭便车，也别忘说谢谢；③上车先作自我介绍，但别问私人问题。还有一个落款："祝您一路顺风。"

（资料来源：《物业管理案例分析》，赵继新、刘晓春，等编著）

【案例】 银枫家园小区的"邻居节"

《京华时报》2011年5月16日报道：昨天，位于朝阳区酒仙桥街道中北路社区的银枫家园小区里，居民们过起了自创的节日——"邻居节"。300多名业主聚集在小区的中心花园里，他们自带菜肴，相互品尝，许多业主还现场表演了歌舞节目。"邻居节"发起人——银枫家园业主委员会主任北野说，这个节日将固定于每年5月的第二个星期六举办，这样做是为了"改变'谁也不理谁'的邻里关系，让邻居间彼此熟悉、关爱，营造一个温馨的大家庭"。

（资料来源：《物业管理案例分析》，赵继新、刘晓春，等编著）

从上述两个案例可以看到，"顺风车站"和"邻居节"活动，都是银枫家园小区业委会为改善邻里关系，让邻居间彼此熟悉、关爱，营造一个温馨大家庭的重大举措，目的都是为业主间的交流和沟通提供一个平台。但两个活动的本源和最终目的却有差别。

案例中的"邻居节"，其作用是让社区内的所有业主们拥有一个沟通交流的平台，以达到彼此熟悉、交朋友、建立亲密邻里关系的目的。这一活动的初衷是为改善邻居间彼此陌生的状态，通过特色活动把大家凝聚在一起，属于社区建设中的凝聚功能建设，是为了提高社区对居民的吸引力。

而案例中的"顺风车站"除了起到沟通、交流作用外，更重要的是起到了对小区业主的教育作用，属于社区整合功能的建设范畴。正如案例中提到的那样，搭乘"顺风车"最好的感谢方式不是金钱等，而是自己也能利用一切机会帮助他人。这就带有对小区居民的教育作用，是用鲜活生动的事实教育居民互相关爱，营造"人人为我、我为人人"的公民意识。通过这样的活动，小区居民逐步形成共同的价值观和小区建设目标，这对提升社区文化、促进社区建设具有重要的促进作用。而这些活动都是在物业公司的支持下开展起来的。

8.4 物业企业构建和谐社区的管理机制

社区作为人民群众生活的家园和各类经济社会组织活动的舞台，已成为城市管理的重心。物业管理作为社区管理的重要组成部分，是社区建设的基础性工作，对推进建设"管理有序、服务完善、环境优美、治安良好、生活便利、人际关系和谐的现代化社区"具有十分重要的作用。构建社区建设与物业管理的和谐关系，可从以下五个方面入手。

8.4.1 坚持条块结合、属地管理，发挥社区对物业管理的指导协调作用

物业管理涉及老百姓的切身利益和千家万户的安居乐业。在实际工作中，要正确把握物业管理与社区建设的依存关系，充分认识到做好物业管理服务工作必须紧紧依靠社区的支持和帮助。根据条块结合、属地管理的原则，充分发挥街道办事处（乡镇人民政府）的自身优势，协调解决物业管理中的难点、热点问题，有助于提升物业管理服务水平，也是构建和谐社会的重要体现。

1. 切实加强指导与监督，提高业主大会、业主委员会自我管理的能力

目前，有些地方，如北京、上海、武汉、株洲等，都将物业管理纳入社区管理的范畴，明确街道办事处（乡镇人民政府）负责协调物业管理与社区建设之间的关系，负有组建业主大会和规范业主委员会运作的指导责任。街道办事处（乡镇人民政府）应当根据社区实际情况，落实专门部门，配备专职人员，负责业主大会的召开和业主委员会的成立、改选工作，发挥居民区党组织对小区人员情况充分掌握的优势，帮助业主将热心公益事业、责任心强、公正廉洁、具有社会公信力和一定组织能力的人员推选为业主委员会成员，避免出现业主委员会脱离社区党组织指导的情况。同时，在日常的指导工作中，注重引导业主大会在充分尊重全体业主意愿的基础上，按照法律法规的要求，不断加强自我管理和自身建设的能力。

2. 充分发挥综合协调作用，解决物业管理中的"急、难、愁"问题

物业管理具有区域性、综合性和动态性的特点。物业管理中存在的问题，往往涉及规划、绿化、市容环卫、公安、城管监察、通信、供水、供电等多个职能部门。街道办事处（乡镇人民政府）作为政府的派出机关，具有无可比拟的综合协调优势。在社区内建立由街

道办事处（乡镇人民政府）、区（县）房地产管理部门牵头组织，业主委员会、居民委员会、物业服务企业和相关职能部门参加的联席会议制度，有助于解决住宅物业管理中的综合性问题，确保居民有一个祥和安宁的生活环境。

3. 积极化解物业管理方面的矛盾纠纷，创造安定团结的社区氛围

和谐社区应当是一个具有和睦相处的人际关系的社区、一个治安良好和稳定的社区。但是随着改革开放的推进、市场经济的发展以及居民物质文化需求的日益增长，群众利益失衡、政府管理缺位等问题导致的矛盾相对集中在社区，往往表现为群体性矛盾、利益矛盾，这其中不乏居民与物业服务企业、居民与居民之间在物业管理方面的矛盾，需要社区、党组织进行引导、协调。街道办事处（乡镇人民政府）可以充分发挥社区中人民调解工作委员会、司法所等专业调解组织的作用，及时调处物业管理中存在的矛盾纠纷，做好社会稳定工作。

8.4.2 发挥企业自身优势，形成主动参与社区建设的新格局

物业企业或物业小区管理单位作为驻区单位，在做好物业服务工作的基础上，积极发挥优势，扩大服务范围，创新工作方式，主动参与到社区建设工作中去。

1. 以发挥在职党员的模范带头作用为切入点，参与社区工作网络建设

物业服务企业可以根据在职党员的职业特点和个人专长，积极组织参与社区的各项工作，在社区党组织的组织和指导下，与驻区单位一起，形成思想工作联抓、公益事业联做、文体活动联办、思想道德教育联手、社会治安联防、困难群体联帮的社区工作网络体系。

2. 以建立志愿者队伍为手段，参与社区服务体系建设

建立健全社区服务体系，是新形势下社区建设的重要任务之一。在为老百姓日常生活服务方面，物业服务企业具有人力、技术上的优势，应当以党、团员为骨干，建立社区服务志愿者队伍，协助搞好社区服务中心和社区服务站（点）的建设和管理，开展便民服务和帮困活动。

3. 以提高物业服务水平为着眼点，参与文明社区建设

物业管理服务是社区的一项基础性管理工作，房屋维修、公共秩序维护、保洁保绿、车辆管理等既是物业管理服务的主要内容，也是建设文明社区的主要工作。因此，物业服务企业应当以高度的责任感，认真做好各项管理服务工作，承担起文明社区建设的责任。

4. 以开展丰富多彩文化活动为载体，参与社区文化建设

物业服务企业可以多种形式，如与驻区单位共同举办小区广场音乐会、小区业主文娱联谊活动、小型文体比赛、添置社区文化设施、帮助其他驻区单位开展文化活动、协助社区组织孤寡老人参观旅游等，参与社区文化建设，丰富居民文化生活，努力营造和谐生活小区。

5. 以小区网站为纽带，参与社区凝聚力工程建设

为了加强企业内部管理和与业主的沟通，物业服务企业建立小区网站的越来越多。物业服务企业应当充分运用这一阵地，协助社区党组织履行"联系群众、服务群众、宣传群众、

教育群众，反映群众的意见和要求，化解社会矛盾，维护社会稳定"的职责，营造正确的舆论氛围，促进凝聚力工程建设。

6. 以安置下岗失业人员为己任，参与社区再就业工程建设

物业管理服务行业是劳动密集型行业。长期以来，物业管理行业为再就业工程作出了贡献。物业服务企业应当坚持在技术要求不高的岗位上，吸纳下岗、失业人员，积极协助社区做好再就业工作，主动协助政府做好维护社会稳定工作。

8.4.3 共享社区公共资源，创建物业管理与社区管理互动的良性机制

物业管理与和谐社区的建设是相辅相成的。按照"条块结合、资源共享、优势互补、共驻共建"的原则，物业服务企业或物业小区管理单位应当充分利用社区资源，加强自身建设，积极配合街道办事处（乡镇人民政府）开展和谐社区的创建工作。而通过整合社区资源，对物业管理进行指导和监督也是街道办事处（乡镇人民政府）落实科学发展观、提高执政能力的重要体现。

1. 共享社区党建资源，提高党组织的战斗力

已建立党组织的物业服务企业，可以通过参与社区党建联席会议和社区党建工作协调议事机构，在社区党组织的指导与协调下，与驻区单位共同研究社区建设和社区党建中的重要问题，沟通情况，交流经验，促进企业党建水平的提高。

2. 共享社区行政资源，提高解决、协调社会矛盾的能力

社区管理是综合管理。社区管理的主要功能是协调有关部门，动员各方力量，整合各类资源，服务社区群众，共同推进社区建设。社区是政府部门的集合体，行政资源十分丰富。物业服务企业要主动争取社区党组织在工作上的指导和支持，紧紧依靠社区党组织，协调解决小区管理中的各种矛盾和与业主间的纠纷，维护小区的稳定。同时，还要协调处理好与驻区单位间的工作关系，以共同需求、共同利益、共同目标为纽带，真正做到优势互补、共驻共建，从而形成合力。

3. 共享社区管理资源，加强企业监管，规范业主自主管理

紧紧依靠社区，加强对物业管理小区项目经理的考核，把企业的监管工作落到实处，促进企业依法办事、规范服务，促进行风建设，提升行业形象，提高社会满意度。加强社区对业主大会工作的指导，规范业委员运作，引导业主正确行使权利、履行义务，依法维权，保证物业管理活动正常有序，形成安宁和谐的小区生活环境。

8.4.4 处理好物业公司与社区居委会、街道办事处的关系

物业公司与社区居委会相比，在目标取向上虽然具有一致性，但它们之间毕竟是不同的利益主体。由于认识上和工作中的差异，必然会存在一定的矛盾。例如，物业管理与社区建设两者关系不明确，各自为政，缺乏协调，甚至有人认为，境外实行物业管理的地方都没有居委会，中国也没必要设立居委会；而有的居委会认为，将小区直接交由社区居委会来管，

不必选聘物业公司,以此来增加居委会收入;还有的社区把属于行政部门的事务转嫁给物业公司。凡此种种导致物业公司与社区居委会出现了矛盾。因此,在物业公司与街道办事处、居委会公共关系的处理上,需要明确以下几个方面:

1. 明确各自定位,避免重叠和越位

物业服务企业与社区居委会和街道办事处必须明确各自定位,避免重叠和越位。物业公司受业主委托,按合同为业主提供专业服务,主要以管物为主,是一种企业行为;居委会是群众性自治组织,是居民利益的法定代表,在所辖地区具有法定的服务、管理和指导职能,以管人为主。居委会应代表居民的利益,对物业公司的服务工作进行指导和监督;街道办事处是区人民政府的派出机构,涵盖居民、民政、治安、安全、消防、计生、劳动、市场管理、社区服务等多项管理职能的综合性管理机构。

2. 避免因提供社区经营性服务而发生利益冲突

应避免物业公司与社区居委会因提供社区经营性服务而发生利益冲突。当社区的居民以合同形式授权物业公司从事社区经营性服务后,居委会从事的社区经营性活动就应当终止。一般来说,物业公司只能根据广大业主的委托管好物业,不能将功能延伸到行政管理和居民自治领域。而居委会一方面要发挥物业管理以外的行政管理和居民自治作用,另一方面又要配合、监督物业管理工作,但不可代替其具体业务。

3. 要注意工作方法

物业公司与社区居委会都应注意工作方法。尤其是社区居委会,虽负有对物业公司的监督职能,但不能利用这一职能干预物业公司工作,更不能向物业"赞助"解决经费问题。物业公司应主动配合居委会工作,尤其是在治安、防火、环境整治、绿化美化等方面,双方在明确责任的基础上,沟通配合,共同维护社区的稳定,创造美好家园。

4. 相互谅解,相互支持,协同一致

物业公司与社区居委会这两个主体工作的目标是一致的,服务对象也基本相同,只是在服务内容上有很多关联与交叉。因此,物业公司与社区居委会要想搞好各自的工作,必须相互谅解,相互支持,协同一致。如果两个主体之间的关系协调不好,不仅物业管理工作很难搞好,而且必然会引发物业公司与社区居委会及广大业主(居民)之间的矛盾纠纷。

物业公司要处理好上述关系,尤其是与社区居委会、街道办事处、市政等外部关系,并非仅仅靠单一的真诚沟通就能解决问题,毕竟各方局部利益不同,职能有许多交叉。为彻底解决这一问题,还应在实践中探索改革之路。

8.4.5 尝试"三位一体"管理模式,探索构建和谐社区的管理机制

一方面,物业管理需要社区指导。物业管理是社区管理的重要组成部分,必须要由社区进行统一规划、统一协调,才能得到各方面的支持与配合。否则,物业管理也就难以得到发展。另一方面,社区管理应当尊重物业管理的自主权。物业管理主要是依靠物业服务企业通过市场运行机制实施的,物业服务企业是具有"自主经营,自负盈亏,自我发展,自我约

束"的法人资格的实体。物业服务企业在经营过程中，不仅要求有社会效益，还要求有经济效益。只要物业服务企业按照有关政策法律从事经营，社区就应该尊重他们的自主权，否则，干预过多将影响其正常运营。无锡、武汉等城市实施的"三位一体"管理模式，对于物业管理与社区管理的和谐关系的构建具有一定的借鉴作用。

1. 无锡中房："三位一体"管理模式

无锡中房物业公司本着"全心全意为人民服务"这一根本宗旨，设立了"为小区物业创造保值增值条件，为小区开发商提高信誉"这两个目标，将"为民、便民、导民"原则作为物业管理工作的方针，积极探索宁海里住宅小区物业管理的有效方式，并打破传统观念，以系统理论为指导，创造出物业公司、物业管理委员会、居委会"三位一体"联合管理住宅小区物业和社区公共事务的住宅小区管理新模式，提高了管理效率。

2. 武汉百步亭花园社区"三位一体"管理模式

武汉市百步亭花园社区"三位一体"管理模式的一个重要创新，是百步亭花园社区的专业性物业公司——武汉百步亭花园物业管理有限公司，作为社区管理机构之一直接参与社区的社会管理活动，走出了一条"社企结合"的社区管理新路，也为调整社区自治组织与物业公司的关系奠定了良好的体制基础。在百步亭花园社区，物业公司与社区居委会之间的关系非常和谐。在百步亭花园社区"三位一体"的管理模式中，物业公司的主要领导进入百步亭花园社区管理委员会，主动将公司的物业管理活动置于百步亭花园社区管理委员会以及社区居民委员会的监督之下，主动把公司的物业管理与百步亭花园社区的社会管理工作结合起来。在为社区提供物业管理专业服务的同时，百步亭花园物业管理公司扩大服务项目，提高服务质量，实现了社区服务项目系列化、活动制度化、管理科学化和规范化。这就从体制上保证了百步亭花园社区居民委员会与百步亭花园物业管理公司之间密切合作、相互配合的关系。百步亭花园社区居委会和百步亭花园物业管理公司的这种和谐关系，使得二者在百步亭花园的社区管理工作中相互支持、相互帮助、相互促进、相得益彰，从而使百步亭花园社区的管理工作不断完善。

3. 关于"三位一体"管理模式的思考

所谓"三位一体"管理模式，是指在已实行物业管理的小区内，由自治性的业主委员会、社区性的居委会及专业性的物业公司三方，在平等合作的基础上，按照一定的原则和协议，联合组成一体化的管理和服务共同体，以做好所管辖小区的物业管理工作为轴心，将小区的物业管理和社区公共事务管理有机结合起来，发挥各方潜能和优势，在明确分工、各尽其职的同时，相互配合、相互制约、相互促进，高效率地完成本小区物业管理的具体事务和其他社区公共事务，促使小区管理的社会效益、环境效益、经济效益不断提高。

物业公司、管委会、居委会"三位一体"管理模式，其优势是三方在小区管理上权责明确，一体化管理减少了由职能交叉引起的资源浪费和相互推诿，提高了管理效率。但这样的模式约束条件也比较严格，必须坚持以下原则：首先，三方自主权平等且相互尊重；其次，三方利益要有机结合并公平互利；再次，三方管理和多方合作，共谋可持续发展；最后，要坚持以维护小区居民个人合法权益和小区公共利益为目标原则。

"三位一体"小区管理模式尽管有上述优越性，但在某些方面还需要进一步探索和深化。例如：在物业公司、管委会、居委会一体化管理后，管委会对物业的监督作用、居委会对管委会和物业的监督和指导作用如何发挥；在中国物业管理法规还不健全、物业公司管理水平普遍还比较低的背景下，缺乏监督的物业管理如何保障业主利益不受侵犯。因此，"三位一体"管理模式的监督制约机制如何建立，还是一个值得探讨的问题。从这一角度看，这一模式并不具有推广意义，只能说是一项有益的探索和尝试。在目前的情况下，物业公司与社区之间主要还是要相融合协调。武汉、无锡、北京、上海等不少大中城市的经验都证明，凡物业公司与社区居委会关系协调的社区，居委会在社区物业管理中都能够发挥积极的指导和监督作用，一般来说，物业管理中的矛盾纠纷就比较少，物业管理工作就能正常开展，并取得很好的成果，从而受到广大居民（业主）的欢迎与称赞。

小　结

1. 在社区建设与管理中，物业管理扮演重要角色，两者在职能上密不可分。两者具有明显的共性：指导思想一致、目标一致。

2. 社区管理和物业管理又互相区别：管理的主体不同、管理的性质不同、管理的内容不同、管理资金的来源不同以及运行方式不同。

3. 物业管理与社区管理相互促进的关系主要表现在两个方面：物业管理的运行有赖于社区功能的发挥；社区建设与管理离不开物业管理的支持和配合。

4. 构建社区建设与物业管理的和谐关系，可从五个方面入手：坚持条块结合、属地管理，发挥社区对物业管理的指导协调作用；发挥企业自身优势，形成主动参与社区建设的新格局；共享社区公共资源，创建物业管理与社区建设互动的良性机制；处理好物业公司与社区居委会、街道办事处的关系；尝试"三位一体"管理模式，探索构建和谐社区的管理机制。

思 考 题

1. 简述物业管理与社区管理的联系。
2. 如何理解物业管理与社区建设的相互促进的关系？
3. 试阐述如何构建社区建设与物业管理的和谐关系。

实 训 题

阅读下列资料，谈谈物业管理和社区管理的联系。

北京市《关于将居住区物业管理纳入社区建设的意见》文件摘要

一、指导思想、主要目标和基本原则

将居住区物业管理纳入社区建设的指导思想：以深化城市管理体制改革、提高社区管理水平为指导，以提高人民生活质量、改善居住环境、维护社会稳定为宗旨，以建立专业服务、民主管理和行政监督相结合的物业管理机制为主要目标。

居住区物业管理纳入社区建设应坚持以下基本原则：

（1）居民自治与行政管理相结合。既要坚持居民依法民主选举、民主决策、民主管理，又要加强行政管理，为居民自制提供保障。

（2）物业管理、业主自主管理与社区自治相结合。物业管理、业主自主管理要遵循社区依法自治的原则，遵守社区自治组织的决定，尊重社区居民的意愿。

（3）物业企业服务与社区建设相结合。以满足社区居民的生活需求为宗旨，为居民提供良好的物业管理服务，改善居住小环境，促进社区大环境的全面改观。

（4）"条专块统"，各司其职。以街道办事处对辖区内物业管理统一协调管理为中心，各职能部门加强专业管理的同时，要与街道办事处紧密联系，互相配合。

二、理顺关系，明确责任

（1）社区居委会要加强对物业管理委员会的指导，监督物业企业服务，协调物业企业、物业管理委员会和居民之间的关系。社区居委会要会同物业管理行政主管部门及有关单位组建物业管理委员会，要派人参加物业管理委员会和产权人代表大会。

（2）物业管理委员会按物业管理区域建立，是区域内全体业主和使用人物业管理权益的代表。物业管理委员会要遵守国家法律、法规和政策规定，按照物业管理委员会章程认真履行职责。物业管理委员会应当接受社区居委会的指导，遵守社区居委会关于社区公共利益的决定。物业管理委员会作出违反法律法规政策、影响社区秩序、侵犯社区利益的决定，社区居委会可以按照社区自治的原则加以制止。

（3）街道办事处应当加强对辖区内物业管理的指导和监督检查。主要职责是：①参与新建居住区的入住验收，对未按规划建设配套公共设施或者存有质量问题的，有权提请规划、建设行政主管部门予以纠正；②会同主管部门指导物业管理委员会组建工作，对物业管理委员会的组建提出审核意见；③会同主管部门对辖区内的物业服务企业进行监督管理；④及时协调、处理辖区内的物业管理纠纷。

（4）物业服务企业要按照法律、法规的规定和物业管理委托合同的约定为居民提供服务，同时，要自觉接受街道办事处和社区居委会的监督，不断提高服务质量和服务水平。

（资料来源：《物业管理案例分析》，赵继新、刘晓春等编著）

课外实训方案

方案一：社区文化活动

一、社区文化活动主题："文明校园、和谐社区"

二、社区文化活动目的和思路

（1）学生社区是学生学习、生活的主要场所之一，是对学生进行行为规范教育和开展校园精神文明建设的重要阵地。开展积极、健康、向上的学生社区文化活动，旨在丰富大学生的课余文化生活，提高文明素养，使大学生保持积极向上的健康心态，同时增进学生之间的交流，积极调动广大学生共同参与建设和谐社区。

（2）将学生分成若干组，围绕"文明校园，和谐社区"活动主题和有关工作要求策划相关活动并组织实施。

（3）活动开展过程中要积极探索新思路，争取学生社团协作与支持，积极做好宣传发动工作，努力形成共同开展社区文化的良好局面。

（4）在社区文化活动过程中及时总结经验，活动结束后根据实际效果进行评比，评比的原则参照相关工作要求。

三、社区文化活动要求

（1）精心策划各项活动，制订详细的实施方案，活动内容必须紧扣主题，健康向上，具有积极意义。

（2）明确分工，责任到人，保证各项活动按计划顺利开展，认真做好资料整理和工作总结，同时确保相关评比工作的公开、公正与公平。

（3）时间安排要合理，整个活动至少要持续一个半月以上。

（4）充分利用学校广播台、大学生社区报、网站等各种宣传阵地，灵活运用宣传板、横幅、海报等多种宣传方式，做好活动的宣传报道工作。

（5）深入社区，尽最大努力调动广大学生的积极性，争取尽可能多的学生参与。

（6）在活动过程中秉承节约、务实和环保的原则。

四、社区文化活动安排

（一）"点亮宿舍，点亮心灵——安全进宿舍"主题演讲比赛

活动内容：

（1）演讲：选手准备关于宿舍安全方面内容的演讲，演讲时间控制在3min内，组委会将从仪表、表达、内容、台风等方面给选手进行打分。具体评分细则将在报名结束后开会通

知选手,并会介绍相关的演讲和答辩技巧。

(2) 安全宣传:展示失火、被盗等各种安全危害,提醒广大学生加强安全意识,做好防范工作。

(3) 安全讲座:邀请专业人士讲解,关于宿舍防火、防盗、违章电器的危害等方面的安全知识。

(二) 趣味体育系列活动

活动内容:

(1) 集体项目:大跳绳。

(2) 个人项目:吹乒乓球、赶"猪"跑、三分球大赛。

(三) 宿舍情景剧表演

活动内容:围绕"文明、和谐"这一主题,要求展现出健康、积极、充满朝气的宿舍文化生活,弘扬宿舍文化,彰显和谐的宿舍氛围。可以宿舍为单位,也可以灵活组队,每队人数为 4~10 人,时间限制为 10min 左右。

(四) "我与学院共奋进"征文比赛

活动内容:以"和谐宿舍,和谐社区,和谐校园"为主题作文,文章内容可涉及宿舍、班级、校园等生活中的趣事、体会和感受。

方案二:社区参与活动

一、实训背景

(1) 城市社区建设的有效运行离不开广泛的社区参与。

(2) 部分居民和社区组织的参与意识有待培育和提高。

(3) 学生的参与意识很强,但参与技巧有待培训。

二、实训目的

(1) 理解并认识城市社区建设的有效运行离不开广泛的社区参与。

(2) 培训及提升学生的社区参与技巧。

(3) 体验与感受不同居民和社区组织的参与意识。

三、实训步骤

(1) 组织学生亲自参与一项社区活动,用参与式访谈的形式与居民广泛接触,体验与感受不同居民的参与意识。

(2) 与参与意识较弱的居民深度接触,与之探讨一些感兴趣的问题,确定其期望和愿意出力的活动,逐渐培育和提升其社区参与意识。

(3) 深入到一个小型的社区组织中做志愿者,与之建立良好的关系并取得信任,协助其参与社区建设活动。

四、相关练习

参与社区居民委员会的一次活动策划。

五、相关知识

居民参与、中介组织参与、参与意识的培育。

方案三：社区建设与管理社会调查

一、调查目的

通过调查，进一步加强学生对社区建设与管理的基本知识和基本理论的理解和认识；使学生对社区建设与管理和社会生活现状有一定认识，引导学生在今后的学习和生活中逐步调整自身，为将来从学校向社会（组织）转变作准备；通过对所收集的调查资料进行整理、分析和思考并形成报告，以此提高学生的社会实践能力。

二、调查内容

首先，确定选题。要求选题紧扣本门课程。

其次，根据选题制订调查方案。明确调查目的，思考要调查的内容，设计调查问卷或调查表格，确定调查方法；调查对象可以是一个社区，也可以是若干个社区；调查方法可以是重点调查、典型调查、抽样调查（一般要求每组 30 个样本单位以上）。

再次，具体实施调查。调查方式可采用访问法、被调查者自填法、实地观察法等。

最后，整理资料并形成报告。

三、调查地点和时间

（1）地点：分散进行，自选调查方式和地点，但要以自身生命财产安全作为第一考虑因素。

（2）时间：共 7 天，最后一天撰写并提交调查报告。

四、要求

（1）遵守纪律，服从安排。

（2）各组指定联络负责人，负责与指导老师的联络工作。

（3）全班同学每 3~6 人一组；每组认真撰写一份调查报告，字数不少于 2000 字；每位同学每天写一份调查日记，统一书写。

（4）调查期间遵守社会公德，不得做出有损大学生形象的不文明、不礼貌行为。

（5）调查期间注意人身、财产安全，严禁到河塘、水库等危险地方游泳；天黑时必须回到宿舍，不准夜不归宿。

五、考核内容及方法

（1）考核内容以实习报告为主，并以每个小组的组长对组员的评价作参考。

（2）根据学生的实习态度（占 30%）和报告质量（占 70%）评定学生成绩，成绩等级分为：优、良、中、合格、不合格。

模拟试题一

一、填空题（每空1分，共20分）

1. 社区管理的内涵主要是地域性、（　　　　）、群众性、（　　　　）的事物，涉及科、教、文、卫、体等方面。
2. 社区文化建设的新理念，是指以构建社会主义和谐文化为落脚点，体现以人为本的现实要求，主要表现为（　　　　）和（　　　　）。
3. 社区建设运行机制主要包括（　　　　）、（　　　　）和行政推动三个方面。
4. 社区管理的机构组织包括政府、（　　　　）、居民委员会、（　　　　）、业主委员会及其他居民自治性组织。
5. 社区健身活动在时间特征上表现为个人余暇性，其衍生特点为：高离散性、（　　　　）、强自由性和（　　　　）。
6. 创建"绿色家庭"是实施（　　　　）的一项细胞工程，绿色社区的每个家庭都要通过选择（　　　　）来参与环保。
7. 在社区建设与管理中，物业管理扮演重要角色，两者在职能上密不可分。物业管理是社区管理的子系统，两者具有明显的共性：（　　　　）和（　　　　）。
8. （　　　　）主要以业主自治管理与专业化的物业公司相结合的运行方式，即"共管式"来实施管理，而（　　　　）主要以行政管理、互助管理的运行方式来实施管理。
9. 社区保健是社区（　　　　）中心协同有关机构，根据社区人群的文化和社会特点以及存在的卫生问题和健康需要，制订和实施社区（　　　　）计划，并进行检查和评估的过程。
10. 以社区居委会为主导的参与性模式，是社区环境教育的一种实践性强的模式。这种模式的主要特点：首先是（　　　　），其次是（　　　　）。

二、名词解释（每小题4分，共20分）
1. 社区环境
2. 社区
3. 社区服务
4. 社区教育
5. 社区警务

三、简答题（每小题8分，共32分）
1. 简述社区的构成要素。
2. 社区健身环境的内涵是什么？

3. 怎样为社区中介组织参与社区建设创造条件？

4. 社区环境管理的任务包括哪些方面？

四、综合题（每小题 14 分，共 28 分）

1. 论述加强社区文化建设的重要意义。

2. 案例分析：阅读下列案例，分析北京西城可持续发展实验区开展绿色行动有何成效？

北京西城可持续发展实验区

西城区是中国首都北京的中心城区之一，面积 31.66 平方公里，设有 10 个街道办事处，28 个居（家）委会。西城区既是北京政治、文化中心，又是重要的金融、商业活动区。1995 年，西城区被批准为国家可持续发展实验区，自此，西城区从中心城区的特点出发，以社区建设为依托，通过开展社区环保行动、社区教育和科普、社区文化、社区医疗服务等工作，先后实施了 120 多项示范项目和示范工程，开展了一批可持续发展行动。其中，加强环境保护，促进资源节约和有效利用始终是西城实验区的一项重要工作内容。

西城区从 2000 年上半年开始，在区政府的积极倡导和引导下，在全区范围内发起了创建绿色小区、绿色学校和绿色商店的绿色行动。为组织和引导绿色行动的开展，在西城区可持续发展实验区领导小组的指导下，由区科委、商委、街道办、教育局、环保局、科协共同制定了《西城区绿色行动方案》。绿色行动方案提出在创建"绿色"学校、"绿色"小区和"绿色"商店过程中，注重培养全区居民的可持续发展和环保意识，倡导文明健康的生活方式，保护环境，创造一个人与自然、人与社会文明和谐的新型关系。绿色行动方案同时提出了"绿色"标准和绿色小区、学校和商店的具体内容。

（1）"**绿色**"**小区**倡导小区的绿化、美化；小区有文体设施，开展有特色的群体活动；邻里和睦，互助互爱，居民遵纪守法，小区社会秩序良好；有科普宣传栏等宣传设施，开展面向居民的可持续发展教育；积极推广新型节水、节电技术与器具，实行垃圾袋装或垃圾分类，开展回收废旧电池等环境危险物活动；小区环保达标。

（2）"**绿色**"**学校**倡导中小学在校园内建立宣传可持续发展内容的提示牌、板报、宣传栏等，倡导科学文明的生活方式。在校园内使用节水节电设施，实行垃圾分类；每学年对教师开展一次以上的可持续发展知识培训，教师培训覆盖率达到 100%；可持续发展教育进入课堂，学生可持续发展教育覆盖率达到 100%。学校备有可持续发展教育教案，并开设有研讨课，并组织开展实践活动，团队活动定期安排可持续发展内容，班会课有可持续发展专题或渗透教育；积极组织学生参加绿化和美化社区环境、建设校园等社会公益劳动，宣传可持续发展；每学年组织一次以上学生与家长共同参与的可持续发展行动，开展形式多样的可持续发展家庭传播活动。

（3）"**绿色**"**商店**主要要求商店内环境整洁、购物环境良好，有宣传可持续发展的材料或标语；倡导绿色消费，优先向消费者推荐销售有国家认定的环境标志商品；不使用过度包装，做好包装物的回收，实行垃圾分类，设置废旧电池等危险废物回收箱；向干部、职工和消费者宣传有关可持续发展和绿色商品知识，开展有可持续发展特色的行动；积极采用先进的节水、节电技术，保护环境与资源，污染物达标排放；在世界水日、世界地球日、世界无烟日和世界环境日、"3·15"消费者权益日等，积极开展有特色的公益宣传活动，增强消费者的可持续发展意识。

此外，绿色行动方案还明确了区政府有关部门的职责，政府部门除组织引导这项工作外，还为该项工作的先进单位授牌，以鼓励和推动各有关单位开展绿色行动的积极性。在政府的组织引导下，西城区内有关街道社区、商店和学校都积极行动起来，投身于"绿色"小区、学校和商店的建设活动。

参 考 答 案

一、填空题（每空1分，共20分）

1. 社会性　公益性
2. 服务观　育人观
3. 社区参与　社区自治
4. 街道办事处　物业公司
5. 低竞争性　弱传习性
6. 绿色社区　绿色生活
7. 指导思想一致　目标一致
8. 物业管理　社区管理
9. 卫生服务　保健
10. 政府主导　社会参与

二、名词解释（每小题4分，共20分）

1. 社区环境是社区人口与自然环境、生态环境、社会环境三者相融合的综合体。它既包括自然环境，也包括人工环境；既包括生活环境，也包括生态环境。它是人类社会发展到一定阶段的产物，是社区居民有目的、有计划地创造、改造出来的生存环境。

2. 社区是社会的细胞，是人类生活的基本单元，通常是指一定地域范围内的社会群体。

3. 社区服务指在政府的倡导和支持下，在社区范围内实施的具有福利性和公益性的各种社会服务活动。

4. 社区教育是在一定地域范围内，充分利用各类教育资源，旨在提高社区全体成员整体素质和生活质量，促进区域经济建设和社会发展的教育活动。

5. 社区警务是指以社区为范围，以警民联手协作为手段，通过立足社区，与社区建立合作伙伴关系，形成以社会为主体的预防与控制网络，旨在提高社区居民的生活质量，有效维护治安秩序和社会稳定的警务关系。

三、简答题（每小题8分，共32分）

1. 要点：

(1) 一定数量的人口。
(2) 一定的地域范围。
(3) 合理的区位结构。
(4) 共同的生活方式。
(5) 独特的社区文化。
(6) 相同的社区意识。

2. 要点：

社区健身是在街道办事处的辖区内，以自然环境和体育设施为基础，以全体社区成员为主要对象，以满足社区成员的体育需求、增进身心健康为主要目的，就地就近开展的区域性的群众体育。其核心思想是打破行业、单位的界限，为社区居民提供易于参与的体育条件，使居民能方便地在驻地附近得到满足，从而使体育健身生活化。

3. 要点：

(1) 逐步实现部分政府机构、部分企事业单位向社区中介组织的转制。
(2) 培育和发展现有的社会团体，充分发挥它们在社区建设过程中的作用。
(3) 在现有社区群众性组织的基础上，按照社区中介组织的规范和要求，培育若干专门性的社区建设的中介组织。广泛动员居民群众加入这些组织，并使这些组织逐渐走上制度化、专业化轨道，相对独立地开展社区建设活动。
(4) 制定和完善鼓励扶持社区中介组织积极参与社区建设的政策、法规，包括资金、项目、场地、税收等方面的优惠政策等，为中介组织参与社区建设事业提供良好的制度条件。

4. 要点：

(1) 社区区域的环境保护。
(2) 做好社区环境绿化工作。
(3) 做好社区环境卫生管理工作。
(4) 清理社区区域内的违章搭建设施。
(5) 加强市政公共设施管理。
(6) 搞好车辆交通管理。
(7) 建设各种环境小品。
(8) 抓好治安管理工作。
(9) 抓好消防管理工作。
(10) 建立新型的人文环境。

四、综合题（每小题 14 分，共 28 分）

1. 第一，社区文化建设是构建和谐社区的精神依托。社区和谐是城市和谐的基础，在建设社会主义和谐社会的过程中，和谐社区的构建具有极其重要的地位，而社区的和谐度是与社区文化建设的状态紧密关联的，因为和谐社区需要文化的支撑，社区文化是构建和谐社区的灵魂所在。

第二，社区文化建设是满足居民日益增长的文化生活需要的内在要求。改革开放以来，随着社会经济的巨大发展，居民的物质生活水平有了很大程度的提高，随之而来的是文化生活需要的提升。这既是经济和社会进一步发展的客观需要，又是居民变化了的生活状况的内在要求。

第三，社区文化建设是解决社会转型期社区面临的一系列新问题的重要途径。我国社会正处在一个转型时期，人们在收入来源、利益取向、价值观念、生活方式等方面日益呈现出多元化的趋向，诸多因素的相互碰撞必然导致许多新的社会矛盾和问题，这些矛盾和问题在城市社区中必然有其表现，从而使社区文化建设面临新的任务和挑战。

第四，社区文化建设是现代化城市管理机制有效运作的重要条件。为了建设现代化文明城市，必须大力提高城市管理的现代化水平。

2. 西城区的绿色行动已取得一定的成效，主要包括：

（1）通过加强可持续发展思想的宣传，促进了全区居民环境意识的提高。在创建绿色小区、学校和商店过程中，创建单位普遍采用多种形式，开展可持续发展思想的宣传。许多商店编写材料，利用广播、板报、班前会向职工宣传创建绿色商店的意义，普及有环境认证标志的商品知识；采取在店堂内设立科普宣传栏或划出专门的宣传区域，在门前开展社会咨询活动等方式向消费者进行宣传，引导绿色消费。居（家）委会利用小区宣传栏，开展垃圾分类、节水、节电等专题宣传，普及有关的科普知识。各中小学广泛开展环境教育和环保活动。区有关部门加印了市环保基金会编写的绿色行动系列宣传折页数千份，区环卫部门编写了有关垃圾分类的宣传材料，发放到创建单位和街道社区，并组织了专题讲座与培训。上述宣传活动极大地促进了公众环境意识的提高，同时也推动了工作的深入开展。

（2）为大城市城区在节约资源、保护环境的具体做法方面提供了很好的示范。通过绿色行动的开展，无论是居民小区，还是学校商店都有了明确的工作内容，并依此采取了一系列具体的行动来开展相应的环境保护和资源节约利用工作。许多商店、居（家）委会和学校都设立了废旧电池回收箱，开展了回收业务，如新街口百货商场一年内回收废旧电池400多公斤。在节水节电技术及器具的推广应用上，在创建单位普遍推广了节水龙头，如万方西单商场一个单位就更换了137个节水龙头。此外，在创建单位广泛开展了节能灯具的推广工作。西单商场、广电部西便门居民小区采用不同的动态补偿设备，大幅度提高了供电的功率因数，从而提高了用电效率，节约了电能。

（3）在机制转变上进行了有益的探索。如在垃圾分类清运的组织上，采用了由回收公司与小区业主单位签定协议，回收公司负责无偿清运分类后零散的可回收物品；作为补偿，回收公司同时负责该小区的大宗可回收物品的有偿（按市场价）回收，如废报纸、书本、易拉罐、塑料罐和玻璃瓶等。在不增加或少增加政府负担的情况下，已逐步建立起市场化、社会化的清运机制。

模拟试题二

一、**填空题**（每空 1 分，共 20 分）

1. 社区的概念于 19 世纪末由（　　　　）社会学家（　　　　）最早提出。
2. 社区健身环境的设计应以（　　　　）为核心；（　　　　）相结合；主次分明，重点突出；进行综合设计；要充分利用居住区内现有的运动场地及设施；要与居住区内的小亭、绿化、铺地、广场等有机结合。
3. 社区理论有（　　　　）、（　　　　）、整体研究和社区权力。
4. 社区管理研究的基本方法有文献分析法、（　　　　）和（　　　　）。
5. 行政推动即政府主导。它具有（　　　　）、指导评估、（　　　　）和资金保障四个方面的作用。
6. 社区文化的特点具体表现在（　　　　）、群众性、多元性、（　　　　）。
7. 随着社会的发展和人们生活水平的不断提高，以环保、（　　　　）、（　　　　）为特征的绿色消费逐渐成为时代发展的潮流。
8. 绿色社区是指具备了一定的符合环保要求的硬件设施、建立了较完善的（　　　　）体系和（　　　　）机制的社区。
9. 一般来说，社区服务具有三大属性：（　　　　）、地域性和（　　　　）。
10. 社区社会保障职能主要体现在三个方面：社区的社会保障（　　　　）、社区服务（　　　　）和社区共建意识的培养。

二、**名词解释**（每小题 4 分，共 20 分）

1. 社区管理
2. 社区文化
3. 社区保障
4. 社区治安
5. 社区服务

三、**简答题**（每小题 8 分，共 32 分）

1. 物业管理与社区管理的密切联系体现在哪几方面？
2. 社区自治的职能和规范有哪些？
3. 简述社区环境绿化建设的基本要求。
4. 什么是"绿色消费"理念？

四、**综合题**（每小题 14 分，共 28 分）

1. 试阐述如何构建社区建设与物业管理的和谐关系？

2. 案例分析：阅读下列案例，试分析百步亭花园社区探索新形势下有中国特色的社区建筑新模式有何推广意义？

<h3 style="text-align:center">以人为本，努力创造可持续发展的现代文明社区</h3>

武汉市百步亭花园社区地处汉口江岸区，位于湖北省武汉市城市总体规划中最大的后湖居住新区南端，是武汉市最大的安居示范花园社区。规划用地3700亩，建成后可入住13万人。现已建住宅100万平方米，入住近3万人。百步亭花园小区在可持续社区建设工作上，经过不懈努力和成功探索，取得了明显的成效，得到了国家和省市的充分肯定。先后被评为湖北省安全文明小区、全国文明社区示范点、全国著名品牌、全国著名社区、全国无毒社区、全国城市物业管理优秀小区示范点，并获首届中国人居环境范例奖。

（1）探索一种可持续发展社区建设的新模式。

为了探索适应我国社会主义市场经济条件下现代文明社区建设的新路子，百步亭小区在建设之初就成立了社区服务中心，派人到上海、深圳等地参观学习，还远渡重洋到欧洲考察。通过考察学习，社区服务中心认识到新时期社区建设责任重大，中国的社区必须走自己的特色之路，并提出注重"四个结合"，即结合国内外先进经验，结合中国特色的传统文化，结合世界高新技术发展，结合本地区的实际情况，就此制定了"4321"的指导思想，即满足4个需要：企业发展的需要、提高居民生活质量的需要、社会稳定的需要、国家的需要；达到3个回报：回报企业、回报社会、回报国家；形成2个促进：以开发建设的物质文明促进社区管理精神文明、再将文明社区的可持续发展促进大规模建设；实现1个目标：让人民群众安居乐业。

（2）以人为本，促进社区环境建设。

重点作好三项工作：一是抓好先进适用环保技术的推广使用。无动力地埋式生活污水处理装置是国家环保总局推广的生活污水处理实用先进技术。百步亭社区在新建的住宅楼中进行了试点应用。排水指标已达到国家《污水综合排放标准》（GB 8978—1996）的一级标准。二是加大投入，做好社区绿化工作。百步亭花园社区为使人居环境越来越美好，开展了"绿化行动在百步亭"的植树活动。投资500万元对中心绿化广场等地进行生态绿化、美化和亮化改造。并将市房地局奖励给社区的10万元奖金投入到造绿工程之中。通过植树造绿活动，百步亭花园社区已形成颇具规模的柚子林、桂花林、银杏林等生态树林，为绿化武汉、美化江岸贡献自己的力量。三是动员和依靠社区公众，自觉保护人居环境。百步亭花园的社区文明创建，形成了环境优美、维护有佳的洁净地面，始终保持"三无"：无烟头、无纸屑、无果皮。从拄杖老人到学步孩童，甚至周边的农民和建设施工的民工，人人都十分注意保护这种洁净。

（3）强化社区管理，维护社区生活秩序。

随着城市基层社会结构的变化，越来越多的"单位人"变成了"社会人"。为了切实解决好与人民群众生活密切相关的具体问题，百步亭小区在社区内建立了一套全方位的服务网络体系。一是实现了"九个没有"，即：没有一户居民家中被盗、没有一辆自行车被盗、没

有发生一起刑事案件、没有一次交通事故、没有一桩大的邻里纠纷、没有一处黄赌毒、没有易燃易爆物品、没有一起火灾。二是提高社区人口综合素质。花巨资引进了武汉名牌小学"育才一小",让普通居民的孩子享受高素质的名牌教育。同时,社区还有市民学校、老年大学、家庭教育学校,面向不同年龄和需求,全方位开展社区教育,学科学、学文化、树理想、讲道德。以社区卫生中心为依托,建立社区居民健康档案,对社区内60岁以上的老人以及10岁以下的孩子进行免费体检;百步亭小区并定期举办老人健康知识讲座,进行健康咨询。三是实施"爱心工程",建立社区社会保障体系。针对目前社区居民中下岗人员多、生活困难的问题,百步亭小区积极采取多种途径:将社区内的保洁、服务岗位腾退出来给他们安排工作;将商业门店低价出租,给他们经营;组织家政服务,成立巾帼家政服务中心,为居民提供钟点工、做家宴、保姆。四是开展五好家庭创建活动。社区的组织细胞是家庭,文明社区组织网络的落脚点也在家庭。百步亭花园社区的家庭主妇都能积极参加社区活动。同时将争创"五好文明家庭"融于"增强家庭亲情、关怀家中亲人"的活动之中,形成了家庭邻里互帮互助、和睦相处的良好氛围,社区居民的素质也得到了提高。

参 考 答 案

一、填空题(每空1分,共20分)

1. 德国　　滕尼斯
2. 人的健身活动　　点线面
3. 类型学理论　　芝加哥学派
4. 典型案例分析法　　社会调查法
5. 组织发动　　管理控制
6. 地域性　　共享性
7. 自然　　卫生
8. 环境管理　　公众参与
9. 福利性　　互助性
10. 设施建设　　组织建设

二、名词解释(每小题4分,共20分)

1. 社区管理是以街道党(工)委和街道办事处为主导,社区职能部门、社区所有单位和全体居民共同参与的区域性、全方位的自我教育、自我服务、自我管理、自我监督的行为。

2. 社区文化是指社区居民在特定的地域内,经过长期实践而创造出来的物质文化和精神文化的总和。它对人们的思想观念、道德情操、人格理想以及行为方式的形成和发展具有重大影响,对当地经济、社会的发展具有相当大的制约作用。

3. 社区保障是指在政府的倡导、规划和组织下,发动社区成员,依靠社区力量,依靠法律确立保障体系，对社区成员的基本生活给予保障的制度。

4. 社区治安是指一定地域范围内的党委和各级政府及相关部门、社会单位，根据国家法律齐抓共管，强化社区预防、控制手段，促进本辖区社区治安稳定的一种社会状态。

5. 社区服务指在政府的倡导和支持下，在社区范围内实施的具有福利性和公益性的各种社会服务活动。

三、简答题（每小题 8 分，共 32 分）

1. 要点：
（1）物业管理必须接受社区的指导和监督。
（2）社区建设与管理的内容要依托物业管理来实现和完成。
（3）物业管理是社区管理的子系统。

2. 要点：
（1）社区自治职能主要包括以下几个方面：
1）自治职能，包括民主选举、民主决策、民主管理、民主监督。
2）协助职能。
3）监督职能。
（2）社区自治，应当同时遵循以下四个规范：
1）依法自治。
2）党领导下的自治。
3）政府领导下的自治。
4）社会参与下的自治。

3. 简述社区环境绿化建设的基本要求。

要点：
（1）统一规划、合理组织、形成系统。
（2）节约用地。
（3）营造良好的社区景观。
（4）投资经济、方便管理。

4. "绿色消费"的概念是广义的，主要是指在社会消费中，不仅要满足我们这一代人的消费需求和安全、健康，还要满足子孙万代的消费需求和安全、健康。它有三层含义：一是倡导消费者在消费时选择未被污染或有助于公众健康的绿色产品。二是在消费过程中注重对垃圾的处置，不造成环境污染。三是引导消费者转变消费观念，提倡崇尚自然、追求健康，在追求生活舒适的同时，注重环保、节约资源和能源，实现可持续消费"。狭义地讲，"绿色消费"重点放在"绿色生活，环保选购"等直接关系到消费者安全健康方面的内容，社会监督的重点放在食品、化妆品和建筑装饰材料三个方面上。

四、综合题（每小题 14 分，共 28 分）

1. 社区作为人民群众生活的家园和各类经济社会组织活动的舞台，已成为城市管理的重心。物业管理作为社区管理的重要组成部分，是社区建设的基础性工作，对推进建设"管理有序、服务完善、环境优美、治安良好、生活便利、人际关系和谐的现代化社区"具有十分重要的作用。

（1）坚持条块结合、属地管理，发挥社区对物业管理的指导协调作用。①切实加强指导与监督，提高业主大会、业主委员会自我管理的能力；②充分发挥综合协调作用，解决物业管理中的"急、难、愁"问题；③积极化解物业管理方面的矛盾纠纷，创造安定团结的社区氛围。

（2）发挥企业自身优势，形成主动参与社区建设的新格局。物业管理企业或物业小区管理单位作为驻区单位，在做好物业服务工作的基础上，积极发挥优势，扩大服务范围，创新工作方式，主动参与到社区建设工作中去。

（3）共享社区公共资源，创建物业管理与社区建设互动的良性机制。物业管理与和谐社区的建设是相辅相成的。按照"条块结合、资源共享、优势互补、共驻共建"的原则，物业管理企业或物业小区管理单位应当充分利用社区资源，加强自身建设，积极配合街道办事处（乡镇人民政府）开展和谐社区的创建工作。

（4）处理好物业公司与社区居委会、街道办事处的关系。物业公司与社区居委会相比，在目标取向上虽然具有一致性，但它们之间毕竟是不同的利益主体。由于认识上和工作中的差异，必然会存在一定的矛盾。在物业公司与街道办事处、居委会公共关系的处理上，并非仅仅靠单一的真诚沟通就能解决问题，毕竟各方局部利益不同，职能有许多交叉。为彻底解决这一问题，还应在实践中探索改革之路。

（5）尝试"三位一体"管理模式，探索构建和谐社区的管理机制。物业管理需要社区指导，社区管理应当尊重物业管理的自主权。物业管理主要是依靠物业服务企业通过市场运行机制实施的，物业服务企业是具有"自主经营，自负盈亏，自我发展，自我约束"的法人资格的实体。物业服务企业在经营过程中，不仅要求有社会效益，还要求有经济效益。只要物业服务企业按照有关政策法律从事经营，社区就应该尊重他们的自主权，否则，干预过多将影响其正常运营。无锡、武汉等城市实施的"三位一体"管理模式，对于物业管理与社区管理的和谐关系的构建具有一定的借鉴作用。

2. 此案例的特点经验及推广示范意义：

武汉百步亭小区坚持社区环境创新，走可持续发展道路；坚持"以人为本"，形成了社会效益与经济发展的良性互动，实现了人民群众安居乐业和新型社区的可持续发展，探索出新形势下有中国特色的社区建设的新模式。

百步亭花园文明社区坚持社区可持续发展，一切着眼于人，着眼于人的全面发展和人居环境的可持续发展，坚持实现让普通市民享受高层次文明、高质量的生活，提高了老百姓的生活质量和城市文明程度，提高了市民文明素质，达到社会效益与经济效益共同发展，使自然环境与人文环境协调发展。

百步亭花园小区的另一个可以借鉴之处在于小区管理机制的创新。百步亭小区的管理部门本身既不是政府的派出机构,又不是单纯的物业公司,所有小区工作人员都是由区内居民组成,是架设在政府和人民群众之间的一级社会团体。当地政府财政不出资金,所需要的工作经费来自于小区所有住户的物业管理费。这是一种新型的运行机制,其创新点在于:社区本身具有自我组织、自我管理、自我经营、自我发展的内在动力,孕育着经济良性循环的基本特征,符合可持续社区的基本原则,适应了社会转型期的需要。小区按照市场经济的方式运行管理,初步走出一条具有生命力的新路。这在全国城市社区的管理方面具有全局性与方向性的示范意义。

附　　录

附录 A　中共中央办公厅、国务院办公厅印发《关于加强和改进城市社区居民委员会建设工作的意见》

新华社北京 11 月 9 日电　近日，中共中央办公厅、国务院办公厅印发了《关于加强和改进城市社区居民委员会建设工作的意见》。全文如下：

我国城市社区居民委员会是居民自我管理、自我教育、自我服务的基层群众性自治组织。自 2000 年 11 月《中共中央办公厅、国务院办公厅关于转发〈民政部关于在全国推进城市社区建设的意见〉的通知》下发以来，城市社区居民委员会在服务居民群众、搞好城市管理、密切党群干群关系、维护社会稳定等方面发挥了不可替代的重要作用。当前，我国正处于全面建设小康社会、加快推进社会主义现代化建设的新的历史起点，城市基层正在发生新的深刻变革，社区居民委员会承担的社会管理任务更加繁重、维护社会稳定的功能更加突出，居民群众对社区居民委员会的服务需求更加迫切，但不少社区居民委员会还存在着组织不健全、工作关系不顺、工作人员素质偏低、服务设施薄弱、工作经费难以落实等问题，影响了社区居民委员会功能作用的发挥，影响了城市社区建设的整体推进。为深入贯彻落实党的十七大和十七届三中、四中全会精神，适应新形势新任务需要，进一步完善基层群众自治制度，健全城市基层管理和服务体制，经党中央、国务院同意，现就加强和改进城市社区居民委员会建设工作提出以下意见。

一、正确把握加强和改进城市社区居民委员会建设工作的指导思想、基本原则和目标任务

（一）加强和改进城市社区居民委员会建设的指导思想是：全面贯彻党的十七大和十七届三中、四中全会精神，以邓小平理论和"三个代表"重要思想为指导，深入贯彻落实科学发展观，认真实施《中华人民共和国城市居民委员会组织法》，以服务居民群众为宗旨，以提高居民文明素质和社会文明程度、促进社区和谐为目标，着力加强和改进社区居民委员会组织建设、队伍建设、制度建设、设施建设，努力把社区居民委员会建设成为功能完善、充满活力、作用明显、群众满意的基层群众性自治组织，进一步健全完善以社区党组织为核心的城市社区组织体系，为构建社会主义和谐社会奠定组织基础。

（二）加强和改进城市社区居民委员会建设工作的基本原则是：

——坚持党的领导，把握正确方向。从社会主义初级阶段基本国情出发，坚持同完善社会主义市场经济体制相适应，坚持党的领导、人民当家作主、依法治国有机统一，推进社区居民依法直接行使民主权利，管理社区公共事务和公益事业，建立健全社区党组织领导的充满活力的基层群众自治机制，实现政府行政管理与基层群众自治的有效衔接和良性互动。

——坚持以人为本，服务居民群众。始终把实现好维护好发展好社区居民的根本利益作为工作的出发点和落脚点，把居民的服务需求作为第一信号，把居民满意程度作为检验工作成效的第一标准，真正把加强和改进社区居民委员会建设工作变成服务居民、造福居民的民心工程。

——坚持政府主导,社会共同参与。切实转变政府职能,理顺关系,充分发挥各级党委和政府在政策制定、工作部署、设施建设、财力投入等方面的主导作用,尊重社区居民群众的主体地位,积极动员社会力量共驻共建、资源共享,形成社区居民委员会建设的合力。

——坚持因地制宜,注重工作实效。紧密联系各地实际,区分不同情况,加强分类指导,创新工作载体,切实解决长期以来困扰和阻碍社区居民委员会建设的突出问题,力戒形式主义,使社区居民委员会建设工作始终体现时代性、把握规律性、富于创造性。

(三)加强和改进城市社区居民委员会建设的目标任务是:到2020年,努力使全国城市社区居民委员会的组织体系更加健全,社区居民的组织化程度明显提高;社区居民群众享有更多更切实的民主权利,社区居民自治范围进一步扩大,社区民主管理制度日趋完善;干部队伍结构进一步优化,社区管理和服务能力显著增强;工作用房和居民公益性服务设施能够满足社区居民群众的基本服务需求;政府投入与社会投入相结合的经费保障机制基本建立;内外关系更加协调,全社会尊重、关心和支持社区居民委员会工作的良好氛围进一步形成。

"十二五"时期是全面加强和改进社区居民委员会建设的关键时期。要着力理顺社区工作关系,强化社区管理和服务功能,充实壮大社区工作力量,建立健全社区保障机制,为实现到2020年城市社区居民委员会建设的各项奋斗目标奠定坚实基础。

二、进一步明确城市社区居民委员会的主要职责

(四)依法组织居民开展自治活动。社区居民委员会是社区居民自治的组织者、推动者和实践者,要宣传宪法、法律、法规和国家的政策,教育居民遵守社会公德和居民公约、依法履行应尽义务,开展多种形式的社会主义精神文明建设活动;召集社区居民会议,办理本社区居民的公共事务和公益事业;开展便民利民的社区服务活动,兴办有关服务事业,推动社区互助服务和志愿服务活动;组织居民积极参与社会治安综合治理、开展群防群治,调解民间纠纷,及时化解社区居民群众间的矛盾,促进家庭和睦、邻里和谐;管理本社区居民委员会的财产,推行居务公开;及时向人民政府或者它的派出机关反映社区居民群众的意见、要求和提出建议。

(五)依法协助城市基层人民政府或者它的派出机关开展工作。社区居民委员会是党和政府联系社区居民群众的桥梁和纽带,要协助城市基层人民政府或者它的派出机关做好与居民利益有关的社会治安、社区矫正、公共卫生、计划生育、优抚救济、社区教育、劳动就业、社会保障、社会救助、住房保障、文化体育、消费维权以及老年人、残疾人、未成年人、流动人口权益保障等工作,推动政府社会管理和公共服务覆盖到全社区。

(六)依法依规组织开展有关监督活动。社区居民委员会是社区居民利益的重要维护者,要组织居民有序参与涉及切身利益的公共政策听证活动,组织居民群众参与对城市基层人民政府或者它的派出机关及其工作人员的工作、驻社区单位参与社区建设的情况进行民主评议,对供水、供电、供气、环境卫生、园林绿化等市政服务单位在社区的服务情况进行监督。指导和监督社区内社会组织、业主委员会、业主大会、物业服务企业开展工作,维护社区居民的合法权益。

三、不断健全城市社区居民委员会组织体系

(七)加快社区居民委员会组织全覆盖。社区居民委员会的设置要充分考虑公共服务资源配置和人口规模、管理幅度等因素,按照便于管理、便于服务、便于居民自治的原则确定管辖范围,一个社区原则上设置一个社区居民委员会。加快城乡结合部、城中村、工矿企业所在地、新建住宅区、流动人口聚居地的社区居民委员会组建工作。新建住宅区居民入住率达到50%的,应及时成立社区居民委员会,在此之前应成立居民小组或由相邻的社区居民委员会代管，实现对社区居民的全员管理和无缝隙管理。社区居民委员会的筹建工作在社区党组织领导下开展。

（八）健全社区居民委员会下属的委员会。调整充实社区居民委员会下属的委员会设置，建立有效承接社区管理和服务的人民调解、治安保卫、公共卫生、计划生育、群众文化等各类下属的委员会，切实增强社区居民委员会组织居民开展自治活动和协助城市基层人民政府或者它的派出机关加强社会管理、提供公共服务的能力。选齐配强居民小组长、楼院门栋长，积极开展楼院门栋居民自治，推动形成社区居民委员会及其下属的委员会、居民小组、楼院门栋上下贯通、左右联动的社区居民委员会组织体系新格局。

（九）规范社区居民委员会专业服务机构。为更好地完成社区管理和服务任务，辖区人口较多、社区管理和服务任务较重的社区居民委员会，根据工作需要可建立社区服务站（或称社区工作站、社会工作站）等专业服务机构。按照专干不单干、分工不分家的原则，社区专业服务机构在社区党组织和社区居民委员会统一领导和管理下开展工作，以形成工作合力。社区居民委员会有足够能力承担应尽职责的社区，可以不另设专业服务机构。

四、努力壮大城市社区居民委员会工作队伍

（十）扩大社区居民委员会工作人员来源渠道。社区居民委员会一般配置5~9人，辖区人口较多、社区管理和服务任务较重的社区居民委员会可适当增加若干社区专职工作人员。社区专职工作人员面向社会公开招聘，优先安排符合岗位要求的就业困难人员，其配备比例、招聘办法及专业服务机构的设置标准由市（地）级人民政府或各省、自治区、直辖市人民政府确定。提倡社区党组织班子成员、社区居民委员会成员与业主委员会成员交叉任职，社区居民委员会下属的委员会和居民小组的负责人可以由社区居民推选产生，也可以由社区居民委员会成员或社区专职工作人员经过民主程序兼任。鼓励社区民警、群团组织负责人通过民主选举程序担任社区居民委员会成员。研究建立新录用公务员到社区锻炼制度。鼓励党政机关和企事业单位优秀年轻干部到社区居民委员会帮助工作或建立经常性联系制度，鼓励高校毕业生、复转军人等社会优秀人才到社区担任专职工作人员，鼓励党政机关、企事业单位在职或退休党员干部、社会知名人士以及社区专职工作人员参与社区居民委员会选举，经过民主选举担任社区居民委员会成员。

（十一）加强对社区居民委员会工作人员的教育培训。根据经济社会发展和社区工作的需要，制定培训规划，丰富培训内容，改进培训方式，提高培训效果。城市基层人民政府或者它的派出机关每年至少对社区居民委员会主任培训一次，其他成员每2年至少接受培训一次。要组织社区居民委员会成员和社区专职工作人员深入学习中国特色社会主义理论体系，学习党的路线方针政策和国家法律法规，学习社会工作知识，增强他们坚持党的领导的信念，牢固树立爱岗敬业、乐于奉献、一心为民的精神，努力掌握在新的历史条件下做好群众工作的方法和本领，不断提高服务群众和依法办事的能力和水平。鼓励社区居民委员会成员和社区专职工作人员立足岗位，自学成才，支持他们参加社会工作等各种职业资格考试和学历教育考试，不断提高综合素质。

（十二）关心社区居民委员会工作人员的成长进步。积极把优秀社区居民委员会工作人员培养发展成为党员，积极推荐符合条件的优秀社区居民委员会工作人员担任各级党代会代表、人大代表、政协委员和劳动模范，加大从优秀社区居民委员会成员、社区专职工作人员中考录公务员和选任街道（乡镇）机关、事业单位领导干部的力度。对工作成绩突出、居民群众满意的社区居民委员会工作人员应及时给予宣传、表彰和奖励。

五、积极完善城市社区党组织领导下的社区居民自治制度

（十三）坚持以扩大党内基层民主带动社区居民民主。推广社区党组织班子成员由党员和群众公开推荐与上级党组织推荐相结合的办法，逐步扩大社区党组织领导班子直接选举范围。全面推进社区党务公开，健全社区党员代表议事制度，引导党员参与民主实践，积极探索扩大党内基层民主多种实现形式，带动和促进社区居民民主健康发展。

（十四）坚持和发展社区民主选举制度。进一步规范社区民主选举程序，稳步扩大社区居民委员会直接选举覆盖面。社区党组织要加强对社区居民委员会选举工作的领导和指导，提倡按照民主程序将不参与选举的社区党组织负责人推选为居民选举委员会主任，主持居民选举委员会工作。社区居民委员会选举由居民推选产生的居民选举委员会主持。居民选举委员会成员依法被确定为居民委员会成员候选人的，应当退出居民选举委员会，所缺名额从原推选结果中依次递补。在符合相关法律法规规定的前提下，各地要对居民委员会成员候选人的资格条件作出规定，引导居民把办事公道、廉洁奉公、遵纪守法、热心为居民服务的人提名为候选人。探索社区流动人口在居住地参加社区居民委员会选举的方式方法，保障其民主政治权利。

（十五）完善社区民主管理制度。进一步健全社区党组织领导的充满活力的社区居民自治机制，推广社区党员或党员代表议事制度，深入开展以居民会议、议事协商、民主听证为主要形式的民主决策实践，以自我管理、自我教育、自我服务为主要目的的民主管理实践，以居务公开、民主评议为主要内容的民主监督实践，全面推进居民自治制度化、规范化、程序化。积极探索网上论坛、民情恳谈、社区对话等有效形式，鼓励社区居民和驻区单位广泛参与，切实保障社区居民的知情权、参与权、决策权、监督权。

（十六）健全社区居民委员会日常工作制度。社区居民委员会要把工作重点进一步转移到社区管理和服务上来，按照居民活动空间最大化、服务设施效益最优化的要求，改进社区居民委员会服务场所管理，方便居民群众使用。建立健全社区居民委员会与驻区单位协商议事制度，推行分片包块、上门走访、服务承诺、结对帮扶等做法，密切社区居民委员会工作人员与社区居民的关系。实行错时上下班、全日值班、节假日轮休等工作制度，方便群众办事。建立健全社区党组织与社区居民委员会联席会议制度，规范社区居民委员会财产、档案、公章管理，确保社区居民委员会工作有效运转。

六、切实改善城市社区居民委员会服务设施

（十七）加强工作用房和居民公益性服务设施建设。要将社区居民委员会工作用房和居民公益性服务设施建设纳入城市规划、土地利用规划和社区发展相关专项规划，并与社区卫生、警务、文化、体育、养老等服务设施统筹规划建设。地方政府应对建设资金来源、产权归属和使用管理方式等作出明确规定。新建住宅小区和旧城区连片改造居民区的建设单位必须按照国家有关标准要求，将公共服务设施配套建设纳入建设工程规划设计方案。城市规划行政主管部门要按照规定的配套建设指标对建设工程规划设计方案进行审查，对不符合规定配置标准和要求的不予批准。工程的设计、施工及验收使用，应广泛征求社区居民及所在地街道办事处的意见。未按规划要求建设社区居民委员会工作用房和居民公益性服务设施的，不能通过验收。验收合格后，建设单位要根据规定将社区居民委员会工作用房和居民公益性服务设施交给所在地街道办事处使用管理。老城区和已建成居住区没有社区居民委员会工作用房和居民公益性服务设施的或者不能满足需要的，由区（县、市）人民政府负责建设，也可以从其他社区设施中调剂置换，或者以购买、租借等方式解决，所需资金由地方各级人民政府统筹解决。积极推动社区综合服务设施建设，提倡"一室多用"，提高使用效益。服务设施的供暖、水电、煤气、电信等费用应按照当地居民使用价格标准收取。

（十八）积极推进社区信息化建设。整合社区现有信息网络资源，鼓励建立覆盖区（县、市）或更大范围的社区综合信息管理和服务平台，实现数据一次收集、资源多方共享。整合区、街道、社区面向居民

群众、驻区单位服务的内容和流程，建设集行政管理、社会事务、便民服务为一体的社区信息服务网络，逐步改善社区居民委员会信息技术装备条件，提高社区居民信息技术运用能力，全面支撑社区管理和服务工作。积极推进社区居民委员会内部管理电子化，减轻工作负担，提高工作效率。

七、逐步理顺城市社区居民委员会与相关组织的工作关系

（十九）自觉接受社区党组织的领导。社区党组织是党在社区全部工作和战斗力的基础，是社区各类组织和各项工作的领导核心。社区居民委员会要自觉接受社区党组织的领导，社区党组织要不断加强自身建设、改进工作方式，切实领导和指导好社区居民委员会工作。以"三有一化"（即有人有钱有场所、构建城市区域化党建格局）为重点，积极推进社区党组织建设，为社会主义和谐社区建设提供坚强组织保证。支持和保障社区居民委员会充分行使职权，及时帮助解决社区居民委员会工作中存在的困难和问题。提倡社区党组织班子成员与社区居民委员会成员交叉任职，健全社区党组织领导社区居民委员会开展工作的相关制度，确保社区党建与和谐社区建设紧密结合，确保党的路线方针政策和各项工作得到贯彻落实。切实加强社区党员教育、管理和服务工作，坚持和完善党员设岗定责、依岗承诺、志愿服务和帮扶结对等制度，进一步落实在职党员到社区报到的要求，拓宽党员服务群众渠道，充分发挥党员在和谐社区建设中的先锋模范作用。

（二十）支持社会组织和社区志愿者参与社区管理和服务。社区居民委员会要积极培育社区服务性、公益性、互助性社会组织，对不具备登记条件的社区服务性、公益性、互助性社会组织，要主动帮助办理备案手续，并在组织运作、活动场地等方面为其提供帮助。社区党组织要加强对社区各类社会组织的政治领导，注意培养社区社会组织负责人队伍。要通过政府购买服务、设立项目资金等途径，积极引导各种社会组织和各类志愿者参与社区管理和服务，鼓励和支持社区居民开展互助服务，使之成为推进社区居民委员会工作的重要力量。大力推行社区志愿者注册制度，健全社区志愿服务网络，力争用3~5年的时间，实现社区志愿者注册率占居民人口10%以上的目标。

（二十一）发挥业主大会和业主委员会在社区管理和服务中的积极作用。社区居民委员会要积极支持物业服务企业开展多种形式的社区服务，业主委员会和物业服务企业要主动接受社区居民委员会的指导和监督。建立健全社区党组织、社区居民委员会、业主委员会和物业服务企业协调机制，及时协调解决物业服务纠纷，维护各方合法权益。召开业主大会、业主委员会会议应当告知所在社区居民委员会，并听取其意见。

（二十二）强化驻区单位的社区建设责任。建立社区党组织、社区居民委员会、驻区单位联席会议制度，定期研究资源共享、社区共建事项。积极推动驻区单位将文化、教育、体育等文化设施向社区居民开放。推动驻区单位将服务性、公益性、社会性事业逐步向社区开放，为社区居民委员会提供人力、物力、财力支持。探索建立驻区单位社区建设责任评价体系，推动共驻共建、资源共享。要把驻区单位履行社区建设责任的情况纳入和谐社区示范单位创建内容，有关部门在评先表优时要主动听取社区居民委员会对驻区单位的意见。

八、大力加强对城市社区居民委员会建设工作的领导

（二十三）城市基层人民政府或者它的派出机关对社区居民委员会的工作给予指导、支持和帮助。城市基层人民政府或者它的派出机关要大力推进服务型政府建设，切实转变职能，改进管理方式和工作作风，履行好社会管理和公共服务的职责。要在街道社区服务中心设立"一站式"服务大厅，为社区及居民群众提供方便快捷优质的服务。普遍推行社区公共服务事项准入制度，凡属于基层人民政府及其职能部门、街道办事处职责范围内的事项，不得转嫁给社区居民委员会；凡依法应由社区居民委员会协助的事项，应当

为社区居民委员会提供必要的经费和工作条件；凡委托给社区居民委员会办理的有关服务事项，应当实行权随责走、费随事转。逐步清理和整合在社区设立的各种工作机构，规范政府部门面向社区居民委员会开展的检查评比达标活动，大力压缩针对社区居民委员会的各类会议、台账和材料报表。加快街道办事处法制建设步伐，省级人民政府要积极研究制定城市基层人民政府或者它的派出机关指导社区居民委员会工作规则。

（二十四）落实领导责任制。要把加强和改进社区居民委员会建设工作纳入党委重要议事日程，纳入政府履行社会管理和公共服务职能的重要内容。各省、自治区、直辖市党委和政府要定期研究社区居民委员会建设工作。区（县、市）委书记要认真履行第一责任人的职责，街道办事处党工委书记要履行好直接责任人的职责，市、区（县、市）领导干部和街道（镇）领导干部要建立社区居民委员会建设联系点，要将社区居民委员会建设工作成效作为市、区（县、市）党委和政府工作目标管理和年度目标考核的重要内容。

（二十五）加强部门协调配合。在当地党委、政府统一领导下，党委组织部门在加强社区居民委员会建设中要发挥抓总引领作用，民政部门要充分发挥牵头指导作用，搞好协调服务。依托社区居民委员会开展公共服务的教育、科技、公安、司法、社会治安综合治理、人力资源和社会保障、城乡建设、文化、卫生、人口和计划生育、环保、体育等部门要强化责任意识，把支持和帮助社区居民委员会建设作为为民办实事的重要内容予以落实。各级发展改革、财政、金融、税务、工商等部门要按照各自职能和权限，采取有效政策措施，积极支持社区居民委员会建设。工会、共青团、妇联及残联、老龄协会、计划生育协会、慈善协会等群众组织要发挥各自优势，积极参与社区居民委员会建设。

（二十六）切实加大经费保障力度。要将社区居民委员会的工作经费、人员报酬以及服务设施和社区信息化建设等项经费纳入财政预算。社区居民委员会兴办公益事业所需费用，经居民会议或居民代表会议讨论，按照自愿原则，可以向社区居民或受益单位筹集。街道办事处要将社区居民委员会工作经费纳入街道办事处银行账户管理，实行专款专用，分账核算，不得挪用、挤占、截留，并定期向社区居民委员会及居民公开使用情况，接受居民监督。加大对财政困难地区一般性转移支付力度，增强其做好社区居民委员会建设工作的保障能力。社区居民委员会成员、社区专职工作人员报酬问题由县级以上地方人民政府统筹解决，其标准原则上不低于上年度当地社会平均工资水平。社区居民委员会成员和社区专职工作人员按国家有关规定参加基本养老、失业、基本医疗、生育、工伤保险，有条件的地方逐步落实住房公积金政策。

（二十七）提高指导社区居民委员会建设的工作水平。要以改革创新精神研究新情况、解决新问题，不断改进社区居民委员会建设的工作方法，创新工作机制。针对不同地区社区居民委员会建设的实际加强分类指导，不断总结和探索社区居民委员会建设工作的经验和规律。要把加强社区居民委员会建设工作与党的建设紧密结合，与社区建设紧密结合，加大宣传力度，大力表彰先进典型，总结推广先进经验，为推进城市社区居民委员会建设、构建社会主义和谐社会创造良好氛围。

各地区各有关部门要按照本意见精神，结合实际，制定贯彻落实的具体措施。

（资料来源：《北京日报》，2010-11-11）

附录B 以人为本 以德为魂 以文为美 以和为贵
创建具有中国特色的和谐社区
——记武汉市江岸区百步亭社区

百步亭社区是全国文明社区、全国和谐社区，是荣获首届"中国人居环境范例奖"的唯一社区。社区占地 4km^2，居住和生活着 13 万多人。规划将建成一个占地 7km^2，入住 30 万人的百步亭新城。社区坚持"以人为本、以德为魂、以文为美、以和为贵"的核心理念，做到"组织百步内建立、服务百步内到位、矛盾百步内化解、活动百步内参与"，创建了一个具有中国特色的和谐社区。

现在的百步亭社区，文明新风扑面，人际关系亲密，管理服务完善，群众安居乐业。社区做到了"十个没有"：没有大的邻里纠纷，没有越级上访，没有群体性事件，没有火灾，没有扒窃，没有邪教活动，没有未成年人犯罪，没有刑事案件，没有不良网吧，没有黄赌毒。实现了"十无"：无违章搭盖、无开窗设点、无占道经营、无油烟扰民、无泥巴路、无广告乱贴、无居民摘花踩草、无烟头、无纸屑、无果皮。因而百步亭社区被广大市民称赞为"绿色社区、安全港湾、温馨家园"。社区居民骄傲地说："选择了百步亭社区，就是选择了幸福生活。"

百步亭社区被评为全国先进基层党组织、全国文明社区示范点、全国三八红旗集体、全国五四红旗团委标兵、全国文化先进社区、全国无毒社区、全国基层民兵预备役工作先进单位、全国物业管理优秀住宅小区，并获得了中国城市管理进步奖、全国和谐社区建设自主创新奖等 100 多项国家级奖项。

2001 年，湖北省文明委、武汉市委市政府分别作出了《向百步亭花园社区学习》的决定。2003 年，中央宣传部、中央文明办、建设部、文化部四部委联合发文向全国推广百步亭社区经验。2012 年，湖北省委、武汉市委再次发出了学习推广百步亭社区党建工作法的通知。中央组织部将"全面推广百步亭社区党委工作法"列为 2013 年工作要点，沈阳市开展了"打造北方百步亭"的活动，深圳市发文号召"学习武汉百步亭"。中央 100 多位部委办领导、全国各地、社会各界以及 20 多个国家的友好人士，120 多万人次亲临百步亭社区视察参观。百步亭成为全国和谐社区建设的一面旗帜，成为展示武汉人文风貌的一个窗口，成为培训社区干部的一所学校。

党和国家领导人习近平、李克强、刘云山、俞正声以及温家宝、李长春、周永康等对百步亭给予高度评价。习近平总书记在十八大期间看望湖北代表时，亲切接见了社区党委副书记王波，称赞百步亭社区工作做得好。

中共中央政治局常委、中央书记处书记刘云山，在视察百步亭社区时称赞道："是你们这些志愿者，把文明的种子播撒在了社区居民的心坎上。"他指出："百步亭社区管理模式，对于提升居民生活质量、提高城市文明程度、促进改革发展、维护社会稳定、夯实党的执政基础具有全局性、方向性和示范性的意义，影响和推动了中国的社区建设。"

中共中央政治局常委、全国政协主席俞正声，曾在湖北号召党员向百步亭社区党委书记、民营企业家茅永红学习，认真做人、扎实做事、成就事业。

2004 年 6 月 10 日，温家宝总理视察百步亭时一路与居民们亲切交谈，连声说好，高兴地说道："百步亭有个好班子，关爱老百姓；有个好班长，以身作则；有个好机制，三位一体；有一批基层好干部。居民住得安心、住得舒心。"并提出要求："百步亭要加快发展，让更多的老百姓得到实惠。"

2003 年 5 月 15 日，李长春同志视察百步亭社区时，满怀深情地说道："这里能够有这么好的管理，能够有这么好的人文环境，能够有这么多的关爱，我看是我见到的头一个社区。""百步亭社区是全国的好典型，我看了很受鼓舞，感触很深。有一首歌这样唱道，'如果人人都献出一点爱，世界将变成美好的人间。'我看歌词反映的美好愿望，在百步亭社区实现了。"

一、社会管理创新路，"三位一体"建社区，百步亭模式影响深远

百步亭社区"建设、管理、服务"三位一体的社区管理模式，经过了艰苦思索、大胆创新、勇于实践、不断完善的过程。

1. 创新房地产开发"社区"建设理念

百步亭社区地处武汉市近郊。在开发建设之前，这里到处是鱼塘和沟渠，水、电、路等市政配套全无。首期开发用地的7家房地产公司先后进驻，都因条件恶劣、赚不到钱，又先后退出。1995年，百步亭集团作为第8家开发企业，踏上了这块土地。

别人放弃的项目，百步亭集团为什么敢接过来干？因为他们看到这里虽然位置相对偏僻、基础设施差，但地价比市中心便宜，正适合建设普通老百姓买得起的房子。于是，把开发企业命名为武汉安居乐业公司，后来注册时被工商部门精减为武汉安居公司。所以，百步亭集团建设的都是经济适用房、普通商品房和廉租房。

万事开头难。百步亭怎么建？经考察发现，国内很多同类项目因为缺乏统一配套和后期管理，脏乱差严重，成为政府的包袱、百姓的痛处。如何防止这一现象的重演？如何趟出一条开发新路？百步亭进行了长达2年的前期论证，到发达国家考察，向费孝通等社会学家请教。1997年，百步亭鲜明地提出全新的开发理念：将百步亭房地产开发定位为"可持续发展的现代文明社区"，在我国的城市建设中，树起了第一面"社区"的旗帜。什么是社区？百步亭的理解就是普通老百姓安居乐业的家园。不仅让老百姓住得舒适，还要让居民生活得方便，生活服务、文化娱乐、医疗健康等全面提供、全面保证。于是，他们首创我国全新的"建设、管理、服务"三位一体的百步亭社区管理体制，自己建，自己管，把住宅产品延伸到社区服务。

同时提出，社区建设必须注重"四个结合"：结合国内外先进经验，结合中国特色的传统文化，结合世界高新技术发展，结合本地区的实际情况。由此制订了企业参与社区建设的"4321"指导思想：满足四个需要：企业发展的需要、提高居民生活质量的需要、社会稳定的需要、国家的需要；达到三个回报：回报企业、回报社会、回报国家；形成两个促进：物质文明与精神文明互动；实现一个目标：让人民群众安居乐业。

2. 创新党领导下的居民自治社区运作机制

"社区"是居住在一定地域范围内人们社会生活的共同体。在上级的大力支持下，百步亭创新"党的领导、政府服务、居民自治、市场运作"的社区运作机制；创新社会管理，不设街道办事处，直接由江岸区委区政府领导。按照"市场能做的交给市场去做，社会能做的交给社会去做，居民能做的交给居民去做"的指导思想，社区公共配套通过"市场化"去"建设"，社区基层政权通过"职能化"去"管理"，社区居民需求通过"社会化"去"服务"。党领导下的居民自治，是百步亭社区管理的核心内容；企业参与社区服务，是百步亭社区管理的重大特色。社区管理由"政府办社会"转变成为"企业服务社区"。百步亭社区13万人的管理费用由百步亭集团承担，解决了政府资金短缺问题，节约了行政成本。专家算了一笔账：如果全国的社区都采用百步亭社区的模式，一年至少可为国家节约资金4000亿元。这种"企业服务社区"的发展模式为我国的城市社区建设探索了一条全新的社区管理之路。中共中央政治局常委刘云山指出："百步亭社区管理模式，对于提升居民生活质量、提高城市文明程度、促进改革发展、维护社会稳定、夯实党的执政基础具有全局性、方向性和示范性的意义，影响和推动了中国的社区建设。"

3. 创新社会协同、各方参与的社区管理格局

百步亭社区党委将党的基层组织、政府职能部门、居民自治组织和经济组织四类组织进行资源整合，将各自为政的"单一"职能转变为整体服务社区的"统一"职能。

政府公务员、社区居民群众、物业公司员工都是"社区工作者"，各方协同服务社区。充分整合居委会与物业服务公司资源，充分发挥物业公司的作用，居委会主任担任物业服务处总监，检查考核物业服务质量；物业服务处经理担任居委会副主任，承担服务居民的重任。社区1000多名物业员工成为社区工作

者，成为服务居民的骨干力量，有效解决了居委会人力不足的问题。居委会、业委会、物业公司三方联动，每周一次工作碰头会，每月一次考评例会，整合了社会力量，形成了强大合力，推诿扯皮现象大幅减少，管理效能明显提高，社区发展充满活力，老百姓得到了更多实惠。

二、党的领导是核心，组织百步内建立，联系群众下活一盘棋

基层党组织是党的全部工作和战斗力的基础。社区社会管理，方向在党委，关键在支部，力量在党员，主体在群众。社区党组织在社区社会管理中担负着领导核心责任，百步亭社区党委把社区作为棋盘，把社区骨干作为棋子，"分兵把守"，各负其责，通过网格化管理，做到耳朵灵、眼睛亮、行动快。

一是把网格建起来。2000年，百步亭社区党委成立，500多名党员投票选举党委成员，百步亭集团董事局主席茅永红当选为社区党委书记。社区党委成员由政府职能部门、社区经济组织、社区自治组织的负责人兼任，总揽全局，实行"双向进入、交叉任职"，减少了管理人员，提高了办事效率。社区党委借鉴"支部建在连上"的做法，将党小组建在楼栋，将党支部建在苑区，实行网格化管理。在网格内实行党组织负责的区域责任体系，要求做到"五个负责"：党委书记负责社区，支部书记负责苑区，党支部委员负责片区，党小组长负责楼栋，党员负责家庭。每个楼栋网格管理小组由"二长四员"组成，包括党小组长、楼栋长以及卫生委员、治安委员、文体委员、物业房管员。他们在第一时间了解居民需求，发现居民困难，掌握居民信息。

社区党委制订了"三制"措施：党小组楼栋组织制、24小时党员责任制、社区与在职党员单位联系制。建设了"四个家"：把离退休党员接回家，给在职党员再安个家，为流动党员找到家，给下岗党员一个温馨的家。他们将社区6000多名党员组织起来，成立了15个党支部、580个党小组，将党员发展成志愿者，将志愿者发展成党员，党员志愿者队伍达到5000多人。在新建苑区、建筑工地、商业门点等都建立党组织，真正做到有党员的地方就有党的组织，有群众的地方就有党的工作。

二是把骨干配起来。一人走百步，不如百人走一步；众人拾柴火焰高，千斤重担大家挑。百步亭社区放宽视野，选好配强基层党支部书记，吸纳有能力的党员、热心居民、物业员工参与社区工作，让他们成为做好服务居民工作的骨干力量。张丽是个"老党务"，退休后高票当选为党支部书记。她创新的工作方法和服务居民的精神，深得居民喜爱。楼栋党小组长是社区不拿钱的党的最基层干部。66岁的党小组长余洪芝，10年写了9本"民情日记"，对居民情况了如指掌，每位老人过生日，她都亲手做一碗长寿面送上门。她说，要把"民情日记"当成"传家宝"，交给儿子、孙子代代相传。欧阳成是远洋轮船长，远航回来看着当楼栋长的妻子忙不过来，就搭手帮忙办楼栋板报，照顾楼里90多岁的残疾老人。他慢慢地融入了社区生活，找到了生活的另一种乐趣。退休后，他婉拒30万元年薪返聘，成为社区骨干。80多岁的老党员王汉平是个热心人，经常帮居委会做些事情，白天做不完就带回家，请儿子帮忙，儿子再忙也不推脱，也成了社区骨干。这样，通过妻子带丈夫、老人带子女，社区骨干队伍逐渐发展壮大，现已有3000多人，把社区工作开展得红红火火。

三是把工作转起来。社区党委书记茅永红提出："社区党的干部，要让居民看得见、叫得应、来得快、办得了，一定要成为居民贴心贴肝的依靠。"党委工作制订了"四个标准"：社区建设以居民当家作主为标准，房屋建设以符合居民需求为标准，物业管理以居民满意为标准，党员干部以群众认同为标准。社区党组织做到"三个必到、五个必访"：居民有突发性事件，有不满情绪，有大的家庭纠纷必到；对困难居民、住院病人、下岗失业人员、孤寡老人、"两劳释解"人员必访。听民声、察民情、解民忧，10多年来社区党的组织走访了社区所有家庭，解决各种矛盾问题12万多件，没有一个居民越级上访，将温馨和谐的种子埋在了居民的心里。

残疾人刘长斌原在一家福利厂工作，后来工厂倒闭就失业了。他开载客三轮车拉活，整治交通秩序时又被停运了。他租起门面做生意，不巧又赶上了拆迁。屡遭挫折的他多次带头闹事，拦过车堵过路，成了有名的"上访专业户"。入住百步亭社区后，社区党委书记茅永红与他结成帮扶对子，请来老师义务辅导他儿子的功课，还资助他看病，帮助他办起彩票销售点。现在，刘长斌的儿子上了省重点高中，他自己也像换了个人，对生活充满信心。用他的话说："在百步亭社区，我看到了延安时期的共产党员，是他们改变了我的人生观。"

党风正带动民风醇，广大居民亲身感受到大家庭的温暖，由衷地相信党、拥护党。居民们纷纷表示："社区党组织对居民是有求必应，居民对社区党组织是一呼百应。""七十不回头，永远跟党走。"居民施金林在他70岁生日那天，老泪纵横地递交了入党申请书，现在社区里的入党积极分子已有上百人。十八大前夕，百步亭社区发起"接力绣红旗"活动，全国20多个城市、10多万党员群众踊跃参加，表达了一个共同心愿——社区老百姓永远跟党走。这面红旗献给了十八大，在中央电视台《领航中国》大型晚会上得到庄严展示。

三、居民自治是关键，共识六步骤形成，自我管理建和谐家园

群众是和谐社区建设的主体，居民自治是社区管理最有效的办法。居委会、业委会等居民自治组织都由居民选举产生，工会、妇联、共青团等各类群众组织各负其责、团结协作，实现居民高度自治。居委会按照"自我管理、自我教育、自我服务、自我监督"的原则，组织广大居民行使议事决策职责，建立了居委会——主管楼栋长——楼栋长——小小楼栋长的全覆盖居民自治网络，共有8个居委会、820名楼栋长、780名小小楼栋长，带领老少居民参与社区自治管理。居委会将自治管理进楼栋、进家庭，开展楼栋居民论坛，建立自治功绩档案，进行自我教育、自我提高。开展老居民迎接新居民入住，带新居民参与社区活动，宣传社区理念和居民自治思想，发现培养新居民楼栋长，让百步亭的好传统薪火相传。广大居民积极参与社区自治，化解矛盾。

居民自治的关键是达成共识。居民有意见，都可以向楼栋长、居委会成员提出。社区自治组织定期召开居民恳谈会，解决所有关系居民切身利益的问题。例如，2001年，一位三年级小学生给党委茅永红书记写信，提出："现在社区里的狗比孩子还多，人和狗已经不能和平相处了，人文明狗不文明怎么办？"居委会就此召开恳谈会，让正反两方面充分发表意见，有和风细雨，也有电闪雷鸣。最后通过居民自治六步骤：居民提出问题——恳谈会讨论——参事会制定条例——公告社区吸收意见——社区专家审定条例——居民代表大会表决通过，制订《百步亭社区宠物管理公约》，约定早上7点以前、晚上7点以后可以在社区内遛狗，遛狗时要牵上狗链处理好粪便。实施以来，人人自觉遵守。为了满足宠物爱好者的情感需求，社区还成立了"宠物协会"，一方面便于自我监督管理，另一方面也为宠物爱好者提供了交流心得平台。《人民日报》对此以《社区"宠物公约"管住了狗患》为题进行了跟踪报道。我国香港议员代表团来社区考察，认真查阅了3000多份征求居民养狗意见表，感慨道："百步亭居民自治，真正体现了民主自治的精髓，在世界上都有说服力。"

四、社区服务是根本，服务百步内到位，矛盾百步内化解

社区的职能就是服务，社区名叫"百步亭"，他们也向居民承诺，社区服务"百步内"到位，社区问题"百步内"解决，社区矛盾"百步内"化解，以服务促和谐，把社区矛盾纠纷化解在萌芽状态。

一是把居民生活服务好。百步亭树立"居民永远都不错，我们永远有不足"的理念，实施"规范管理、亲情服务、从小事做起、从好事做起"的服务宗旨，服务做到"三全"——全方位、全天候、全过程，服务过程不说"不"字。成立社区服务中心和信访接待中心，设立热线电话，24小时专人值班服务。

信息窗口遍布于社区每个角落，居民可以通过楼栋留言板、门岗留言箱、社区网络论坛表达诉求，还可以就近向社区干部、物业人员反映情况。对居民的诉求，实行"首问责任制"，做到小事不过夜，大事不隔天，件件有记录，事事有回音。社区每年接待信访诉求1万多件次，处理率100%，解决了包括水管漏水、灯泡不亮、出门忘带钥匙、夫妻吵架、半夜小狗噪声扰民等问题，老百姓的方方面面全管到了。

二是把困难群众关爱好。集团捐款1000万元作为基金，在社区成立"武汉安居教育援助会"和"武汉安居慈善援助会"，为家庭困难的孩子上学提供帮助，对社区弱势群体给予救助。对"三好学生"和考取大学的孩子，社区每年敲锣打鼓、戴红花，进行表彰奖励。对家庭困难的孩子，则每年提供学费并跟踪资助到大学毕业，做到了"不让一个家庭吃不上饭，不让一个孩子读不起书"。逢年过节，社区都要对困难家庭和空巢老人上门慰问，几年来，对1000多名学生和教师进行了资助和奖励，对1万多户家庭进行了帮助和慰问。对下岗居民，采取多种途径帮助其再就业，将社区内的物业保洁、饮食服务等岗位优先安排给他们；将商业门店，低价出租给他们经营；开展手工艺品制作，实现家庭再就业；成立巾帼家政服务中心和"好大哥"家政服务站，大力推行"感情再就业"工程，动员富裕家庭请钟点工，动员下岗人员做钟点工，形成互帮互助、亲情就业的氛围。目前全社区2800多名下岗人员先后实现再就业，其中125户双下岗居民得到了妥善安置，促进了社会和家庭的稳定和谐。

三是把群体矛盾协调好。社区建立矛盾调处机制和应急管理机制，将调解矛盾纠纷作为建立感情、团结居民的机会，大事化小事，坏事变好事，做到了小事不出楼栋、纠纷不出苑区、矛盾不出社区。婆媳矛盾难调解，社区有高招。俗话说："婆婆身上背个鼓，到处说媳妇；媳妇身上挂个锣，到处说婆婆。"既然都要说，那干脆就上台说。社区组织开展婆媳对夸活动，左边摆个鼓，右边挂面锣。婆婆擂声鼓，说一句媳妇的优点；媳妇敲下锣，讲一句婆婆的好处。婆媳之间越夸越觉得对方都不错。这种新颖活泼的活动，有效地融洽了婆媳关系，原来长期"冷战"的婆媳，现在经常一起散步。有居民为婆媳对夸活动写下对联，上联：婆夸媳夸出善良门第春常在，下联：媳夸婆夸出忠厚人家喜永存，横批：家和万事兴。武汉有"火炉"之称，有一年夏天，小区变压器发生故障，供电部门几次都没有修好，三天停了五次电。当时正值高考前夕，家长们十分着急，聚集起来要找区长、市长。社区干部闻讯赶到现场，向居民表态：请大家就把我们当区长、当市长，电不来我们不走。通过反复与有关部门沟通，当晚突击解决了问题，一场可能造成群体上访的突发矛盾就这样被化解了。

五、社区文化是灵魂，活动百步内开展，让居民生活更美好

社区文化就是一种社区精神，反映着居民的精神面貌。百步亭社区按照"社区靠群众、群众靠发动、发动靠活动、活动靠文化"的社区文化活动思路，把群众参与热情激发起来，把新风正气树立起来。打开心灵一扇窗，拆掉邻里一堵墙，广大居民走出家庭、走进社区，投身"和谐社区"建设，形成了人人参与、人人分享、人人受教育的生动局面。

1. 举办群众文化活动，吸引居民走进社区，增强了社区管理的活力

一场活动就是一次聚会，一场活动就是一次教育。社区三天一个小活动、五天一个大活动，逢年过节必有庆祝活动，长年不断开展各类文娱体育活动。社区号召居民培养一个文艺爱好，加入一个活动团队，吹拉弹唱、琴棋书画、打拳舞剑，什么都行。社区根据居民的不同特点开展文化活动，嗓门大的进合唱团，心灵手巧的进工艺协会，喜欢动的进舞蹈队，爱好静的有书画协会。居民在外唱了歌，回家就不会吵架；走了时装秀，回家也会注重仪表美。这样一来，居民的文化生活丰富了，文明素质提高了，生活劲头足了，家庭邻里关系也和谐了。居民进队伍，队伍有组织，寓教于乐，社区文化成为社区无形的管理力量。社区上百人的腰鼓队，名扬四方；上千人的合唱团，气势磅礴。钟彪带领的80多位残疾人组成的轮椅太极拳

队,闻名全国;徐泽芳带领的200多人的气功晨练队,获得过国家体育总局大奖。百步亭把自发形成的兴趣小组,发展成有组织的群众文化队伍,发展成志愿者队伍和居民自治组织,使社区居民融入其中,相互关心,相互帮助。目前,社区100多支特色群众文化队伍成为社区管理的重要力量。社区群众文化活动在组织团结居民、占领文化阵地、规范居民行为、营造良好氛围、提升思想境界上,发挥了重要作用。

2. 文明创建活动,树立社会主义核心价值观,培育文明新风尚

社区坚持每月举行升旗仪式,开展国旗下的讲话,培育了居民的爱国热情和集体主义精神;每年召开"七一"表彰大会,举办优秀党员事迹报告会和事迹展览,组织"感动百步亭"志愿者先进事迹报告会,使百步亭居民更加坚定了永远跟党走的信念;举办楼栋道德论坛,开展文明礼仪讲座,开办文明大讲堂,开展"做文明有礼的百步亭人"活动,倡导有序排队、文明用语、热情引路、主动让座活动,形成了守公德、重礼仪的良好社会风气;开展创优美环境、优良秩序、优质服务的"创三优"活动,形成了年年有主题、月月有讲评、周周有活动的常态教育模式。建立文明创建功绩档案,并对功绩档案进行不间断地跟踪,将功绩档案,作为社区管理、评先表彰的重要依据;开展"十大孝子""五好家庭""百佳和谐家庭""五好文明门栋"和"十大诚信经营商户"等评选表彰活动。社区居民的思想道德素质、科学文化素质不断提高,崇尚文明蔚然成风,形成了"人育环境,环境育人"的良好氛围。从拄杖的老人到学步的孩童,甚至周边的农民和建设施工的民工,人人都十分注意保护社区的环境卫生,自觉将瓜子壳放在塑料袋中,自觉将烟头丢在垃圾箱里。以王德云为代表的社区延安精神研究会的50多位老战士,成立了环保拐杖军,每天在社区里散步巡逻捡烟头。满树香柚看民风,累累果实,没有一个人去采摘。社区每次举办大型活动,成千上万人到场,散场后却没有留下一点果皮纸屑。社区组织了800多位居民游览武汉三镇,在磨山广场上的一顿野餐,竟没有留下一片垃圾。对此,《长江日报》头版头条以《百步亭人美行服游人》进行了报道。

3. 社区志愿服务,成为了居民的一种生活习惯,成为了居民的一种生活品质

百步亭社区大力开展社区志愿服务活动,形成了"有时间做志愿者,有困难找志愿者"的志愿服务文化。"人人比着做好事,个个争着做好人""奉献他人,收获快乐,提升自己",志愿者成为百步亭社区里最可爱的人。目前社区有近3万名注册志愿者,成立了170多支特色志愿服务队伍,他们走千家门,解万户难,暖众人心,成为社区服务的重要力量。秦淑芬、马杏英等100多名志愿者,成立"管得宽志愿服务队",管你管我又管他,管出和谐幸福家,管人管事又管花,管出文明大家夸,被评为十佳"全国优秀志愿服务组织"。"日记婆婆"余洪芝,一天不当志愿者就难受,一天不做好事就不舒服,10年开展志愿服务8000多个小时,9本"民情日记"记录了志愿服务的点点滴滴,她被评为百佳"全国优秀志愿者"。孙朝娟带领400多人的"温馨姐妹"结对帮扶空巢老人,李小海志愿服务队主动帮助400多位空巢老人采购生活用品。老人们说,志愿者来到家,除了不知道存折密码,其他什么都了解,他们叫得应、来得快、办得好、信得过,是贴心贴肝的依靠。阎维娜等退休医生,开办"健康关爱站",天天排班坐诊,为老人量血压、拉家常,成为老人的"心理聊天室"。以熊约汉、吕新海等为代表的一大批常年"工作"在社区的志愿者,被居民们亲切地称为"常务志愿者"。他们是空巢老人的贴心人、助人为乐的带头人,是社区安全的信息员、和谐文化的宣传员。百步亭在广大社区志愿者的共同努力下,做到了"事有人管、难有人帮、苦有人问",大家互敬互爱,互帮互助,共育邻里亲情,改变了很多小区中居民"老死不相往来"的局面。百步亭社区志愿服务工作,得到了中央文明办的充分肯定。中央文明办将"志愿服务全国联络总站"设在了百步亭,开办了中国社区志愿服务网。百步亭社区牵头联络全国5000多家社区,开展志愿服务活动5万余场,吸引注册志愿者20多万人。

4. 社区文化形成品牌

"年文化"成为了百步亭社区的活动品牌,百步亭社区举办的"万家宴"和"元宵灯会"已成为社区

传统民俗。一家一道菜,共 1 万多道菜肴,3 万多居民欢聚一堂过大年。"万家宴"让整个社区都沸腾起来,居民们在喜悦中忙碌,家人们在一起研究,邻居们在一起制作。一道菜就是一道文化,如用菱角、鲤鱼、芹菜做成的"邻里情",以百合、螃蟹做成的"和谐社区",两只鹌鹑做成的"夫妻悄悄议国策"以及"敢为人先,追求卓越"的武汉精神,等等。居民用精心制作的菜肴表达了共产党好、社会主义好、改革开放好的共同心声。从"百家宴"到"千家宴"再到"万家宴",社区连续举办了 12 届,人气越办越旺,影响越来越大,办成了世界品牌。2011 年,"百步亭万家宴"入选英国吉尼斯世界纪录。湖北省委书记李鸿忠亲赠贺联:"百步亭百步更不停,万家宴万家尽欢颜"。2013 年,百步亭联络全国 5000 个社区举办第二届全国社区网络春晚,全国报送节目 5600 多个,总参演人数超过 5 万人,形成了全国社区文艺节目大展演的局面。社区网络春晚点击收看总人数达 1.5 亿人次,得到了广大网友的关注和全国社区居民的好评。

"亭文化"成为了社区的景观标志。亭,《说文》解释为:"民所安定也。""百步亭"原本为地名,早在 100 多年前,由于此地荒无人烟,来此生活的人们只能居住在"白布篷"下,后谐音得名"百步亭",寄托了人们对美好生活的向往。薪火相传,"亭文化"成为百步亭社区标志性景观文化。社区规划建设亭文化博物馆,已建成 300 多个亭子。居民以亭为载体开展文化活动,找个亭子、搭个班子,如今亭子里的歌友会、棋友会、书友会成为亭文化的一道风景。题亭名、赋亭联,是居民热心参与的一项文化活动。一位在社区实现了创业的居民感恩社区,将中心绿化广场中的一个亭子赋名为"绿荫亭",寓意"社区绿荫满中华",楹联为"长亭短亭亭连亭亭亭深情,党心民心心换心心心相印"。百步亭社区的"亭文化",培育了居民热爱社会、健康向上的生活情操。

参 考 文 献

[1] 黄文."以人为本"的物业管理社区文化建设——武汉百步亭模式的启示[J].中国校外教育,2011(12).
[2] 高绪秀,张剑峰.社区体育教育与社区健康发展的关系探讨[J].继续教育研究,2011(4).
[3] 陈漭,徐越倩,许彬.社区公共事业管理[M].北京:北京邮电大学出版社,2009.
[4] 郭强.中国社区建设报告[M].北京:中国时代经济出版社,2010.
[5] 季如进.物业管理[M].北京:首都经济贸易大学出版社,2008.
[6] 赵继新,刘晓春.物业管理案例分析[M].北京:清华大学出版社,2010.
[7] 顾建键.现代社区管理概论[M].上海:上海人民出版社,2007.
[8] 谢守红.城市社区发展与社区规划[M].北京:中国物资出版社,2010.
[9] Weimer. Policy Analysis:Concepts and Practice[M]. New Jersey:Prentice Hall Inc,2004.
[10] 邓小平文选(第三卷).北京:人民出版社,1993.
[11] 王永红.城市社区治理中政府的角色定位及其职能[J].城市问题,2011(12).
[12] 邓小平文选(第二卷)北京:人民出版社,1993.
[13] 刘学英.房地产开发与经营[M].北京:机械工业出版社,2008.
[14] 张德春,范森.新世纪我国物业管理发展趋势初探[J].河南商业高等专科学校学报,2008(5).
[15] 姜万荣,陈伟.新修订《物业管理条例》相关规定及贯彻落实[N].中国建设报,2007(11).
[16] 周文国,韩国波.我国物业管理发展存在的问题及对策思考[J].建筑管理现代化,2011(6).
[17] 王贵岭.物业管理[M].北京:中国物价出版社,2008.
[18] 于志强.浅谈物业管理存在的问题及未来发展趋势[J].中国电力教育,2010(2).
[19] 常福顺.浅论物业管理的可持续发展[J].中国电力教育,2009.
[20] 戴璐.物业环境管理[M].武汉:华中科技大学出版社,2010.
[21] 邱朝晖.浅谈社区环境教育[J].广州环境科学,2012(6).
[22] 蔺瑞瑞.南昌市社区环境教育模式探究[D].南昌:江西师范大学,2007(4).
[23] 徐勇.论城市社区建设中的社区居民自治[J].华中师范大学学报(人文社会科学版),2011.
[24] 阎青春.社会福利与弱势群体[M].北京:中国社会科学出版社,2012.
[25] 娄成武.社区管理[M].北京:高等教育出版社,2008.
[26] 吴亦明.现代社区工作[M].上海:上海人民出版社,2010.
[27] 吴新叶.社区管理学[M].北京:北京大学出版社,2010.
[28] 魏娜.我国城市社区治理模式.发展演变与制度创新[J].中国人民大学学报,2011.
[29] 赵勤,周良才.社区管理[M].北京:中国劳动社会保障出版社,2009.
[30] 黎熙元.现代社区概论[M].广州:中山大学出版社,2010.
[31] 于显洋.社区概论[M].北京:中国人民大学出版社,2009.
[32] 黄永彪.物业管理企业要与社区共建和谐家园[J].沈阳物业,2011.

[33] 黄晓星．社区运动的"社区性"——对现行社区运动理论的回应与补充［J］．社会学研究，2011（01）．

[34] 石国亮．论社区建构的过程［J］．理论与改革，2012（03）．

[35] 崔应令．回顾、反思与重构：近百年来中国社区研究［J］．华中科技大学学报（社会科学版），2011（01）．

教材使用调查问卷

尊敬的老师：

　　您好！欢迎您使用机械工业出版社出版的"高等职业教育系列教材"，为了进一步提高我社教材的出版质量，更好地为我国教育发展服务，欢迎您对我社的教材多提宝贵的意见和建议。敬请您留下您的联系方式，我们将向您提供周到的服务，向您赠阅我们最新出版的教学用书、教学资源包及相关图书资料。

　　本调查问卷复印有效，请您通过以下方式返回：

邮寄：北京市西城区百万庄大街22号机械工业出版社建筑分社（100037）
　　　马　宏　　（收）
传真：010-68994437　马　宏（收）　　　　Email：buildbooks@hotmail.com

一、基本信息
　　姓名：_____职称：_____职务：_____
　　所在单位：_____
　　任教课程：_____
　　邮编：_____地址：_____
　　电话：_____电子邮件：_____

二、关于教材
1. 贵校开设土建类哪些专业？
□建筑工程技术　　　□建筑装饰工程技术　　　□工程监理　　　□工程造价
□房地产经营与估价　□物业管理　　　　　　　□市政工程　　　□其他_____
2. 您使用的教学手段：　□传统板书　　□多媒体教学　　□网络教学
3. 您认为还应开发哪些教材或教辅用书？
4. 您是否愿意参与教材编写？希望参与哪些教材的编写？
课程名称：_____
形式：　□纸质教材　　　□实训教材（习题集）　　□多媒体课件
5. 您选用教材比较看重以下哪些内容？
□作者背景　　□教材内容及形式　　□有案例教学　　□配有多媒体课件
□其他_____

三、您对本书的意见和建议（欢迎您指出本书的疏误之处）_____
_____
_____

　　四、您对我们的其他意见和建议_____
_____
_____

请与我们联系：

100037　北京百万庄大街22号
机械工业出版社·建筑分社·马　宏　收
Tel：010—88379010(O)，68994437(Fax)
E-mail：buildbooks@hotmail.com